高等职业教育铁道交通运营管理专业“十二五”规划教材

铁路特殊条件货运组织

主　编　谢淑润　钟喜云
副主编　王　慧　叶清贫
主　审　熊　华　李　莉

中国财富出版社
（原中国物资出版社）

图书在版编目（CIP）数据

铁路特殊条件货运组织/谢淑润，钟喜云主编．—北京：中国财富出版社，2013.1
（高等职业教育铁道交通运营管理专业“十二五”规划教材）
ISBN 978－7－5047－4464－7

Ⅰ.①铁…　Ⅱ.①谢…②钟…　Ⅲ.①铁路运输—货物运输—高等职业教育—教材
Ⅳ.①U294.1

中国版本图书馆CIP数据核字（2012）第220565号

策划编辑　马　军　　　　责任印制　何崇杭　王　洁
责任编辑　王　琳　杨　璐　　　　责任校对　梁　凡

出版发行　中国财富出版社（原中国物资出版社）
社　　址　北京市丰台区南四环西路188号5区20楼　　邮政编码　100070
电　　话　010－52227568（发行部）　　010－52227588转307（总编室）
　　　　　010－68589540（读者服务部）　　010－52227588转305（质检部）
网　　址　http://www.clph.cn
经　　销　新华书店
印　　刷　中国农业出版社印刷厂
书　　号　ISBN 978－7－5047－4464－7/U·0082
开　　本　787mm×1092mm　1/16
印　　张　27.75　　版　　次　2013年1月第1版
字　　数　658千字　　印　　次　2013年1月第1次印刷
印　　数　0001－3000册　　定　　价　59.80元（含配套学生手册）

丛书编写委员会

出版说明

高等职业教育铁道交通运营管理专业“十二五”规划教材系中国财富出版社（原中国物资出版社）与全国多所重点铁道运输类院校共同开发。本套教材是在这几所院校推行校企合作、工学结合的人才培养模式的基础上，进行教学研究及课程建设的成果。该套教材已经过多次的实践，不断完善，真正做到了以用为学，以学为先，实现了“学校为企业培养员工，企业为学校培养学生”。该套教材具有如下特点：

“工学结合”的编写模式。该套教材是依托职业岗位确定课程目标，基于职业岗位任务制定学习内容。并且以职业院校教师编写为主，以企业人员技术指导及主审为辅，把课堂知识与企业的职业岗位职责、岗位技能相融合，保证了课本知识符合企业所需人才的培养方案要求。

内容和形式的创新。教材打破了原来学科体系的编写方法，以任务、实训案例为载体，以岗位小贴士、小资料为课外补充，充分展示了该套教材理论与实践的结合、知识与岗位技能对接的特点。

案例真实，实训性强。教材选取职业岗位的典型案例，具有真实性、针对性，有助于学生真实体会职业岗位工作内容。教材中还设置了具体的工作任务及工作流程，并采用步骤式的方案引导学生分组进行实践操作，培养学生全局意识及工作过程中的协调能力。

任务、案例循序渐进，易于学习。教材中任务、案例的安排遵循由简单到复杂、由单一到综合的递进关系，梯度明晰，逻辑性强，符合高等职业院校学生认知特点和职业教育能力培养方案。

伴随铁道交通技术的不断发展与改进，中国财富出版社会与全国铁道交通运营专业教师共同再接再厉，为全国高等职业院校铁道交通运营专业的学子们提供规范、适用的精品教材。

前　言

为贯彻《教育部关于全面提高高等职业教育教学质量的若干意见》（教高［2006］16号）、《教育部关于推进中等和高等职业教育协调发展的指导意见》（教职成［2011］9号）及《教育部关于推进高等职业教育改革创新》（教职成［2011］12号）文件精神，推进高等职业教育教学改革，坚持“以就业为导向，以服务为宗旨”的办学方针，培养面向生产、管理、服务第一线的高端技能型人才。中国物资出版社组织相关铁路职业院校有经验的专业教师及铁路现场技术骨干专家，结合企业需求，遵循高等职业教育规律，在认真总结近几年铁路高等职业教育教学改革成果的基础上编写了本教材，以满足铁道交通运营管理专业高端技能人才培养的需要。

教材突出工学结合、校企合作的人才培养模式，注重基于行动导向的教学模式改革，实现了专业与企业岗位的对接、课程内容与职业标准的对接，有利于推行任务驱动、项目导向等学做一体的教学模式。本教材的编写是通过校企合作，共同参与，在充分调研的基础上，认真分析岗位工作任务、内容及技能要求，引入职业标准及企业新技术、新工艺，打破传统学科体系下的课程内容构架，按照知识内容由简单到复杂、职业技能由单一到综合的原则，重新设计和序化了课程内容。本书以案例和任务为主线，基于工作过程，突出学生的主体地位，使学生在得到职业技能培养的同时，又能体验职业氛围，养成良好的职业素养。教材在课程考核方面进行了改革与创新，注重过程考核，突出了考核主体的多元化、考核指标的多维度、考核方式的多样化。

教材以货物特性为载体，设计了阔大货物运输组织、鲜活货物运输组织、危险货物运输组织三个学习情境，每个学习情境均以典型的真实工作案例作为学习载体设计学习任务，共安排有11个学习任务。涵盖了特殊条件铁路货物运输组织所需的阔大货物装载加固设计、超长超限超重货物运输组织方法、易腐货物和活动物运输条件及组织要求、危险货物判定、危险货物运输组织方法、危险货物事故应急处理等知识点。同时，还编写了配套的学生工作活页手册，以便于学生在学习过程中配套使用。本书可作为高职铁道交通运营管理专业的核心课程教材，也可为铁路现场货运工作人员的岗位培训提供参考。

本书由武汉铁路职业技术学院谢淑润、吉林铁道职业技术学院钟喜云担任主编，天津铁道职业技术学院王慧、武汉铁路职业技术学院叶清贫担任副主编，武汉铁路局武昌东站熊华、武汉铁路局货运处李莉担任主审，汉阳车站郑文杰工程师参加编写。具体编写分工如下：学习情境一阔大货物运输组织由钟喜云（任务一、任务二、任务三）、谢淑润和郑文杰（任务四）编写；学习情境二鲜活货物运输组织由叶清贫（任务一、任务二）编写；学习情境三危险货物运输组织由王慧（任务一、任务四、任务五）、谢淑润（任务二、任务三）编写。全书由谢淑润负责框架设计及统稿工作。配套的学生工作活页手册由谢淑润负责编写。

本书在编写过程中，得到了武汉铁路局，北京铁路局，沈阳铁路局，上海铁路局，广铁集团的相关处室、站段及其技术人员的鼎力支持和帮助，并提出了中肯的意见和建议，在此表示由衷的感谢。书中参考引用了有关从事铁路货物运输研究专家、学者的著作和成果，在书末列出了主要参考文献，在此也表示衷心的感谢。

鉴于编者水平、经验有限，书中疏漏和不当之处难免存在，恳请读者予以指正，以便修订和完善。

编　者

2012 年 2 月

目 录

学习情境一 阔大货物运输组织 ……………………………………………… (1)

学习任务一 阔大货物装载条件的判定 ………………………………………… (2)

知识点一 阔大货物运输设备 …………………………………………………… (3)

知识点二 货物重心水平位置的确定 ………………………………………… (11)

知识点三 重车重心高的确定 ………………………………………………… (17)

学习任务二 超长货物运输组织 ……………………………………………… (23)

知识点四 超长货物概述 ……………………………………………………… (24)

知识点五 超长货物运输组织 ………………………………………………… (32)

学习任务三 超限超重货物运输组织 ………………………………………… (38)

知识点六 超限超重货物概述 ………………………………………………… (39)

知识点七 超限等级的确定 …………………………………………………… (47)

知识点八 超限超重货物运输组织 …………………………………………… (54)

学习任务四 阔大货物装载加固方案的制订 ………………………………… (71)

知识点九 运行中作用于货物上的力 ………………………………………… (73)

知识点十 货物稳定性检验 …………………………………………………… (80)

知识点十一 常用加固方法的强度计算 ……………………………………… (84)

知识点十二 阔大货物装载加固计算实例 …………………………………… (90)

学习情境二 鲜活货物运输组织 …………………………………………… (102)

学习任务一 易腐货物运输组织 ……………………………………………… (103)

知识点一 鲜活货物及其运输概述 …………………………………………… (105)

知识点二 易腐货物的冷藏方法和运输设备 ………………………………… (110)

知识点三 易腐货物冷藏运输基本条件 ……………………………………… (115)

知识点四 易腐货物运输组织 ………………………………………………… (121)

学习任务二 活动物运输组织 ………………………………………………… (134)

知识点五 活动物运输组织 …………………………………………………… (135)

学习情境三 危险货物运输组织 …………………………………………… (142)

学习任务一 危险货物的判定 ………………………………………………… (143)

知识点一 铁路危险货物的判定 ……………………………………………… (144)

知识点二　危险货物的性质 …… (149)
知识点三　危险货物运输设备 …… (161)
学习任务二　易燃易爆品运输组织 …… (169)
知识点四　托运和承运 …… (170)
知识点五　装卸作业 …… (191)
知识点六　途中作业 …… (194)
知识点七　到达作业 …… (206)
知识点八　易燃易爆品运输案例 …… (208)
学习任务三　腐蚀品运输组织 …… (220)
知识点九　腐蚀品运输组织 …… (221)
知识点十　腐蚀品自备车运输 …… (223)
知识点十一　罐车充装量的确定 …… (224)
学习任务四　毒害品运输组织 …… (227)
知识点十二　毒害品的托运和承运 …… (228)
知识点十三　毒害品的装卸作业 …… (229)
知识点十四　剧毒品的押运 …… (230)
知识点十五　剧毒品的跟踪监控 …… (230)
知识点十六　剧毒品的进出口运输 …… (232)
学习任务五　危险货物事故和应急处理 …… (235)
知识点十七　危险货物撒漏处理与消防 …… (236)
知识点十八　危险货物运输事故的处理 …… (238)
知识点十九　危险货物常发事故分析及防范 …… (239)
知识点二十　危险货物事故应急预案 …… (244)

参考文献 …… (258)

附件　高级货运值班员岗位分析 …… (259)

学习情境一 阔大货物运输组织

知识目标

1. 阔大货物装载条件的判定（包括阔大货物运输设备、装载加固基本要求、货物重心水平位置的确定、重车重心高的确定等）。

2. 超长货物一车装载和两车跨装的技术条件。

3. 超限超重货物运输相关知识（包括超限超重货物定义及等级、超限货物测量、超限等级的确定、超限超重货物运输组织等）。

4. 阔大货物装载加固方案制订相关知识（包括阔大货物特性、运行中作用于货物上力的计算、货物稳定性的检验、加固材料和装置、加固强度的计算等）。

能力目标

1. 依据《铁路货物装载加固规则》（以下简称《加规》）相关规定，判定阔大货物的种类及装载条件是否符合要求。

2. 依据《加规》相关规定，正确选择运送超长货物的车辆，确定装载方案及运送条件。

3. 能依据《铁路超限超重货物运输规则》（以下简称《超规》）相关规定，准确测量和记录超限货物装车前后尺寸，判定超限超重货物等级，按规定作业流程合理组织超限超重货物运输。

任务导入

学习任务引导书

本学习情境的任务是当某托运单位向铁路车站提出运输阔大货物的要求时，你能代表车站针对货物特点，结合铁路设备（或自备设备）条件、铁路规定的阔大货物托运条件给出经济合理的装载加固方案，并向托运人提供书面方案设计规划及装卸车作业指导服务，与其他相关货运岗位的工作人员协同作业，完成阔大货物运输组织工作。

对此，你需要理论与实践的练习，在练习过程中，你会逐步掌握完成本学习情境中各项任务应具备的技能，包括相关的背景知识。

为达到真正的学习效果，并最终能够独立完成任务，你应该在准备阶段多渠道、全方位地了解相关知识，更重要的是必须学会查阅资料、解读相关规章条款，独立思考问题，然后利用资料逐步解决问题。

在完成这一任务时，请始终遵循以下规则：

在做每一小项任务前，都要先获取有关方面的信息（信息获取的重点在“学生工作活页手册”的资讯阶段有明显提示）。这就是说，不仅必须学会如何正确判定阔大货物的种类，选择适合装运的车辆，确定其最佳装载加固方案；而且还必须明确在一系列运输组织工作中你的主要依据是什么，从哪里获取这些依据？你如何正确运用规章条款为组织工作服务？等等。

请你独立地处理信息并且借助相应的工作技巧，给文本作标记、记录，制作并展示你的学习卡片等，对于长期保存信息来说这些都是非常有效的工作策略。请你始终要以书面形式记录关于任务的相关信息！

另外，在完成任务过程中，对时间的把握也是非常重要的。请细心地计划完成每一阶段任务你所需要的时间，必要时与指导教师讨论你的想法。

有错误也没关系，有时错误对学习也有帮助，但是，其前提是你必须坦率、认真地对待错误，并从错误中学习。那么，当出现错误时，你就能正确对待错误、修正错误。注意，正确对待错误非常重要！

学习任务一　阔大货物装载条件的判定

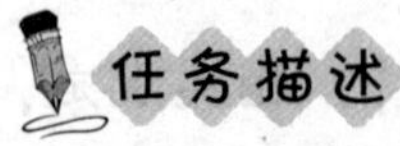

本次任务需要你依据案例要求，完成阔大货物装载条件的判定工作。具体任务要求见任务单所示。

任　务　单

请利用本学习单元所学知识，按题设条件与要求独立处理以下案例。

1. 托运人 A 到甲站托运货物 1 件，重 48t，体积 12m×3m×1.4m，重心位于货物几何中心，希望将该件货物运至乙站，如果你作为甲站工作人员，请帮助托运人 A 选定合适的车辆，确定货物重心纵向最大容许偏移量，并向托运人 A 说明你的理由。（甲站可供选择的车辆有 N_{16} 型平车、N_{17} 型平车）

2. 某日托运人B到甲站货运营业厅，询问运输一件重45t货物的托运手续，货物体积12m×2.5m×1.5m，货物重心距货物一端7m，如果你作为甲站工作人员，请帮助托运人B确定经济合理的货物装载方案，并向托运人B说明你的理由。（甲站可供选择的车辆有自重19.1t的N_{17}型平车、N_{60}型平车）

3. 托运人C在甲站托运了一件重30t，重心高度为1684mm的货物，使用一辆自重为19.8t的N_{17}型平车装载，试确定其装车后的重车重心高度是否符合运输要求。若不符合要求可采取哪些具体措施降低重车重心高度，并向托运人C说明你的理由。（甲站有若干件可以配重的小件货物，每件重2t，重心高度700mm）

4. 托运人D在甲站托运一批货物，使用N_{16}型平车装运，装载方案如图1-1所示，$Q_1=30t$，重心高为1400mm；$Q_2=20t$，重心高为1200mm。假设你是甲站工作人员，请检验该装载方案是否符合装载基本技术要求，若重车重心高超过2000mm，请向托运人D说明如何配重。（甲站有若干件可以配重的货物，每件重2t，重心高500mm）

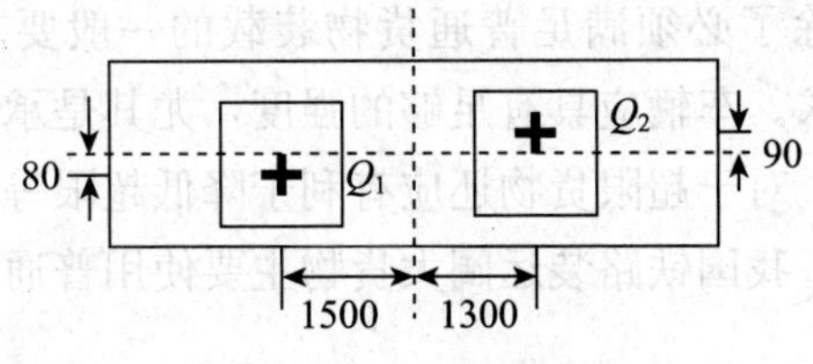

图1-1　装载方案图

5. 托运人E在甲站托运机械设备一件，重50t、长14m、宽3.2m、高2.85m，货物重心位于货物几何中心，使用N_{17}型平车一辆负重，下垫两根150mm的横垫木。请计算重车重心高，并确定运行条件。

6. 托运人F在甲站托运重40t，长15m，直径3200mm的均重圆柱形货物一件，自带鞍座高200mm，拟用N_{17}型普通平车装运，假设你是甲站工作人员，试确定经济合理的装载方案，并向托运人F说明你的理由。

请同学们按要求认真领会题意，做好充足准备，将解题过程详细记录在学生工作页上。课堂训练将采用角色扮演方式进行，一人扮演铁路工作人员、另一人扮演托运人，完成你们对“阔大货物装载条件的判定工作”任务的成果展示。

知识点一　阔大货物运输设备

经由铁路运输的货物除按其适用包装不同有散装、裸装、包装和集装货物外，还有些大型机械、重型设备，如化工设备、发电、变电设备、大型锅炉、桥梁等长大笨重货物。这些货物一般具有长（长度长）、大（体积大）、笨（重量重）和杂（外形复杂）等特点，铁路上把这类货物统称为阔大货物。阔大货物通常包括超长货物、集重货物和超限货物，这三类货物在长度、体积、重量等方面特点不同，所适用的装载技术方法也各有侧重。

货物装载加固状况是影响重车运行安全的重要因素，直接关系着列车运行安全和货物安全，是铁路运输组织工作的重要组成部分。其主要任务是：保证货物、车辆的完整和行车安全，充分利用货车载重力和容积，安全、迅速、合理、经济地运输货物，以适应国民经济发展对铁路运输的需要。运输阔大货物时，不仅在车辆使用上要合理选配，而且在装载和加固时也应严格遵守有关技术要求。《铁路货物装载加固规则》是铁路货物装载加固和货车满载工作的基本依据和技术要求，托运人和承运人均应严格遵守。

一、用于装运阔大货物的车辆

（一）阔大货物对装运车辆的要求

装运阔大货物的车辆除了必须满足普通货物装载的一般要求外，还应满足货物重量大、体积大和长度长的要求。车辆应具有足够的强度，尤其是承受集中载荷的能力强；要便于对货物进行装载加固，对于超限货物还应有利于降低超限等级，以保证运输安全和车辆的正常使用寿命。目前，我国铁路装运阔大货物主要使用普通平车和长大货物车，部分货物也可使用敞车装载。

（二）普通平车

我国铁路平车主要车型包括：N_6、N_{16}、N_{17}、N_{60}、NX_{17}。平车属于底架承载结构，底架的主要部件有中梁、侧梁、枕梁、横梁及纵向辅助梁。部分平车根据装运货物的需要设有可以全部翻下的活动墙板。为了提高平车承受集中载荷的能力，部分平车车底架采用了鱼腹形梁。为了便于货物加固，侧梁外侧装设绳栓和柱插，如图 1－2 所示。

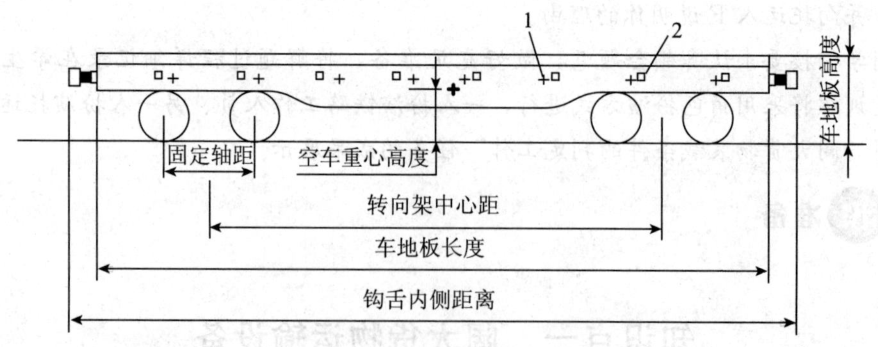

图 1－2　平车主要参数及加固部件名称

1—绳栓（丁字铁）；2—柱插（支柱槽）

1. N_{16}型平车

通用平车，适用于运输钢材、汽车、拖拉机、成箱货物、大型混凝土桥梁及军用设备等货物。车辆底架上铺有70mm厚的木地板，该车是有端板无侧板平车，不得用于装运煤、灰、焦炭、砂石、土、矿石、砖等散装货物，如图1-3所示。

图1-3 N_{16}型平车实物图

2. N_{17}型平车

通用平车，适用于运输各种重型机械、型钢、板材等货物。该车采用性能良好的GK型三通阀和具有空重车调整装置的空气制动机，如图1-4所示。

图1-4 N_{17}型平车实物图

3. NX_{17}型平车

集装箱两用平车，是北京二七车辆厂1998年设计的。该车型是在NX_{17A}型平车基础上发展起来的。作为普通平车使用时，可供装运机器、车辆、钢材、构件、成箱货物、机械设备、大型混凝土桥梁及军用设备等货物。作为集装箱平车使用时，可供装载20ft、40ft国际标准集装箱。底架为全钢焊接结构，设有国际集装箱翻转式箱锁、铁标集装箱活动箱锁和铁标集装箱活动门挡以及柱插和绳拴等，如图1-5所示。

图1-5 NX_{17}型平车实物图

普通平车主要技术参数如表1-1所示（摘于《加规》附录）。

表 1-1　　平车主要技术参数表

序号	车型	自重（t）	载重（t）	车地板（mm）			钩舌内侧距离（mm）	轴数	材质	构造速度（km/h）	转向架中心距（mm）	空车重心高度（mm）	固定轴距（mm）	特点
				长度	宽度	高度								
1	N_6	21.5	60	12500	2870	1163	13408	4	木	80	9350	725	1727	活动端、侧板
2	N_{15}	15.9	65	8170	3000	1490	9000	4	铁	100	4900	682	1750	运梁专用车
3	N_{16}	18.4 19.7	65 60	13000	3000	1210	13938	4	木	100	9300	730	1750	平板车
4	N_{17}	19.1 20.3 19.8 20.2	60	13000	2980	1209	13938	4	木	100	9000	723	1750	活动端板
5	N_{60}	18	60	13000	3000	1170	13938	4	木	90	9300	715	1720 1700	活动端、侧板
6	NX_{17}	22.1	60	13000	2980	1211	13938	4	木	100	9000	775	1750	活动端板
7	NX_{17A}	23.0	60	13000	2980	1211	136938	4	木	100	9000	768	1750	活动端板
8	NX_{17B}	22.4	61	15400	2960	1211	16338	4	木	100	10920	740	1750	活动端板
9	NX_{17K}	22.4	60	13000	2980	1212	13938	4	木	120	9000	730	1750	活动端板
10	NX_{70}	23.8	70	15400	2960	1216	16366	4	木	120	10920	738	1830	活动端板
11	NX_{70H}	23.8	70	15400	2960	1216	16336	4	木	120	10920	738	1800	活动端板

（三）长大货物车

长大货物车是铁路运输中的一类特种货车，主要供装运平车无法装运的阔大货物。按照车体结构不同，我国现有的长大货物车可分为凹底平车、长大平车、落下孔车、双支承平车、钳夹车五种。

1. D_2 型凹底平车

D_2 型凹底平车，是适用于标准轨距铁路上运输长大货物的特种车辆，具有一个中央

凹下的大底架，对于重量在160t以下、长度不大于9m的大型设备，无须特殊要求即可承运。由于该车大底架中央凹底承载面距轨面仅950mm，所以，适用空间大，通用性大。

2. D_{15}型凹底平车

D_{15}型150t凹底平车，是株洲车辆厂研制的。该车于2001年5月开始设计，同年12月通过铁道部的方案评审，于2002年9月完成试制，适用于标准轨距铁路上运输电力、冶金、化工、重型机械等行业的长大货物，如大型变压器、发电机定子等。全车由1个凹底架、2个小底架、4台焊接构架一体式2E轴低动力转向架、液压旁承装置、手制动装置及车钩缓冲装置等部分组成。具有自重轻、载重大、凹底承载面低、运行速度高、能够顺利通过国内各种桥梁、结构简单新颖、维修方便、通用性能好等特点。

3. D_{22}型长大平车

D_{22}型长大平车，特点是车体长，长25m、宽3m，车体车地板为木地板，多层转向架，载重120t，主要供运输超长货物，如25m的长钢轨及其他钢材、长大机械设备等货物。

4. D_{27}型长大平车

D_{27}型长大平车，载重150t，主要供运输超长货物，如25m长钢轨及其他钢材、长大机械设备等货物。该车型是在D_{22}型长大平车基础上设计的，因此D_{27}型长大平车的结构与D_{22}型长大平车完全相同，仅将4D轴转向架换装成4E轴转向架。

5. D_{30A}型钳夹车

D_{30A}型钳夹式货车由齐车公司于1996年设计，可用于装运电力、冶金、化工、重型机械等行业的短、粗、重、超限、超重大型货物，如大型变压器、发电机定子、轧钢机牌坊等。该车主要由小底架、大底架、制动装置、车钩缓冲装置、转向架等部分组成。空气制动装置采用120型控制阀、356mm×254mm制动缸、高磷闸瓦等。人力制动装置采用蜗轮蜗杆式制动机，车钩缓冲装置采用13号车钩及2号缓冲器。全车采用4组构架包板式5D轴转向架。

长大货物车的型号、主要技术参数和特点如表1-2所示（摘于《加规》附录）。

表1-2　长大货物车主要技术参数表

序号	车型	自重(t)	载重(t)	车体长×宽(mm×mm)	车地板至轨面高(mm)	钩舌内侧距离(mm)	轴数	材质	构造速度(km/h)	转向架中心距(mm)	空车重心高度(mm)	底架心盘中心距(mm)	特点
1	D_2	166.7	160	23300×2780	2187 中部950	35429	16	全钢	80	22200	1032		地板面距轨面低
2	D_5	31	60	16800×2890	1294 中部736	17700	6	全钢		13000	700		中部凹底长8200mm

续 表

序号	车型	自重(t)	载重(t)	车体长×宽(mm×mm)	车地板至轨面高(mm)	钩舌内侧距离(mm)	轴数	材质	构造速度(km/h)	转向架中心距(mm)	空车重心高度(mm)	底架心盘中心距(mm)	特点
3	D_5	22	60	17000×3000	1090 中部630	18022	4	全钢	100	13500	530	13500	中部凹底长 8000mm
4	D_6	60	110	21850×2400	860	22782	8	全钢	80	3250	900	15000	中部凹底长 7000mm
5	D_7	102	150	30730×2400	1125	31730	12	全钢	80	4700	900	20700	中部凹底长 9000mm
6	D_8	149	180	37800×2400	1200	38700	16	全钢	80	6350、3250	1100	24600	中部凹底长 9000mm
7	D_{10}	45.7、47	90	20000×3000	1400 中部835	20932	6	全钢	75	15500	800	15500	中部凹底长 9000mm
8	D_{10}	29	90	19400×3000	1259 中部777	20308	6	全钢	80	14800	720	14800	中部凹底长 10000mm
9	D_{10}	36	90	19400×3000	1350 中部777	20330	6	全钢	80	14800	652	14800	中部凹底长 10000mm
10	D_{17}	50	150		2142	25942	10	全钢	70	17500	1130	17500	落下孔 10200mm×2300mm
11	D_{22}	41.4	120	25000×3000	1460	25938	8	木地板	100	2960	770	17800	平板式
12	D_{27}	43.2	150	25000×3000	1460	25938	8	木地板	100	2960	770	17800	平板式
13	D_{35}	290	350			50128(空)	32	15MnVN	空 80 重 30		1800		钳夹式
14	D_{12}	46.7	120	17020×3000	1707 中部850	24338	8	全钢	100	3100	722	16200	中部凹底长 9000mm
15	D_{18A}	135.4	180	23540×2800	2259 中部930	35470	16	全钢	80	5700	970	22440	中部凹底长 9000mm
16	D_{17A}	45	155	19300×3000	1950	27430	8	全钢	100	3200	920	18600	落下孔 12500mm×2400mm

续 表

序号	车型	自重(t)	载重(t)	车体长×宽(mm×mm)	车地板至轨面高(mm)	钩舌内侧距离(mm)	轴数	材质	构造速度(km/h)	转向架中心距(mm)	空车重心高度(mm)	底架心盘中心距(mm)	特点
17	D_{2G}	148.5	210	23800×2780	950	36330	16	全钢	80	6200	1047	22700	中部凹底长9000mm
18	D_{2A}	136	210	24160×2780	930	36880	16	全钢	80	6300	1072	23050	中部凹底长9000mm
19	D_{25A}	142	250	26670×2630	1080	40910	16	全钢	80	7810	1115	25570	中部凹底长9800mm
20	D_{19G}	158.4	250	29700×2760	2990	46028	20	全钢	80	7550	1450	28500	落下孔12200mm×2060mm
21	D_{22G}	41.9	120	20400×3000	1210	24670	8	木地板	80	2960	715	17800	平板式
22	D_{22G}	43.9	120	20400×3000	1150	24670	8	全钢	80	2960	708	17800	平板式
23	D_{23G}	70.7	265	19170×3128	1500	30958	16	全钢	80	5700	794	18000	平板式、双支承承载
24	D_{30G}	101	370	42668×3180	1735	42668	20	全钢	80	11000	700	22380	双联式
25	D_{30A}	119	300	32668×3000		32668	20	全钢	80	7460	1280	15800(短连接)	钳夹式
26	D_{38}	226	380	52718×3000		52718	32	全钢	空80 重50	12900、5800	1750	26150(短连接)	钳夹式
27	D_{26A}	73.6	260	32138×2990	1600	32138	16	全钢	100	3000	720	16500	双联式
28	D_{70}	26.6	70	19462×2950	1169	20400	4	全钢	90	5700	798		平板式

二、运输阔大货物的其他相关设备

铁路货车超偏载检测装置（如图1-6、图1-7所示）是铁路货运计量安全检测系统的重要组成部分，是检测货车超载、偏载、偏重的主要装置之一。积极做好货车超偏载检测装置的运用管理工作，是确保铁路运输安全的有效途径。在技术手段上解决防止“三重、一超、一落”，提高货车载重和保证运输安全始终是铁路货物运输的重要课题。

图 1－6　钢枕式铁路货车超偏载检测仪

图 1－7　水泥枕式铁路货车超偏载检测仪

1. 铁路货车超偏载检测装置的运用管理

铁道部货运主管部门负责指导、协调、监督、检查超偏载检测装置运用管理，组织制定偏载检测装置检修、运用相关技术条件和管理办法。铁道部计量主管部门负责指导、监督超偏载检测装置计量技术管理，组织制定超偏载检测装置技术标准、计量检定规程。铁路局货运主管部门具体负责超偏载检测装置的选点、安装、选型、调试、维护、运用管理、监督检查和协调工作。专职超偏载监控人员 24 小时在线实时监控通过车辆及超偏载检测装置和网络信息系统的运行状态。

2. 超偏载的处理

（1）货车超偏载标准

货车超偏载分严重、一般两级，具体分级标准如表 1－3 所示。

表 1－3　超偏载分级标准

项目＼分级	严　重	一　般
超载	大于货车容许载重量 10t	大于货车容许载重量 5t
偏载	货物总重心投影距车辆纵中心线距离大于 150mm	货物总重心投影距车辆纵中心线距离大于 100mm
偏重	货车两转向架承受重量之差大于 15t	货车两转向架承受重量之差大于 10t

注：以上的具体分级标准仅作为是否需要换装整理的依据。

（2）处理

根据超偏载检测装置检测结果，对严重的超偏载货车，应通知货检和列检人员联合检

查，车辆技术状态正常不危及行车安全的，要作出记录，重点监控运行；危及行车安全的，须立即扣车，换装整理后，方能挂运。

对一般的超偏载货车，可不换装整理，应记录车种、车号、发到站、货物品名、发收货人等，并将上述信息及时通知发到站，电报通知下一编组站。同时在 24 小时内，将信息上报铁路局货运主管部门，并反馈到铁路局计量主管部门。

责任铁路局在接到处理站的电报或超偏载统计资料后，应追究装车站责任，对管理混乱、恶意超载等性质严重的，除停装整顿外，要追究相关人员责任。换装整理和卸下的货物以及换装整理发生的相关费用，按《铁路货物运输规程》和《铁路货物运输管理规则》、《铁路货物运输事故处理规则》等有关规章处理和划分责任。

知识点二　货物重心水平位置的确定

一、货物装载的基本技术条件

1. 货物装载加固的基本要求

《加规》中规定，货物装载的要求是：使货物均衡稳定合理地分布在车地板上，不超载、不偏载、不集重、不偏重；加固的要求是：能够经受正常调车作业以及列车运行中所产生各种力的作用，在运输全过程中，不发生移动、滚动、倾覆、倒塌或坠落等情况。

2. 对车辆和货物重量的要求

装载货物应正确选择车辆，遵守货车使用限制表及有关规定。定检不过期。货物装载时应充分利用货车的载重力和容积，但不得超过货车容许载重量，即不超载。

3. 货物重心水平位置的要求

在一般情况下，货物装车后其重心或总重心（一车装几件货物时）应能垂直投影到车地板纵、横中心线的交叉点上（以下简称“落在车辆中央”）。特殊情况下必须偏离时，横向偏离量不得超过 100mm，超过时要采取配重措施；纵向偏离时，每个车辆转向架所承受的货物重量一般不得超过货车容许载重量的 1/2，且两转向架承受重量之差不得大于 10t。

4. 重车重心高度的要求

重车重心高度是指将货物装在车上后，车和货作为一个整体，其总重心由轨面起算的高度。重车重心高度从轨面起，一般不得超过 2000mm，超过时可采取配重措施降低重车重心高度，否则应限制该重车的运行速度。

5. 货物突出车辆端梁的长度要求

使用平车装载长度超过车地板的货物，或由于其他原因，货物必须突出车辆端梁装载时，如果突出端货物的半宽度不大于车辆半宽时，允许突出端梁 300mm；大于车辆半宽时，允许突出端梁 200mm。超过此限时，必须使用游车。

二、货物重心在车辆纵向的合理位置

一般情况下，货物重心或总重心在车地板上的投影应位于车辆中央，当货车装载的货

物重量已达到货车的标记载重量时，货物的重心或总重心必须落在货车中央，以保证车辆转向架承受的货物重量不超过其标记载重量的 1/2，确保车辆不受损伤。当货物重量未达到货车的标记载重量时，最好使货物重心落在车辆中央，使车辆两转向架负重相等，以增大重车运行的平稳性。

但是在实际工作中，有些情况往往要求货物的重心或总重心偏离车辆横中心线。例如：超长均重货物，为了节省一辆游车，采用一端突出车端的装载方案时，货物重心不能落在车辆中央；非均重货物，如果货物重心落在车辆中央，一端突出车端，另一端的车地板长度尚有空余，为了节省游车，采用不突出车端的装载方案；一车装载货物的件数在两件以上，而每件货物的重量又互不相等时，也往往采用货物重心不落在车辆中央的装载方案。

当货物重心或总重心偏离车辆横中心线时，必须同时满足使车辆每个转向架承受的货物重量不超过货车容许载重量的 1/2 和两转向架负重之差不大于 10t 。货物重心纵向合理位置的确定具体分以下两种情况：一车装载一件货物；一车装载多件货物。

（一）一车装载一件货物

设货车容许载重量为 $P_{容}$(t)，车辆两转向架承受货物的重量分别为 R_A，R_B，且 $R_A > R_B$，如图 1－8 所示，若货物重心纵向偏移量符合规定，应满足的条件是：

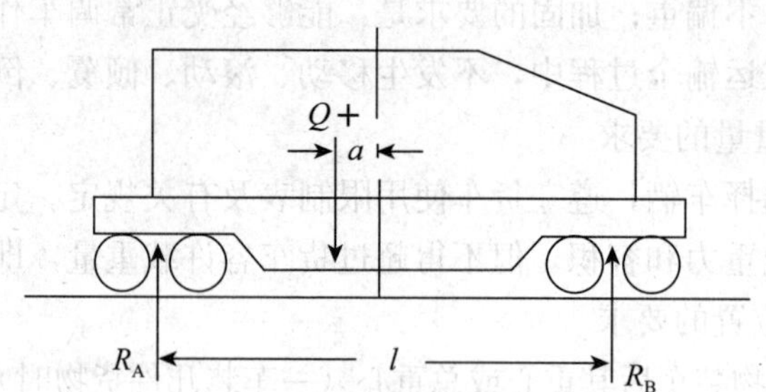

图 1－8　货物重心纵向水平位置示意图

$$R_A \leqslant \frac{P_{容}}{2} \tag{1-1}$$

$$R_A - R_B \leqslant 10t \tag{1-2}$$

如图 1－8 所示，设货物重量为 Q（t），车辆的转向架中心距为 l（mm），货物重心纵向偏移量为 a(mm)。根据力矩平衡原理，可得出：R_A、R_B 的表达式并代入式（1－1）、式（1－2）中，若使两个不等式同时成立，则货物重心纵向最大容许偏移量 $a_{容}$ 可按下列方法确定：

当 $P_{容} - Q < 10t$ 时，

$$a_{容} = \left(\frac{P_{容}}{2Q} - 0.5\right)l \tag{1-3}$$

当 $P_{容} - Q \geqslant 10t$ 时，

$$a_{容} = \frac{5}{Q}l \tag{1-4}$$

式中，$a_{容}$——重心（总重心）纵向最大容许偏移量，mm；

$P_{容}$——货车容许载重量，一般可取货车标记载重量，t；

Q——货物重量，t；

l——车辆的转向架中心距，mm。

在车辆上只装一件货物时，装车前根据货物重心的位置和使用车辆的类型，按计划装载方案就可以判定重心是否偏移及偏移量的大小。装车后，根据事先标画的车地板纵、横中心线及货物重心标记就可测量出纵向偏移量。

（二）一车装载多件货物

如图 1－9 所示。

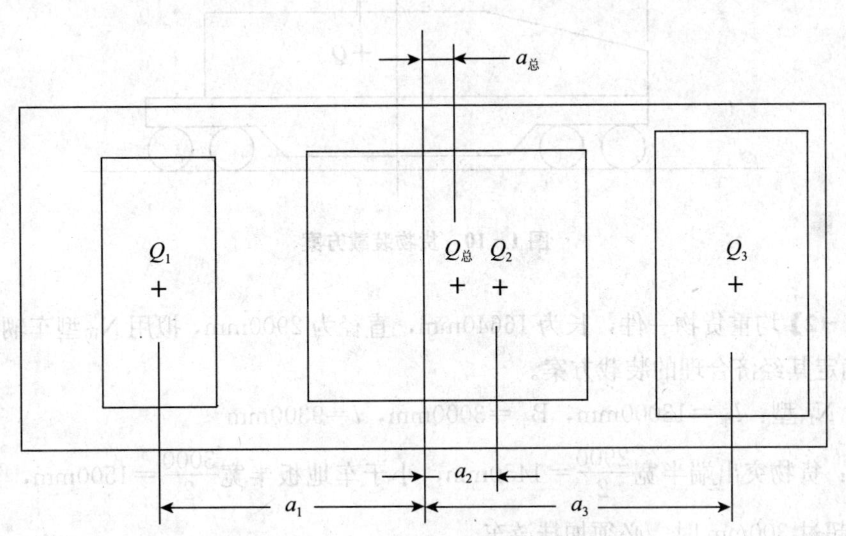

图 1－9 多件货物重心纵向水平位置示意图

多件货物总重心纵向最大容许偏移量与一车一件时计算 $a_{总}$ 所利用的原理相同，此时，

$$a_{总}=\frac{\pm a_1Q_1\pm a_2Q_2\pm\cdots\pm a_nQ_n}{Q_1+Q_2+\cdots+Q_n} \tag{1-5}$$

式中，Q_1，Q_2，…，Q_n——每件货物的重量，t；

a_1，a_2，…，a_n——每件货物重心距车辆横中心线的距离，mm；

式中正、负号以货车横中心线为准，一侧取正号，另一侧取负号。

【例 1－1】一件货物重 45t，长 11500mm，货物重心距一端的长度 7200mm，使用 N_{17} 型平车，使货物较轻一端与车端对齐，试确定装载方案是否合理？

【解】N_{17} 型：$l_{车}=13000$mm，$l=9000$mm

货物装载方案：货物较轻一端与车端对齐，如图 1－10 所示。

$a_{实}=7200-\frac{13000}{2}=700$ (mm)

当

$P_{容}-Q=60-45=15>10$ (t)

$a_{容}=\frac{5}{Q}l=\frac{5}{45}\times9000=1000$ (mm)

因为 $a_{实}<a_{容}$，所以该装载方案合理。

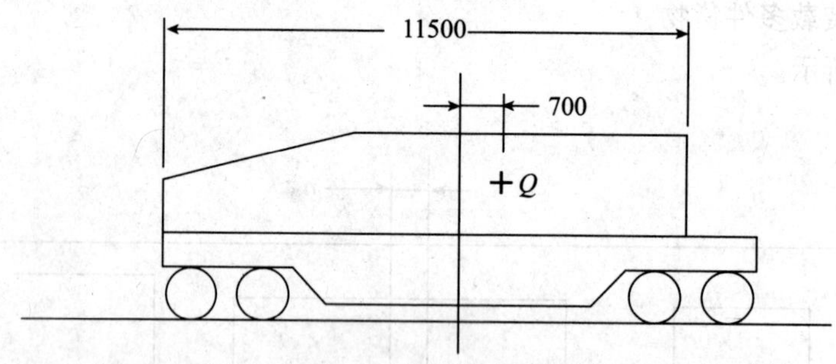

图1 10 货物装载方案

【例1-2】均重货物一件，长为16640mm，直径为2900mm，拟用N_{16}型车辆装运，重30t，试确定其经济合理的装载方案。

【解】N_{16}型：$l_{车}=13000$mm，$B_{车}=3000$mm，$l=9300$mm

分析：货物突出端半宽$\frac{2900}{2}=1450$mm，小于车地板半宽$\frac{3000}{2}=1500$mm，当突出端梁的长度超过300mm时，必须加挂游车。

方案1：货物重心投影落在车辆中央，两端均衡突出装载，如图1-11所示。

货物两端突出车辆端梁的长度为$\frac{16640-13000}{2}=1820$mm，货物突出端梁的长度均大于300mm，需要加挂游车，共需使用三辆货车。

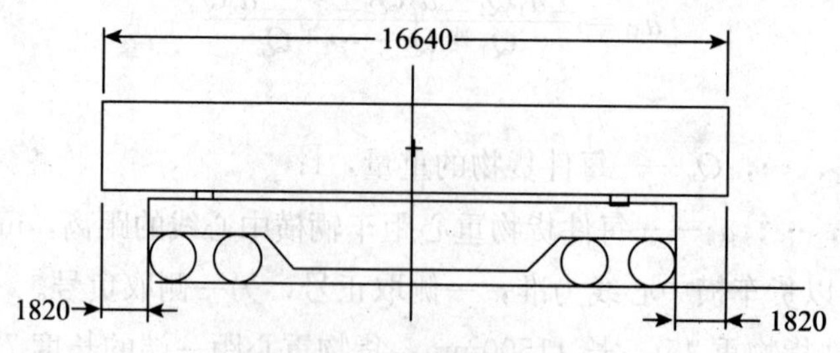

图1-11 货物装载方案1

方案2：使货物重心纵向偏移$a_{容}$，如图1-12所示。

当

$P_{容} - Q = 60 - 30 = 30 > 10$（t）

$a_{容} = \frac{5}{Q}l = \frac{5}{30} \times 9300 = 1550$（mm）

此时，货物一端突出端梁 270mm（1820－1550＝270），小于 300mm，不需加挂游车；另一端突出端梁 3370mm（1820＋1550＝3370），大于 300mm，需要加挂一辆游车，共需使用两辆货车。

方案 2 与方案 1 比较，少用一辆货车且货物重心纵向偏移符合要求，所以，方案 2 为经济合理方案。

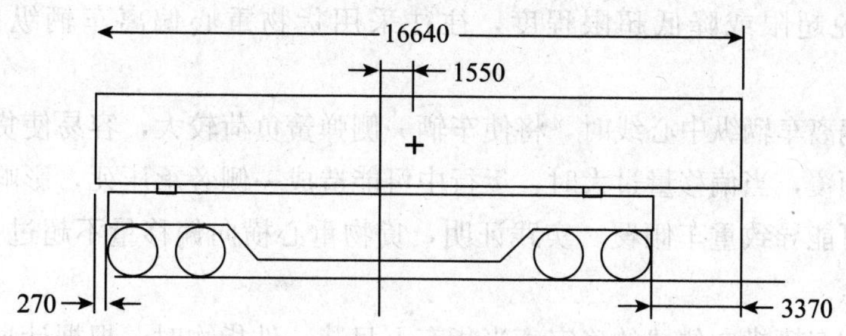

图 1－12　货物装载方案 2

【例 1－3】现有货物三件，使用一辆 N_{16} 型平车装运，货物重量分别为 $Q_1 = 10$t，$Q_2 = 20$t，$Q_3 = 10$t，装载方法如图 1－13 所示，试确定该装载方法货物总重心纵向水平位置是否符合规定？

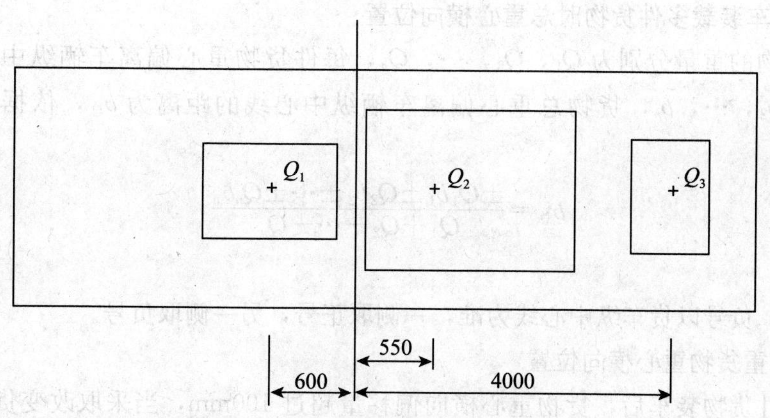

图 1－13　三件货物重心纵向水平位置

【解】N_{16} 型：$l = 9300$mm

$Q_{总} = Q_1 + Q_2 + Q_3 = 10 + 20 + 10 = 40$（t）

$P_{容} - Q = 60 - 40 = 20 > 10$（t）

则 $a_{容}=\frac{5}{Q}l=\frac{5}{40}\times 9300=1162$（mm）

$a_{总}=\frac{10\times(-600)+20\times 550+10\times 4000}{40}=1125$（mm）

因 $a_{实}=a_{总}=1125\text{mm}<a_{容}$，故该装载方法货物总重心纵向水平位置符合规定。

三、货物重心在车辆横向的合理位置

货物的重心或总重心的投影位于车辆的纵中心线上时，同一转向架两侧轮压相同，有利于车辆平稳运行。但对于形状不规则的货物，当其重心投影落在车辆纵中心线上时，由于货物的一侧宽度较大，可能导致货物超限，甚至无法通过铁路限界。鉴于此种情况，为了避免超限或降低超限程度，往往采用货物重心偏离车辆纵中心线的装载方案。

货物重心偏离车辆纵中心线时，将使车辆一侧弹簧负荷较大，容易使货物在运行中发生横向移动或倾覆，当偏移量过大时，运行中可能造成一侧旁承压死，影响车辆顺利通过曲线，严重的可能导致重车倾覆。实践证明，货物重心横向偏移量不超过 100mm 时，不致影响运行安全。

货物重心在车辆横向位置的确定：当货车上只装一件货物时，根据计划装载方案或装车后直接测量，即可确定货物重心在车辆横向是否有偏移及横向偏移量的大小。如果货物重心横向偏移量小于或等于 100mm，则货物装载方案符合装载技术条件的要求。否则，货物装载为偏载。

货物重心在车辆横向位置的确定：当货车上装载多件货物时，装车后货物总重心在车辆横向的位置需通过计算确定。

（一）一车装载多件货物时总重心横向位置

假设货物的重量分别为 Q_1，Q_2，…，Q_n，每件货物重心偏离车辆纵中心线的距离分别为 b_1，b_2，…，b_n，货物总重心偏离车辆纵中心线的距离为 $b_{总}$，依据力矩平衡原理得：

$$b_{总}=\frac{\pm Q_1 b_1\pm Q_2 b_2\pm\cdots\pm Q_n b_n}{Q_1+Q_2+\cdots+Q_n} \tag{1-6}$$

式中正、负号以货车纵中心线为准，一侧取正号，另一侧取负号。

（二）配重货物重心横向位置

如果一件货物装车后，货物重心横向偏移量超过 100mm，当采取改变货物的装载方法无法使横向偏移量调整到规定的范围内时，应采取配重措施，配重后使货物总重心横向偏移量不超过 100mm。

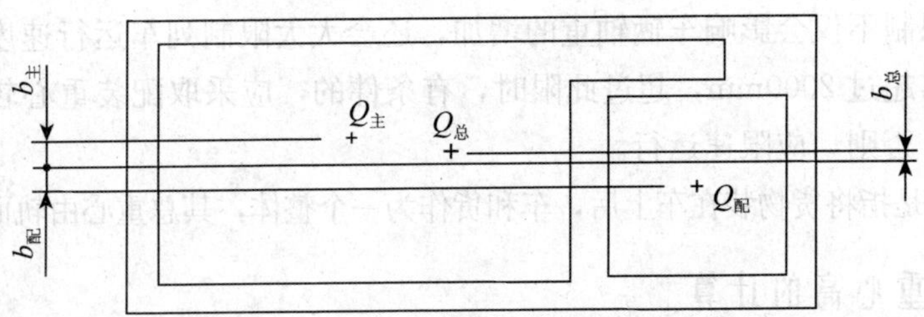

图 1-14　货物重心横向水平位置示意图

采取配重措施后，货物总重心横向偏移量问题，可利用式（1-6）确定，如图 1-14 所示，假设原货物重量为 $Q_主$，原货物重心横向偏移量为 $b_主$，配重货物重量为 $Q_配$，配重货物重心横向偏移量为 $b_配$，货物总重心偏离车辆纵中心线为 $b_总$，则式（1-6）表达式变换为：

$$b_总=\frac{Q_主\ b_主-Q_配\ b_配}{Q_主+Q_配} \tag{1-7}$$

由上述表达式，可分别计算出 $b_配$ 或 $Q_配$：

$$b_配=\frac{Q_主\ b_主-b_总\ (Q_主+Q_配)}{Q_配} \tag{1-8}$$

$$Q_配=\frac{Q_主\ (b_主-b_总)}{b_总+b_配} \tag{1-9}$$

式中，相关参数应满足的条件：$|b_总|\leqslant 100\text{mm}$，$Q_配\leqslant P_标-Q_主$，$b_配\leqslant\frac{B_车}{2}$。

【例 1-4】一件货物重 45t，选用 N_{17} 型平车装载，装车后货物重心偏离纵中心线 200mm，另有配重货物 12t，试确定当配重货物重心距货车纵中心线多少毫米，才能使货物总重心：①落在车辆纵中心线上；②横向偏移量为 100mm。

【解】N_{17} 型：$Q_主=45\text{t}$，$b_主=200\text{mm}$，$Q_配=12\text{t}$，$Q_总=45+12=57\text{t}$

（1）货物总重心落在车辆纵中心线上，即 $b_总=0\text{mm}$

$$b_配=\frac{Q_主\ b_主}{Q_配}=\frac{45\times 200}{12}=750\ (\text{mm})$$

（2）货物总重心横向偏移量为 100mm，即 $b_总=100\text{mm}$，代入式（1-8）中

$$b_配=\frac{Q_主\ b_主-Q_总\ b_总}{Q_配}=\frac{45\times 200-57\times 100}{12}=275\ (\text{mm})$$

知识点三　重车重心高的确定

重车的重心高度标准是我国铁路的一项基本技术标准，重车的重心高度是影响重车运行平稳性和安全性的主要因素之一，它对指导现场装车、保障行车安全起着重要作用。重车重心越高，运行稳定性越差，速度较大还有颠覆的危险。为了保证重车运行安全，目前我国仍沿用 1950 年制定的《铁路货物输送暂行规定》中的规定，限制高度为 2000mm。

重车重心高的限制不仅会影响车辆轴重的增加，还会大大限制列车运行速度的提高，重车重心高一般不得超过 2000mm，超过此限时，有条件的，应采取配装重心较低货物，以降低重车重心高，否则，应限速运行。

重车重心高是指将货物装在车上后，车和货作为一个整体，其总重心由轨面起算的高度。

一、重车重心高的计算

（一）一车负重装载

1. 一车装载一件货物

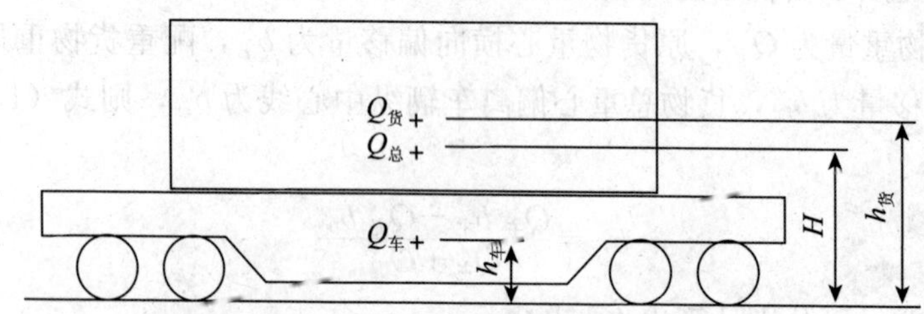

图 1－15　装载单件货物重车重心高示意图

一车装载一件货物重车重心高的计算，如图 1－15 所示，根据势能相等的原理，则

$$H=\frac{Q_车\ h_车+Q_货\ h_货}{Q_车+Q_货} \tag{1－10}$$

式中，H——重车由轨面起的总重心高，mm；

$Q_车$——车辆自重，t；

$h_车$——空车重心自轨面起算的高度，mm；

$Q_货$——货物重量，t；

$h_货$——货物重心自轨面起算的高度，mm。

2. 一车装载多件货物

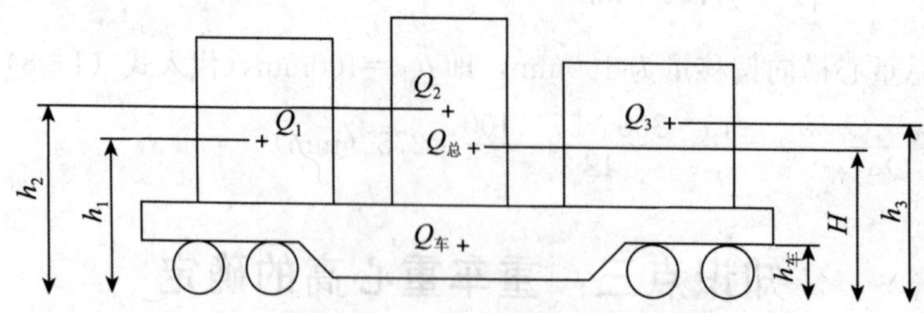

图 1－16　装载多件货物重车重心高示意图

若一车装载多件货物，如图 1－16 所示，重车重心高可按式（1－11）计算：

$$H=\frac{Q_车\ h_车+Q_1h_1+Q_2h_2+\cdots+Q_nh_n}{Q_车+Q_1+Q_2+\cdots+Q_n} \tag{1－11}$$

式中，Q_1，Q_2，…，Q_n——每件货物的重量，t；

h_1，h_2，…，h_n——装车后每件货物重心自轨面起算的高度，mm。

（二）跨装运输

同理，货物跨装时，重车重心高可按式（1-12）计算：

$$H=\frac{Q_{货}h_{货}+Q_{车1}h_{车1}+Q_{车2}h_{车2}}{Q_{货}+Q_{车1}+Q_{车2}} \tag{1-12}$$

式中，$Q_{车1}$，$Q_{车2}$——分别为两负重车自重，t；

$h_{车1}$，$h_{车2}$——分别为两负重车空车由轨面起算的重心高度，mm。

二、重车重心高超过规定时的组织措施

（一）降低重车重心高

1. 选择合适车辆

从重车重心高的影响因素出发，可考虑选择自重较大、空车重心高和车地板高较低的车辆，以达到降低重车重心高的目的。

2. 采取配重措施

在实际工作中可采取配装重心较低的货物，以降低重车重心高。采取配重措施时，还应考虑是否具备配重的条件：一是车辆的载重能力有富余；二是车地板上有可供装载的位置，且符合货物装载的技术条件；三是有到达同一到站且重心又较低的货物。

欲使配重后，重车重心高降至2000mm，配重货物的最小重量可按式（1-13）计算：

$$Q_{配}=\frac{Q_{总}(H-2000)}{2000-h_{配}} \tag{1-13}$$

式中，$Q_{总}$——货车自重与主货物重量之和，t；

$Q_{配}$——配重货物重量，t；

H——未配重前的重车重心高，mm；

$h_{配}$——配重货物装车后，其重心自轨面起算的高度，mm。

根据货车载重力要求，$Q_{配}\leqslant P_{标}-Q_{货}$。

（二）限速运行

当重车重心高超过2000mm，在无法降低重车的重心高时，按表1-4规定的速度限速运行，以保证重车运行安全。

表1-4　　重车重心高超过2000mm时运行限速表

重车重心高 H（mm）	区间限速（km/h）	通过侧向道岔限速（km/h）
$2000<H\leqslant2400$	50	15
$2400<H\leqslant2800$	40	15
$2800<H\leqslant3000$	30	15

【例 1－5】一件货物重 40t，长 6000mm，宽 2500mm，重心高 1300mm。拟用 N_{16} 型平车装载，横垫木 140mm，试计算重车重心高。若有到达同一到站的一件配重货物可供选择，货物重 3t，重心高 240mm，试计算配重后重车重心高。

【解】N_{16} 型：$Q_{车}=19.7t$，$h_{车}=730mm$，车地板高＝1210mm

货物重心从轨面起算的高度：$h_{货}=1210+140+1300=2650$（mm）

重车重心高为：

$$H=\frac{Q_{车}\ h_{车}+Q_{货}\ h_{货}}{Q_{车}+Q_{货}}=\frac{19.7\times730+40\times2650}{19.7+40}=2016\ (\text{mm})$$

因重车重心高超过 2000mm，货车载重能力又有富余，采取配重措施，如图 1－17，则配重后重车重心高：

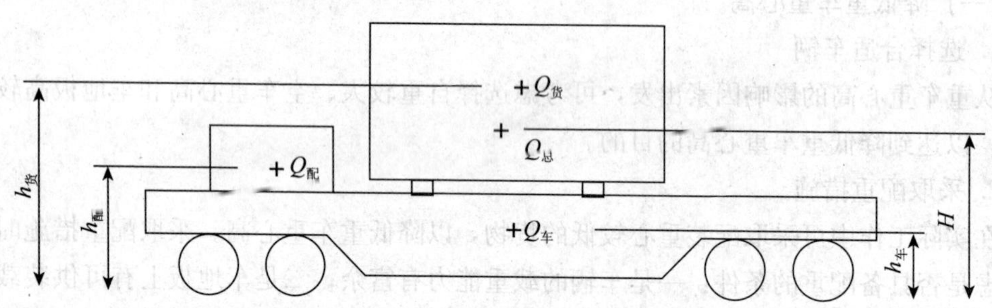

图 1－17　配重措施重车重心高示意图

$$H=\frac{Q_{车}\ h_{车}+Q_1h_1+Q_2h_2}{Q_{车}+Q_1+Q_2}=\frac{19.7\times730+40\times2650+3\times(240+1210)}{19.7+40+3}$$

$=1989$（mm）<2000（mm）

则采取配重措施后，重车的重心高在规定范围内，运行时无须限速。

中国长大货物车制造史

长大货物车是铁路运输中使用的一种特种车辆，用于装运长大、重型货物。中国自制的长大货物车有凹底平车、长大平车、落下孔车、双支承车和钳夹车等。

中国最早制造的长大货物车是 1953 年和 1959 年由大连机车车辆工厂、沈阳机车车辆工厂先后制造的 D_{10} 型 90t 凹底平车。1967 年北京二七机车车辆工厂曾设计制造过载重 100t 的 D_{10} 型凹底平车，后因强度不够等原因，将旁承支重改为心盘支重，载重也降为 90t，底架改为焊接结构。1973 年哈尔滨厂又修改了设计，生产了一批，强度有所提高。这种车车体长 20m 或 19.4m，中间凹底长 10m，装有 2 组三轴转向架。

为了装运重型拖拉机、大型变压器和发电机等货物，1959 年，戚墅堰机车车辆工厂设计制造了载重 50t 的 D_{50} 型凹底平车，车底架全长 16m，凹底有效长度为 8.1m，装有 2 组转 8 型转向架。1968 年，北京二七机车车辆工厂设计制造了载重 60t 的 D_5 型凹底平车，车底架全长 17m，凹底有效长度为 8m。随着国民经济的发展，原有的几种凹底平车不能适应需要，因此，1977 年，哈尔滨车辆工厂设计制造了载重 210t 的 D_2 型凹底平车，如下图所示。该车由大底架、2 个小底架以及 Z10A 和 Z10B4E 轴一体转向架各 2 组等组成，大底架全长 23.3m，凹底承载面长度为 9m。

D_2 型 210t 凹底平车

为了装运长钢轨、桥梁及各种型钢，1959 年起，齐齐哈尔车车辆工厂设计制造了一批底架长 25m、载重 120t 的 D_{22} 型长大平车，后由齐齐哈尔车辆工厂和北京二七机车车辆工厂等生产。全车有 4 个转 8 型转向架，每端的 2 个转 8 型转向架用铸钢纵摇枕连接起来，成为 4D 轴一体转向架。

1974 年，哈尔滨车辆工厂设计制造了载重 235t 的 D_{23} 型长大平车，如下图所示。该车采用低合金钢焊接结构，全车由大底架、2 个小底架以及 Z9A 型和 Z9B 型 4D 轴一体转向架各 2 组组成，专供装运合成氨生产装置的大型设备使用。

D_{23} 型 235t 长大平车

1975 年，齐齐哈尔车辆工厂在 D_{22} 型的基础上，设计制造厂 D_{27} 型长大平车，将 4D 轴一体转向架换成 4E 轴转向架。这种车如果货物支承在两转向架中心处，可载重 150t。

1969 年，株洲车辆工厂设计制造了载重 150t 的 D_{17} 型落下孔车，如下图所示，用于装运冶金、电力、重型机械等重型设备，特别是用凹底车运输而高度超限的高大货物。该车由2组5轴转向架及支承在其上面的装货底架组成。车钩缓冲装置和制动装置均安装于转向架上。底架中部有一落下孔，以降低货物的装载高度，其长度为10200mm，宽度为2300mm。

D_{17}型150t落下孔车

为了装运12万及24万千伏安的大型变压器，1960年，齐齐哈尔车辆工厂在铁道科学研究院等单位协助下，设计制造了D_{20}型280t钳夹式两节平车，如下图所示。车体为全钢焊接结构，由2节大底架、2个小底架和4组5D轴包板式转向架构成的两节平车组成。装运货物时，将两节车拉开，货物（或货物承载箱）放在中间，把大底架上的销孔与货物下部的销孔用销子连接，上部互相顶住连成一体，使货物本身也成为车辆的构件。

D_{20}型280t钳夹式两节平车

为了整体装运合成氨装置中的合成塔等长大货物，1974年齐齐哈尔车辆工厂设计制造载重370t的D_{30}型双支承平车，如下图所示。全车由2组凹形平车组成，每组凹形平车有一凹形底架和2组5E轴转向架。在凹形底架的中部设置转动鞍座和卡带，以便固定跨装的机器设备，使2组车连成一体，故又称为双联平车。该车的车钩缓冲装置和制动装置等均装于5E轴转向架上，双联装运时，最大载重为370t，货物的支承部分的长度一般应在22m以上。也可单节装运，最大载重为185t。

D_{30}型370t双支承平车

齐齐哈尔和株洲车辆工厂还分别试制了载重 450t 和 350t 的液压多导向的钳夹式长大货物车。

学习任务二 超长货物运输组织

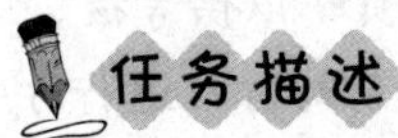

本次任务需要你依据案例背景计划超长货物各作业环节的工作重点，分组做好货运各工种的人员分工，确保在规定时间内按规定作业流程与要求采取角色扮演的方式，完成超长货物运输组织工作。重点需要你能根据超长货物特点确定合理的装载方案及运行条件，并附有充足的支持材料加以说明。具体任务要求见任务单所示。

任 务 单

请利用本学习单元所学知识，按案例条件与任务要求处理以下案例。

【案例情况说明】位于安徽省马鞍山市九华西路 8 号的马鞍山钢铁股份有限公司（邮编：243003，联系电话：0555－288××××），于 9 月 7 日在马鞍山车站托运预应力钢梁三批（批准计划号为 10N00288113/10N00288114/10N00288115），使用普通平车装运，拟发往广州北车站（收货单位：广州市花都金桥贸易有限公司，地址：广州市花都区新华街镜湖大道 16 号，邮编：510800，联系电话：020－6182××××）。

1. 均重预应力钢梁一件，重 48t，长 15000mm，宽 2900mm，货物重心高 1290mm。使用 N_{17} 型平车（自重数种可自选）装载。试确定该货物装载方案及运行条件，并绘制货物装载示意图。

2. 均重预应力钢梁一件，重 52t，长 24000mm，宽 2930mm，货物重心高 1290mm。使用 N_{17} 型平车（自重数种可自选）装运。试确定该货物装载方案及运行条件，并绘制货物装载示意图。

3. 均重桥式起重机梁一件，重 36t，长 31800mm，宽 2149mm，高 2192mm，货物重心高 1000mm。使用 N_{17} 型平车（自重数种可自选）装载，配有货物转向架一副，自重 2t。试确定该件货物装载方案及运行条件，并绘制货物装载示意图。

（其他未尽事宜自行假设）

【任务要求说明】请根据上述案例情况，结合货运规章相关规定，制订经济合理的装载方案，绘制货物装载示意图，并将其步骤和依据详细记录在学生工作页的“计划决策”栏内，再依方案按货物发送、途中、到达作业各工作步骤模拟演练，并将实施过程简要记录在学生工作页“实施”栏内。在完成这一任务时，请试图解决以下问题：

1. 用于装载货物的车辆条件及数量；

2. 是否需要使用垫木或货物转向架，若需要请确定其规格；

3. 货物重心水平位置的确定；

4. 重车重心高的确定；

5. 超长货物装载技术条件（一车负重、跨装运输的区别与联系）。

另外，以学习小组为单位确定一名观察者负责本组成员任务实施情况的汇报，每组派代表从教师处领取学习资料及操作工具，模拟工作情境，完成运输案例所示的超长货物运输组织工作。注意：每位同学最后都必须上交一份填写完整的“学生工作页”以供考核。

课堂训练将采用案例情境模拟的方法实施教学，成果展示由各小组自制幻灯片进行方案及实施情况的汇报。

知识点四　超长货物概述

一、认知超长货物

超长货物属于特殊条件运输的货物，货物长度通常较大，需要使用一辆以上货车装运。当货物半宽度小于或等于车地板半宽度时，货物突出货车端梁长度超过 300mm 时或当货物半宽度大于车地板半宽度时，货物突出货车端梁长度超过 200mm 时，称该货物为超长货物。

（一）超长货物的定义

一车负重，突出车端，需要使用游车或跨装运输的货物，称为超长货物。

（二）超长货物的判定

判定货物为超长货物时，既要考虑不同的装载方案，货物突出车辆端梁长度上的差异；又要考虑到相同装载方案时，所使用车辆车地板长度上的差异，如一件长度为 13200mm 的货物，分别使用 N_{60} 型平车（车地板长度 12500mm）和 N_{17} 型平车（车地板长度 13000mm）两端均衡突出装载，当使用 N_{60} 型车装载时，货物属于超长货物，而使用 N_{17} 型车装载时，货物不属于超长货物。因此，判定货物时应综合考虑货物的装载状态和所使用车辆的情况。

超长货物通常可概括为以下三种情况：

①货物的全长大于车地板的长度，只需一车负重的货物；

②货物的全长大于车地板的长度，需跨装运输的货物；

③货物的全长小于或等于车地板的长度，但因满足货物重心纵向合理位置的需要而使用游车的货物。

【例 1-6】 下列货物使用 N_{60} 型平车一车负重装运时，判断是否属于超长货物。

①一件均重货物重 45t，长 13400mm，宽 2400mm，高 2000mm。

②一件均重货物重 40t，长 15000mm，宽 2000mm，高 1800mm。

【解】 N_{60} 型：车地板长 13000mm，宽 3000mm，高 1170mm，转向架中心距 9300mm。

分析：两件货物的全长均超过车地板长度；两件货物的半宽度（1200mm，1000mm）均小

于车地板的半宽度（1500mm），货物每端允许突出车辆端梁 300mm，超过时，必须加挂游车。

货物可采用的合理装载方案：

①货物重心投影落在车辆中央，两端均衡突出装载；

②货物两端均突出车辆端梁，并使其中一端突出车辆端梁的长度为 300mm。

结论：

货物①：分别采用上述两方案装载时，货物两端突出车辆端梁的长度均未超过 300mm，不需加挂游车，因此，货物①不属于超长货物。

货物②：分别采用上述两方案装载时，货物两端或一端突出车辆端梁的长度均超过 300mm，需要加挂两辆或一辆游车，因此，货物②属于超长货物。

【例 1－7】非均重货物一件重 50t，长 11000mm，宽 3100mm，高 2100mm，货物重心距货物一端 8000mm，拟使用 N_{17} 型平车一车负重装运，已知货物重心纵向最大容许偏移量为 900mm，试判定货物是否为超长货物？

【解】N_{17} 型：车地板长 13000mm，宽 2980mm，高 1209mm，转向架中心距 9000mm。

分析：货物的半宽度（1550mm）大于车地板的半宽度（1490mm），货物每端允许突出车辆端梁 200mm，超过时，必须加挂游车。

方案 1：如图 1－18 所示，使货物重心投影落在车辆中央，则货物一端突出车辆端梁长度为 $8000-\frac{13000}{2}=1500$mm，大于 200mm，需要使用一辆游车，因此，按此种装载方案装载货物为超长货物。

方案 2：如图 1－19 所示，将货物重心纵向偏移到最大容许偏移量 900mm 进行装载，则货物一端突出端梁长度为 1500－900＝600mm，大于 200mm，仍需要加挂一辆游车，因此，按此种装载方案装载货物为超长货物。

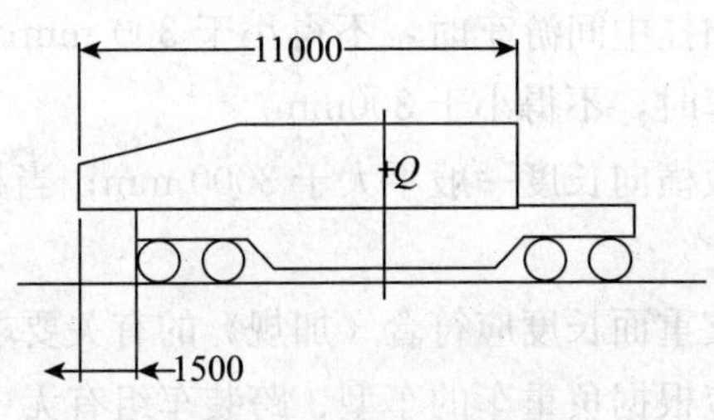

1－18　货物装载方案 1

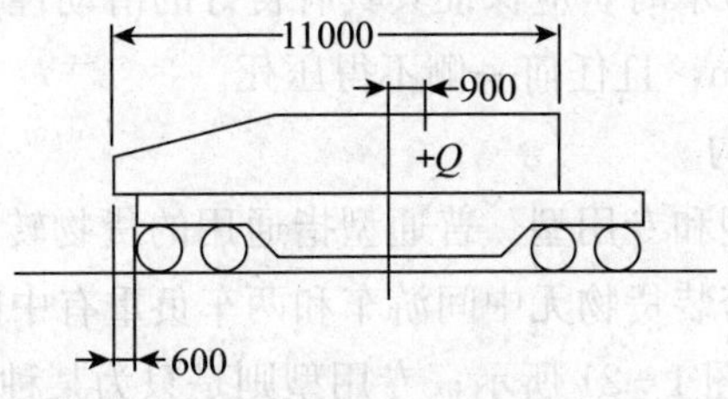

1－19　货物装载方案 2

方案1与方案2比较，两方案一端均需要加挂游车，使用车数相同，且方案1货物重心纵向不偏移，稳定性好，所以应采用方案1。当采用方案1时，货物一端仍需加挂游车，因此，此货物是超长货物。

结论：虽然此货物的全长小于车地板的长度，但因满足货物重心纵向合理位置的需要，货物仍有可能为超长货物。

二、加固装置

常用的加固装置有：货物转向架、车钩缓冲停止器、货物支架、座架等，需合理使用其对货物进行加固，只有根据货物情况选择合适的加固装置，正确确定出合理的加固方法，才能达到经济、合理地加固货物的目的。

（一）货物转向架

1. 货物转向架的基本技术要求

货物跨装运输时，必须使用货物转向架。货物转向架的质量、性能和技术状态应符合铁道行业标准TB/T 2902《货物转向架》的要求。货物转向架每副两个，一个具有死心盘，中心销孔为一圆孔；另一个具有活心盘，中心销孔为一长孔。每个转向架由上架体和下架体组成。

①货物转向架的强度和刚度必须与其所承受的负荷相适应。

②货物转向架上架体必须备有能对货物实施加固的部件，下架体必须备有能与车体加固的部件。

③货物转向架组成后，上架体必须转动灵活，活心盘上架体还应纵向滑动灵活。

④活心盘中心销孔的长度系指长孔的两半圆圆心距。活心盘中心销孔一般情况下应开设在下架体上，其长度根据跨装车组是否使用车钩缓冲停止器和有无中间游车确定，具体要求是：跨装车组使用车钩缓冲停止器，不加挂中间游车时，不得小于180mm；跨装车组使用车钩缓冲停止器，加挂中间游车时，不得小于300 mm；跨装车组不使用车钩缓冲停止器，也不加挂中间游车时，不得小于300mm。

⑤货物转向架沿车地板横向长度一般不大于3000 mm；当超过3000mm时，应保证不超限。

⑥货物转向架下架体支重面长度应符合《加规》的有关要求。

⑦货物转向架的高度应根据负重车的车型、跨装车组有无中间游车、货物超过转向架中心销外方的长度，以及货物底面是否有突出部分等因素计算确定。

⑧当货物转向架使用旁承时，应保证其具有良好的滑动性能；在负载情况下，两侧旁承游间之和不应大于10 mm，且任何一侧不得压死。

2. 常用货物转向架结构

货物转向架分为普通型和专用型。普通型指通用的货物转向架，它依其活心盘孔长度和能否加挂中间游车分为跨装货物无中间游车和两车负重有中间游车两种，其规格见《加规》附件5，如图1-20、图1-21所示；专用型则是只为某种超长货物专门制备的货物转向架。

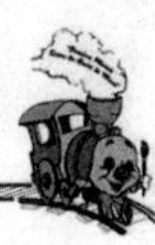

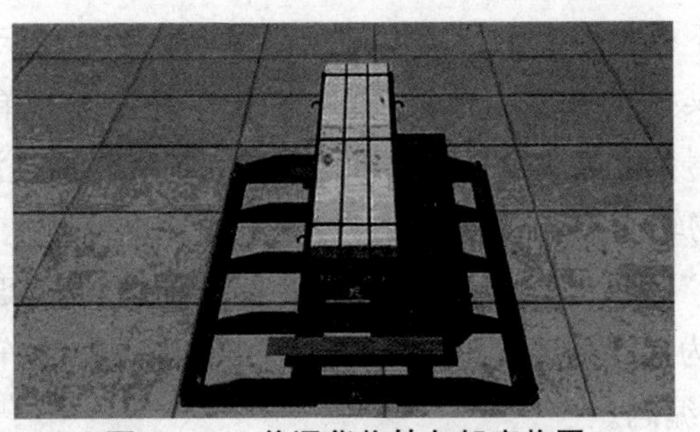

图 1-20 普通货物转向架实物图

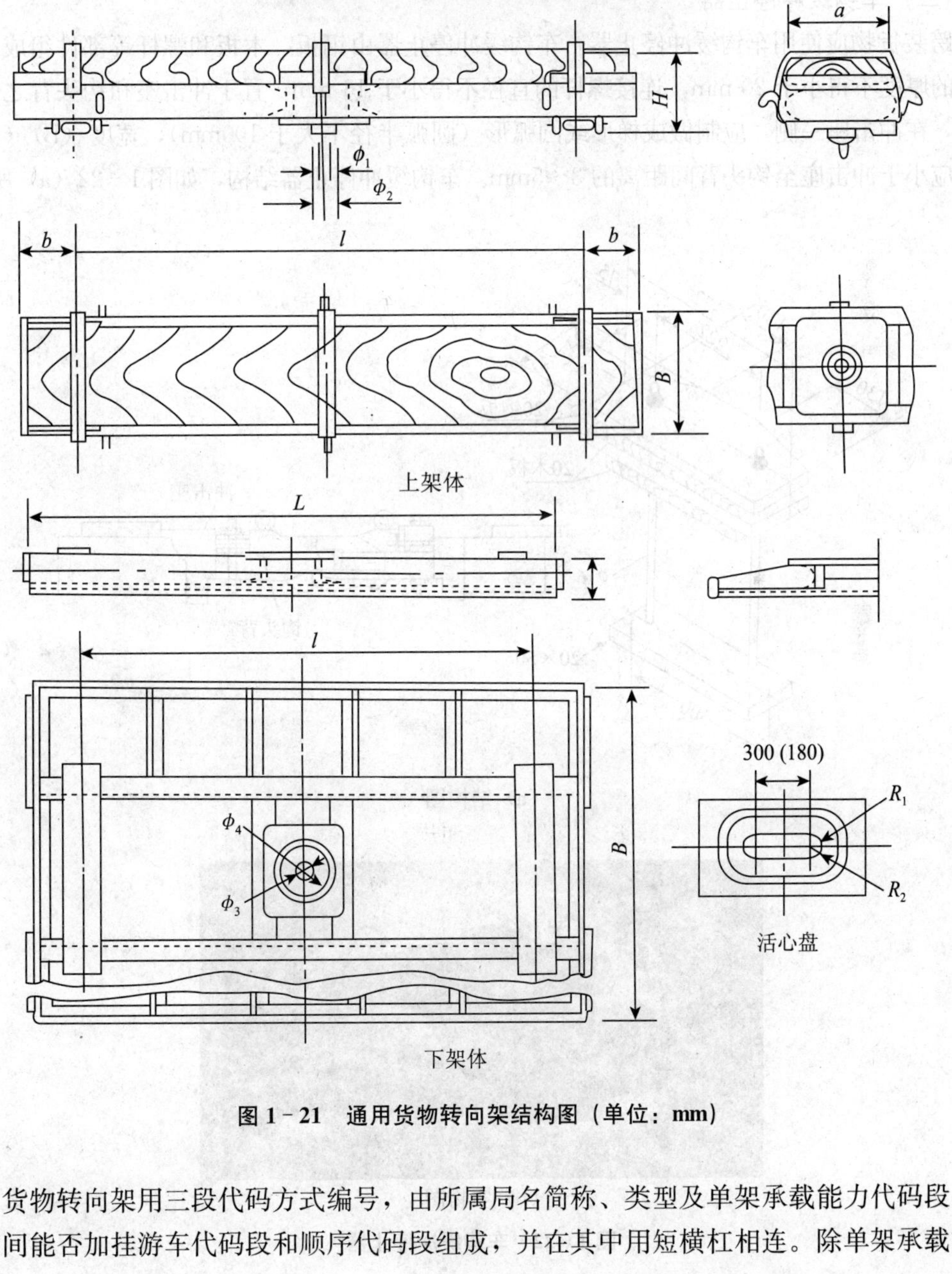

a
H_1
ϕ_1
ϕ_2
b
l
b
B
上架体
L
l
B
300 (180)
R_1
ϕ_4
ϕ_3
R_2
活心盘
下架体

图 1-21 通用货物转向架结构图（单位：mm）

货物转向架用三段代码方式编号，由所属局名简称、类型及单架承载能力代码段，车组中间能否加挂游车代码段和顺序代码段组成，并在其中用短横杠相连。除单架承载能力代码段作为类型代码的下标外，其余代码均用相同字形、字号表示。

例如：北京局管内某托运单位，两车一组不加挂中间游车、单架承载能力 30t 以下的普通货物转向架，其编号为：京 P_{30} - 2 - 0123；三车一组中间加挂游车，单架承载能力 30t 以上 60t 以下的专用货物转向架，其编号为：京 Z_{60} - 3 - 0223。

"京"为局名简称，"P"、"Z"为普通型和专用型货物转向架第一字的汉语拼音首字母；下标"30"、"60"为单架承载能力；"2"、"3"表示负重车间能否加挂中间游车；"0123"、"0223"为顺序编码。

（二）车钩缓冲停止器

跨装货物应使用车钩缓冲停止器。车钩缓冲停止器由钢板、木板和螺杆等部件组成，其钢板的厚度不得小于 20 mm，连接螺杆的直径不得小于 16 mm，置于冲击座和钩头背之间的钢板，在冲击座一侧，应制做成梯形或圆弧形（圆弧半径不大于 100mm），宽度（B）（最宽处）应小于冲击座至钩头背间距离的 3～5mm。车钩缓冲停止器结构，如图 1 - 22（a）所示。

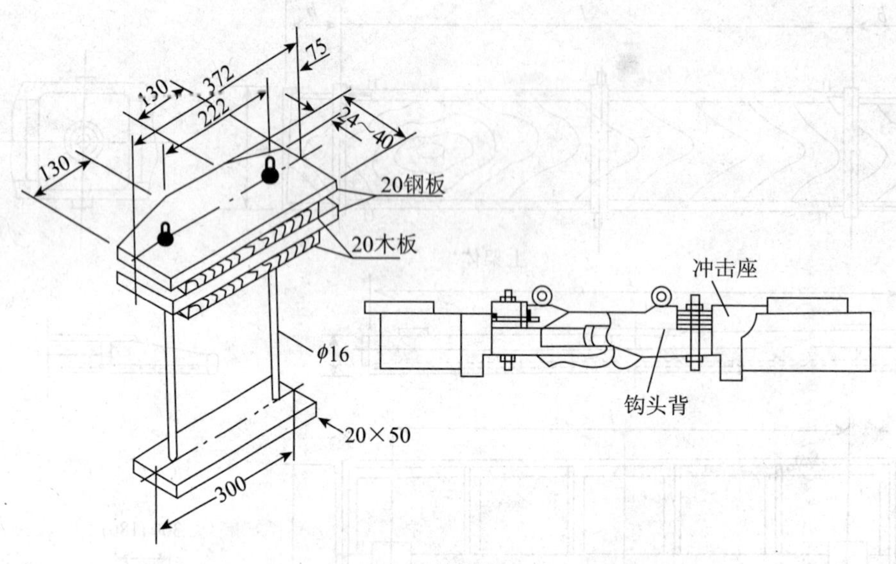

（a）结构图

（b）实物图

图 1 - 22　车钩缓冲停止器

车钩缓冲停止器应在车钩自然状态下，安装在车辆端梁的冲击座和车辆的钩头背之间，如图图 1－22（a）、图 1－22（b）所示，用以限制列车运行、车组连挂过程中车辆间相互距离的急剧变化。卸车后或回送前，应拆卸车钩缓冲停止器。

（三）货物支架、座架

货物支架、座架用钢、木制作，用于支撑球形、卧装圆柱形及支重面需使用支架、座架的货物。应根据货物形状、重量、使用车辆等条件制作，其强度、规格、防滑及加固措施应能满足安全运输的要求。

铁路局应制定钢支架、钢座架（如图 1－23（a）、图 1－23（b）所示）运用管理办法，并报铁道部运输局备案。

(a)

(b)

图 1－23 钢座架加固图

（四）专用货车配备的装载加固装置

1. SQ1 型运输小汽车双层平车止轮器

止轮器是 SQ1 型双层平车配备的专用加固装置，分为滑槽式止轮器、螺旋摆动止轮器、钢丝绳紧固器三种。

（1）滑槽式止轮器

该止轮器由定位销、止轮座、连杆等组成，如图 1－24 所示。定位销插入地板孔内，止轮座与小汽车轮接触，起到对小汽车的定位作用。止轮座沿连杆横向移动。

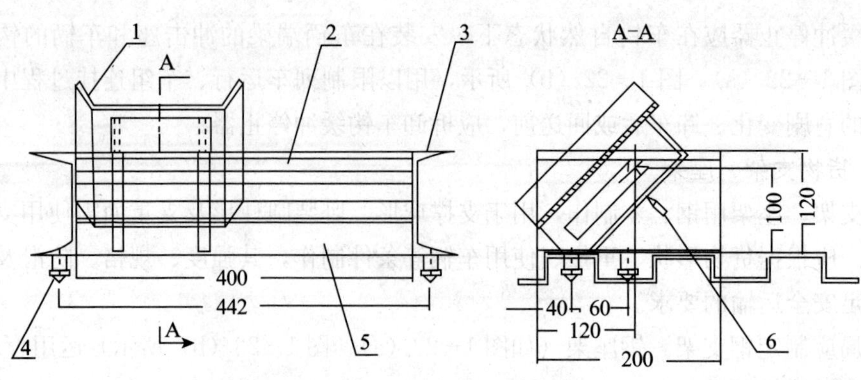

图 1－24　滑槽式止轮器示意图（单位：mm）

1、6—止轮座；2—连杆；3—支架；4—定位销；5—支架连板

（2）螺旋摆动止轮器

该止轮器由止轮板、固定轴、座、调整丝杆、调整螺母等组成，如图 1－25 所示。旋转调整螺母可使止轮板与汽车车轮接触，起到定位作用。止轮板、调整丝杠、调整螺母可横向移动。

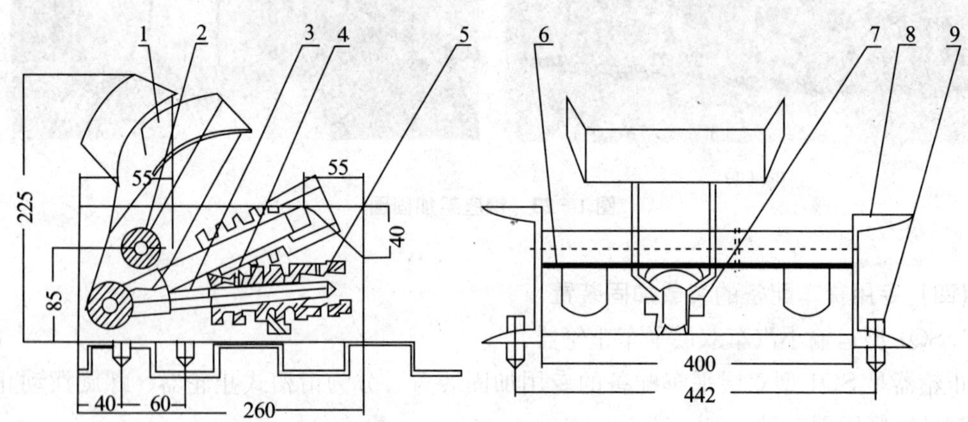

图 1－25　螺旋摆动止轮器示意图（单位：mm）

1—止轮板；2—连接管轴；3—调整丝杠；4—调整螺母；5—平垫圈；
6—调整螺母垫板；7—销轴；8—支架；9—定位销

（3）钢丝绳紧固器

钢丝绳紧固器由导轨、轴、座、销、棘轮、棘爪、钢丝绳、绳钩等组成，如图 1－26 所示。导轨上钻有定位孔，使用时将紧固器移至小汽车车轮前后，用销将其固定在导轨上，钢丝绳绕过小汽车车轮，用销将绳钩固定在导轨上，形成八字形，旋转轴可调整钢丝绳的拉力。

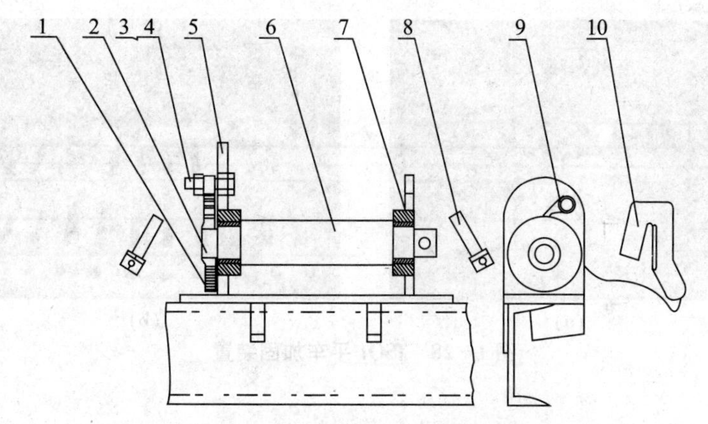

图 1-26　钢丝绳紧固器示意图

1—棘轮；2—链；3—螺栓；4—螺母；5—座；6—轴；7—套；8—锁链；9—棘爪；10—绳钩组成

（4）使用注意事项

装运汽车时必须用止轮器与拉牵联合加固，汽车的每个车轮要配有一个止轮器和紧固器，汽车轮胎处必须垫橡胶垫或紧固器钢丝绳上套有胶套，防止钢丝绳打滑和破坏轮胎。

2. SQ3 型运输小汽车双层平车加固装置

①掩挡与尼龙带组合式装置分三个主要部分：掩块、底座和尼龙带。其中，掩块和底座由钢板焊接而成，尼龙带用于捆绑车轮，具体结构如图 1-27 所示。

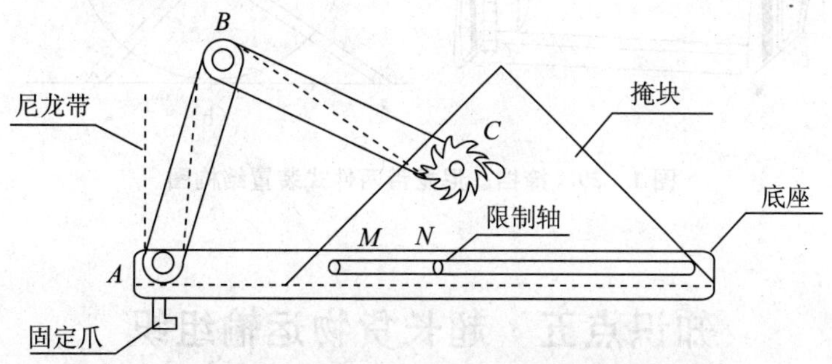

图 1-27　掩挡与尼龙带组合式装置示意图

掩块最大高度 124mm，与车轮接触面的倾角为 45 度；掩块可以在底座上滑动 110mm。滑道长度为 160mm；掩块上的限制轴 *M*、*N* 既是掩块与底座的连接件，又不妨碍掩块在滑道内滑动，但可限制掩块的滑动距离；底座靠两个固定爪，将装置固定在专用车地板上的固定孔内；尼龙带缠绕在棘轮所在轴上（图 1-27 中 *C* 轴），尼龙带一端可以兜绕过 *B*、*A* 轴下压捆绑在轿车车轮上。尼龙带的抗拉力为 15KN。

小汽车双层平车 JSQ1 配备的掩挡、尼龙带等实物如图 1-28（a）、图 1-28（b）所示。

(a)

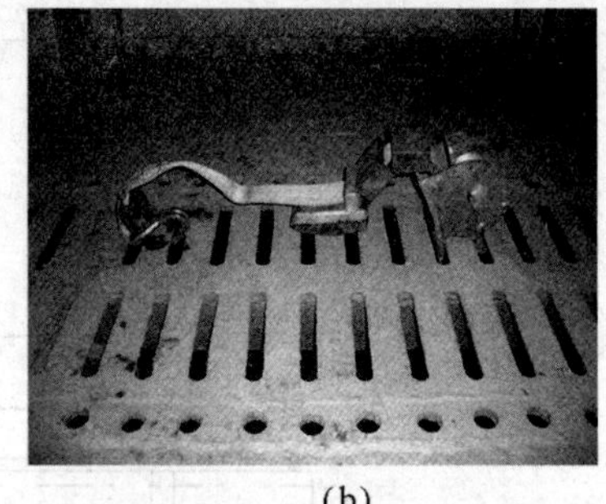

(b)

图 1-28　JSQ1 平车加固装置

②掩挡、尼龙带两件式装置（一个钢管焊制的掩挡及一条自带张紧装置的尼龙带）

掩挡的结构如图 1-29（a）所示，靠两个固定爪固定在专用车地板上。尼龙带的破断拉力为 10KN，其两端各带一个固定爪，可固定在专用车地板上，一端带有类似棘轮的张紧装置。安装时，将尼龙带兜绕过轮胎两头绞绕一次，两端固定到专用车地板上，靠自带张紧装置张紧，如图 1-29（b）所示。

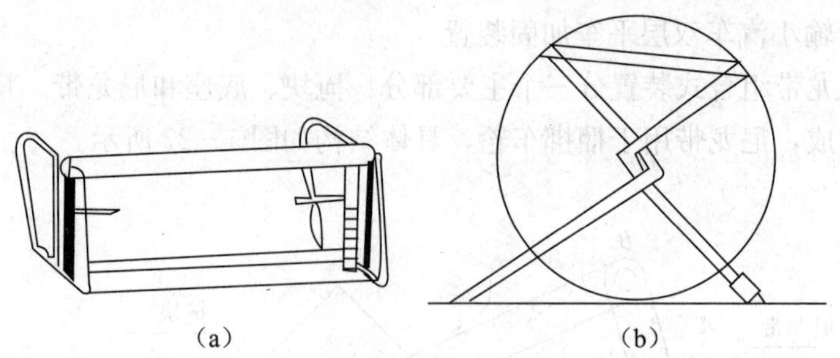

（a）　　（b）

图 1-29　掩挡、尼龙带两件式装置结构图

知识点五　超长货物运输组织

一、超长货物的装载

超长货物的装载方法有两种：

1. 一车负重加挂游车

如图 1-30 所示，货物一端或两端突出车端并使用游车。

2. 两车负重（即跨装）

如图 1-31 所示，两负重车中间通常情况下可加挂一辆游车或不加挂游车，负重车的两端也可加挂游车。

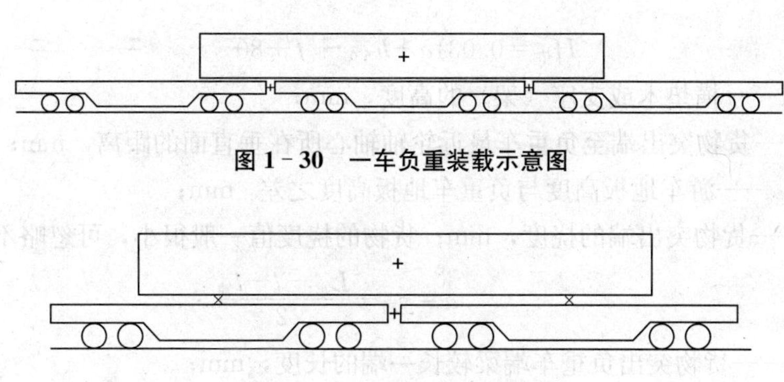

图 1－30　一车负重装载示意图

图 1－31　跨装装载示意图

二、超长货物装载的技术条件

(一) 一车负重装载的技术条件

一车负重按货物突出的状态可分为：一车负重，使用一辆游车，一端突出装载；一车负重，使用两辆游车，两端突出装载。

①均重货物使用 60t、61t 平车装载，两端均衡突出时，其装载重量不得超过表 1－5 的规定。

表 1－5　　60t、61t 平车两端均衡突出装载货车装载量

突出车端长度 L（mm）	L＜1500	1500≤L＜2000	2000≤L＜2500	2500≤L＜3000	3000≤L＜3500	3500≤L＜4000	4000≤L＜4500	4500≤L≤5000
容许载重量 $Q_{容许}$（t）	58	57	56	56	55	54	53	52

②货物一端突出端梁装载时，重心容许纵向偏移量应根据 $a_{容}$ 公式计算确定。

③横垫木或支座（架）的高度。当货车运行上下窜动及连挂车组通过变坡点时，为保证货物底部同游车地板不相接触，以保证行车安全和货物安全，垫木高度或支座（架）应通过计算得出最低高度，如图 1－32 所示。

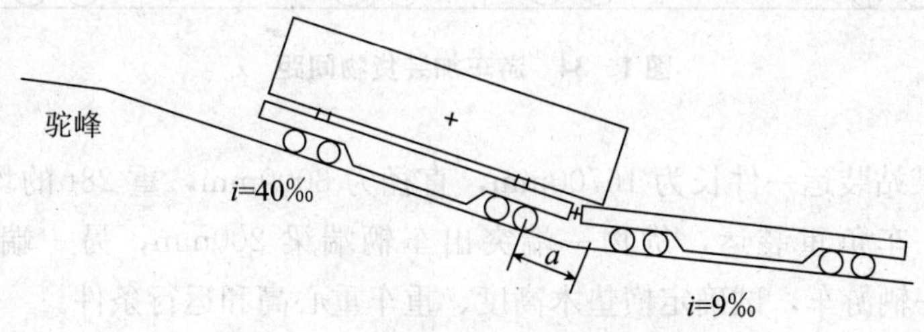

图 1－32　横垫木或支架高度计算

$$H_{垫}=0.031a+h_{车差}+f+80 \tag{1-14}$$

式中，$H_{垫}$——横垫木或支座（架）的高度，mm；

a——货物突出端至负重车最近轮轴轴心所在垂直面的距离，mm；

$h_{车差}$——游车地板高度与负重车地板高度之差，mm；

f——货物突出端的挠度，mm；货物的挠度值一般很小，可忽略不计。

$$a=y_{端}+\frac{L_{车}-l-l_{轴}}{2} \tag{1-15}$$

$y_{端}$——货物突出负重车端梁较长一端的长度，mm；

l——负重车转向架中心距，mm；

$l_{轴}$——负重车固定轴距，mm。

若货物突出车端部分底部低于其支重面时，垫木高度还应加该突出部分低于货物支重面的尺寸；如果货物突出车端部分底部高于货物支重面时，垫木高度应减去货物突出车端部分高于货物支重面的尺寸。

④共用游车时，两货物突出端间距不小于 500mm（如图 1－33 所示）。

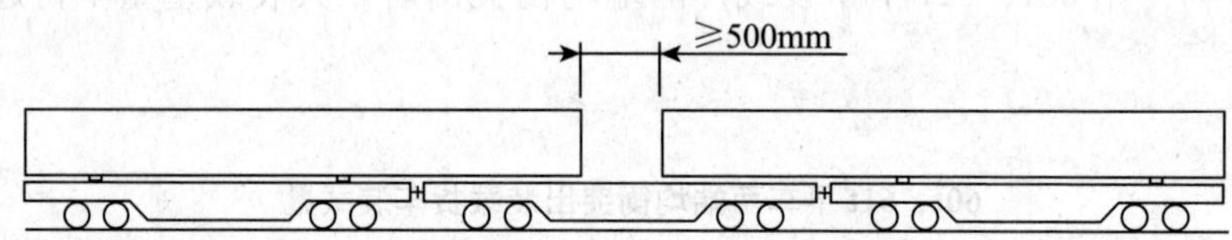

图 1－33　共用游车货物间距

⑤游车上装载货物时，装载的货物与超长货物突出端间距不得小于 350mm，超长货物突出部分的两侧不得装载货物（如图 1－34 所示）。

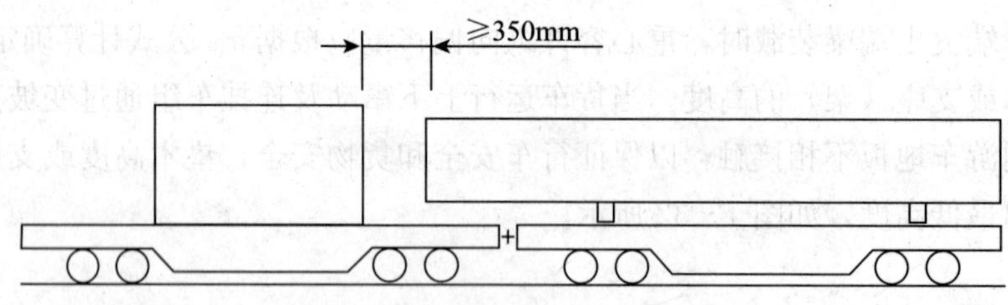

图 1－34　游车加装货物间距

【例 1－8】某站装运一件长为 16700mm，直径为 3000mm，重 28t 的均重货物，使用 N_{16} 型 60t 平车一车负重装运，货物一端突出车辆端梁 200mm，另一端突出车辆端梁 3500mm，加挂一辆游车，试确定横垫木高度、重车重心高和运行条件。

【解】N_{16} 型：$l_{车}=13000$mm，$l=9300$mm，$l_{轴}=1750$mm

$Q_{车}=19.7$t，$h_{车}=730$mm，车地板高＝1210mm，车地板宽＝3000mm

横垫木高度：

$$H_{垫}=0.031\times(3500+\frac{13000-9300-1750}{2})+80$$

$$=219\ (mm)\approx220\ (mm)$$

重车重心高：

$$H=\frac{19.7\times730+28\times(1500+220+1210)}{19.7+28}\approx2021\ (mm)$$

因为2000mm＜2021mm＜2400mm，所以运行条件为区间限速50km/h，通过侧向道岔限速15km/h。

（二）跨装装载的技术条件

跨装运送时，货物的重量由两辆负重车共同负担。按其使用游车的情况可分为：两车负重，不使用游车；两车负重，一端加挂一辆或两端各加挂一辆游车；两车负重，中间加挂一辆游车；两车负重，中间加挂一辆游车，一端加挂一辆或两端各加挂一辆游车。

①只准两车负重。两辆负重车车地板高度应相等，如高度不等时，需要垫平。

对未达到容许载重量的货车，可以加装货物，但不得加装在跨装货物的两侧，与跨装货物端部间距不小于400mm。

②在两辆负重车的中间只准加挂一辆游车。

③跨装货物应使用货物转向架。

货物转向架的强度和刚度应与所承受的实际载荷相适应，货物转向架的支重面长度应遵守避免集重装载的有关规定。货物转向架下架体的重心投影应位于货车纵、横中心线的交叉点上，必须纵向偏离时，要使移动后负重车每个车辆转向架负担的重量不得超过货车容许载重量的1/2，同一负重车两个车辆转向架负担的重量之差不得大于10t。

④货物转向架上架体与跨装货物、下架体与车辆应分别固定在一起。

对货物及货物转向架的加固不得影响车辆通过曲线，并将提钩杆用镀锌铁线捆紧。

⑤中间加挂游车的跨装车组通过9号及其以下道岔时不得推送调车。遇设备条件不容许或尽头线时，可以不超过5km/h的速度匀速推进。

⑥跨装车组应使用车钩缓冲停止器，安装应在车钩自然状态下进行。

当列车启动、变更运行速度或制动时以及在进行调车作业时，由于车钩缓冲弹簧的伸缩作用，将造成跨装货物在货物转向架上前后移动，损害加固材料，危及行车安全。因此必须在车钩头与冲击座之间安装车钩缓冲停止器，限制车钩缓冲弹簧的伸缩作用，保证跨装超长货物的稳定。

⑦跨装车组禁止溜放。

三、超长货物运费核收

计算超长货物运费时，除计算主车的运费外，还应按下列规定核收所使用游车的运费：

①游车不装货物时，游车运费按主车货物运价率和游车标重计费。

②利用游车装运货物，所装货物运价率高于主车货物运价率时，按所装货物的运价率核收游车运费。

③两批货物共同使用游车时，游车运费各按主车货物的运价率及游车标重的1/2计费。

④运输超限货物或需要限速运行的货物使用游车时，游车运费不加成。

⑤自轮运转的轨道机械，以企业自备货车或租用铁路货车作游车时，按整车7号运价率核收游车运费；以铁路货车作游车时，按整车6号运价率和游车标重核收游车运费。

⑥D型长大货物车运输货物需用隔离车时，隔离车不另核收运费。隔离车加装货物时，按所加装货物适用的运价率核收运费。

【例1-9】山海关站发图们站桥梁架一件，长15000mm，货重20t，使用一辆60t平车装运，装后一端突出，另用一辆60t平车作游车，试计算运费。

【解】运价里程：1351km；　桥梁架：5号运价率

分析：因游车上未装载货物，则游车运费按主车货物的运价率和游车标重计费，主车和游车计费重量均为60t。

主车运费：(11.70＋0.063×1351)×60＝5808.80（元）

游车运费：(11.70＋0.063×1351)×60＝5808.80（元）

运费＝主车运费＋游车运费＝ 5808.80＋5808.80＝11617.60（元）

【例1-10】牡丹江站发丹东站皮带输送机一件，货重7t，货物长15500mm，使用一辆60t普通平车装运，装后一端突出2500mm，另一批钢铁构件货重30t，货物长15000mm，使用一辆普通60t平车装运，装后一端突出2000mm，两辆共用一辆普通平车作游车，计算运费。

【解】运价里程：1179km

分析：共用游车时，游车运费各按主车货物的运价率及游车标重的1/2计费。

皮带输送机：6号运价率

主车运费：(17.10＋0.0869×1179)×60＝7173.30（元）

游车运费：(17.10＋0.0869×1179)×30＝3586.70（元）

运费＝主车运费＋游车运费＝7173.30＋3586.70＝10760.00（元）

钢铁构件：5号运价率

主车运费：(11.70＋0.063×1179)×60＝ 5158.60（元）

游车运费：(11.70＋0.063×1179)×30＝2579.30（元）

运费＝主车运费＋游车运费＝5158.60＋2579.30＝7737.90（元）

【例1-11】湛江站发福州东站合金钢管一批，管长15000mm，货重30t，使用一辆普通60t平车装运，装后一端突出2000mm，使用一辆普通60t平车作游车，托运人利用游车装载一箱汽车零件，货重5t，计算运费。

【解】运价里程：2054km

分析：利用游车装运货物，所装货物运价率高于主车货物时，按所装货物的运价率核收游车运费。

合金钢管：5 号运价率；汽车零件：6 号运价率

主车运费：（11.70＋0.063×761）×60＝ 3578.60（元）

游车运费：（17.10＋0.0869×761）×60＝ 4993.90（元）

运费＝主车运费＋游车运费＝3578.60＋4993.90＝8572.50（元）

【例 1－12】保定站发长沙东站重型起重机一台，货重 45t，货长 16m，使用一辆 60t 平车装运，因一端突出 3m，用一辆同型车为游车，该批货物一级超限，计算运费。

【解】运价里程：1443 km；起重机：6 号运价率

分析：一级超限，运价率加成 50%；运输超限货物或需限速运行的货物使用游车时，游车运费不加成。

主车运费：（17.10＋0.0869×1443）×（1＋50%）×60＝12824.70（元）

游车运费：（17.10＋0.0869×1443）×60＝ 8549.80（元）

运费＝主车运费＋游车运费＝12824.70＋ 8549.80＝21374.50（元）

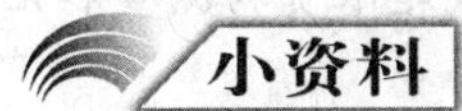

货物转向架高度 $H_{转}$ 的确定

$$H_{转}=a\times\tan\gamma+h_{车差}+f+80$$

1. 两车负重，两端或一端加挂游车时

$$a=y_{端}+l_3$$
$$\tan\gamma=0.031$$

式中，$y_{端}$——货物突出负重车端梁较长一端的长度，mm；

l_3——负重车车端至其最近轮轴轴心所在垂直平面间的距离，mm。

2. 两车负重，中间无游车时

当 $y_{销}\leqslant 1.29l_2$ 时，

$$a=l_2$$
$$\tan\gamma=\frac{0.04\ (l_1+l_3)}{l_{支}}$$

当 $y_{销}>1.29l_2$ 时，

$$a=y_{销}$$
$$\tan\gamma=\frac{0.031\ (l_1+l_3)}{l_{支}}$$

式中，$y_{销}$——货物超出货物转向架中心销外方的长度，mm；

l_1——货物转向架中心销至另一辆负重车相邻车端的距离，mm；

l_2——货物转向架中心销至其所在车辆内方车端的距离，mm；

$l_支$——跨装支距，mm。

3. 两车负重，中间有游车时

$$a\times\tan\gamma=\left[0.04-\frac{0.04\ (l_1+l_3)\ -0.015\ (l_支-l_台-l_1-l_3)}{l_支}\right]l_1+0.04l_3$$

$$a\times\tan\gamma=\frac{0.031\ (l_支-l_2+l_3)\ y_销}{l_支}$$

式中，$l_台$——驼峰平台长度（两竖曲线切点之间的距离），可按10000mm计算。

取二者较大者计算。

学习任务三　超限超重货物运输组织

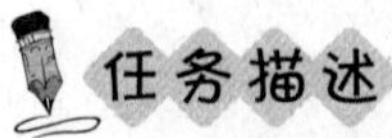

本次任务需要你依托超限货物模型，严守规章，按任务单要求完成超限货物测量和记录、超限货物超限等级判定、超限超重货物运输组织工作。

任　务　单

任务A：超限货物测量工作

【任务说明】测量实训室内的阔大货物模型，将测量过程及结果简要记录在学生工作页上，并规范填写“超限超重货物托运说明书”、“超限超重货物运输记录”。

【具体要求】

1. 装车前按计划装载方案测量货物最大长度、支重面长度、重心至端部的距离，根据假设的超限车运行方向确定货物的左、右侧，以货物重心为准，分别测量中心高、中心宽和侧高、侧宽。

2. 高度按垂直距离测量，宽度按水平距离测量。

3. 装车后按实际装载状态测量货物长度、宽度和高度。货物突出装载时测量突出端梁的长度；跨装货物测量货物支距的长度及支点外方长度；高度由轨面起测量；宽度由车辆纵中心线所在垂直平面起测量。

4. 测量数据均以毫米为单位。

5. 根据测量结果，结合阔大货物模型中的其他尺寸，绘制货物外形三视图（图中应标明货物的有关尺寸，支重面长，以“+”号标明货物重心位置）。

6. 以小组为单位领取测量工具，爱惜工具，使用完毕后归还原位。

任务B：超限货物超限等级的确定工作

【任务说明】确定模型所示货物的超限等级，将计算步骤记录在学生工作页中，并规

范书写超限货物运输请示电报、批示电报和车辆挂运请示电报。

【具体要求】

1. 在三视图中标出计算点和检定断面。

2. 合理运用公式确定计算点的高度和宽度。

3. 根据计算点高度和计算点宽度查《超规》附件四，确定超限等级。

4. 根据确定的货物超限等级，规范书写超限货物运输请示电报、批示电报和车辆挂运请示电报。

任务C：超限超重货物运输组织工作

请利用本学习单元所学知识，按案例条件与任务要求完成超限货物的运输组织工作。

【案例情况说明】特变电工沈阳×××集团有限公司上海办事处（邮编：200135，联系电话：021-6508××××），于3月27日在上海西站托运变压器2台（每台各重41t）、卧式锅炉1台，重30t（批准计划号为11N00366113/11N00366114），拟发往哈尔滨车站（收货单位：哈尔滨×××供电设备厂，地址：黑龙江省哈尔滨市香坊区某公路55号，邮编：150048，联系电话：0451-8268××××）。

（其他未尽事宜自行假设）

【任务要求说明】请按上述案例情况制订超限货物的运输组织工作计划，并将其步骤和依据详细记录在学生工作活页手册的“计划与决策”栏内，再按货物发送、途中、到达作业各工作步骤模拟演练，并将实施过程简要记录在学生工作页上。在完成这一任务时，请特别注意以下问题：

1. 托运人提供的资料是否齐全有效；

2. 用于装载超限货物的车辆型号及数量是否恰当；

3. 超限货物的装载方案是否经济合理；

4. 货物检查线的标画和检查是否符合要求；

5. 超限货物的超限等级与运输条件的关系；

6. 表格台账电报填写要求、传递方式和时机的把握是否准确。

另外，以学习小组为单位确定一名观察者负责本组成员任务实施情况的汇报，每组派代表从教师处领取学习资料及操作工具，模拟工作情境完成运输案例所示的超限货物运输组织工作。注意：每位学生最后必须上交一份填写完整的“学生工作页”以供考核。

课堂训练将采用角色扮演方式实施教学，检查、考核评价在小组配合完成任务的过程中进行。

知识点六　超限超重货物概述

随着国民经济的发展，经由铁路运输的大型设备运量日益增加，准确确定货物的超限等级，并按照规定的技术要求组织运输，对于保证车辆、货物及线路附近固定设备的安全至关重要。

一、铁路限界

为了确保机车车辆运行的安全，铁路沿线的建筑物和设备，必须与线路保持一定的距离，以防止机车车辆（包括装载的货物）与邻近的建筑物或其他设备相互接触，铁路规定了各种限界，主要有：机车车辆限界、货物装载限界、超限限界和建筑限界等。

（一）机车车辆限界

机车车辆限界系指机车、车辆在设计制造时，是机车车辆各部位距钢轨面最高和距线路中心线最宽的距离，是机车车辆横断面的最大轮廓图，如图 1－35 所示。

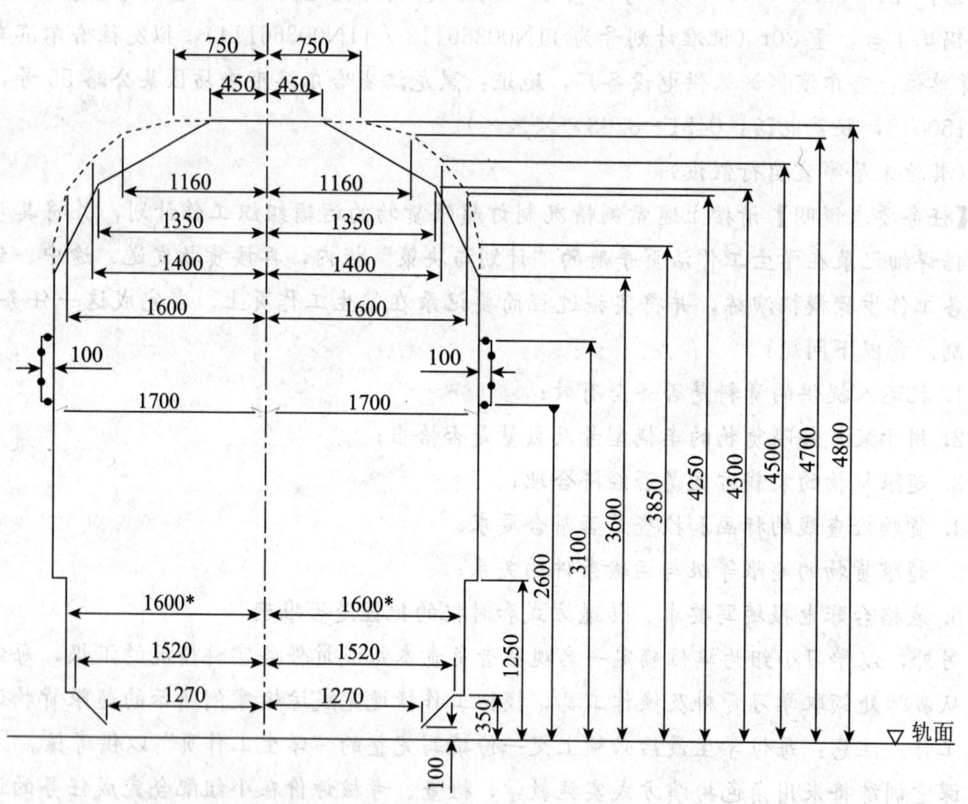

图 1－35 机车车辆限界图（单位：mm）

（二）货物装载限界

《加规》规定的货物装载限界，为除超限货物外货物装载的最大轮廓图，如图 1－36 所示。

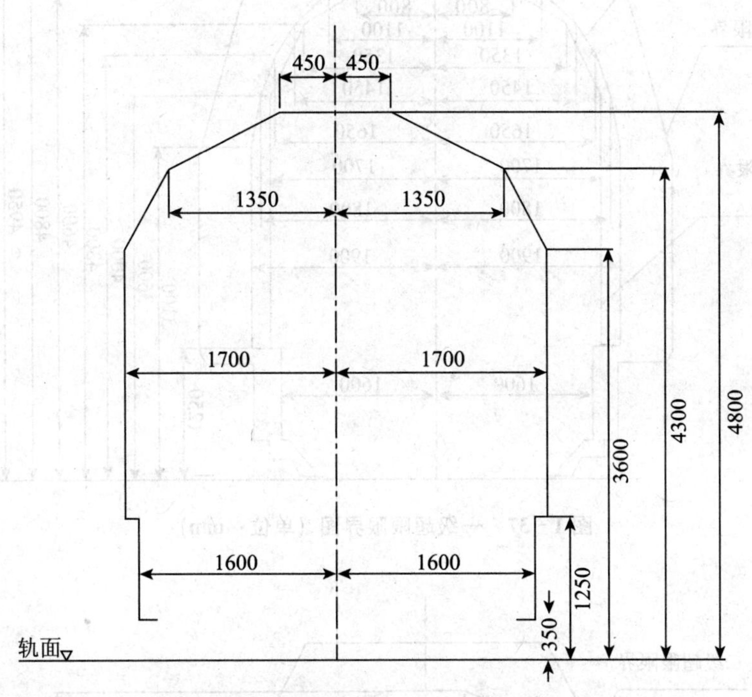

图 1－36　货物装载限界图（单位：mm）

（三）《超规》规定的各级限界

1. 一级限界

一级超限货物装载的最大轮廓图，超过此限界即为二级超限。其最大半宽为 1900mm，最大高度为 4950mm，如图 1－37 所示。

2. 二级限界

二级超限货物装载的最大轮廓图，超过此限界即为超级超限。其最大半宽为 1940mm，最大高度为 5000mm，如图 1－38 所示。

（四）建筑接近限界

建筑限界系指线路两侧及上部的建筑物、设备距钢轨面最低和距线路中心线的垂直面最窄尺寸的轮廓图，如图 1－38 所示的外轮廓线。

其高度 1210～3000mm，最大半宽为 2440mm；国家标准基本限界最大高度：5500mm；现行《超规》采用的建筑限界尺寸比国家标准要小，其最高点距轨面为 5150mm，由轨面起在 1100～3090mm，高度之间是最大宽度，每侧宽为 2100mm。

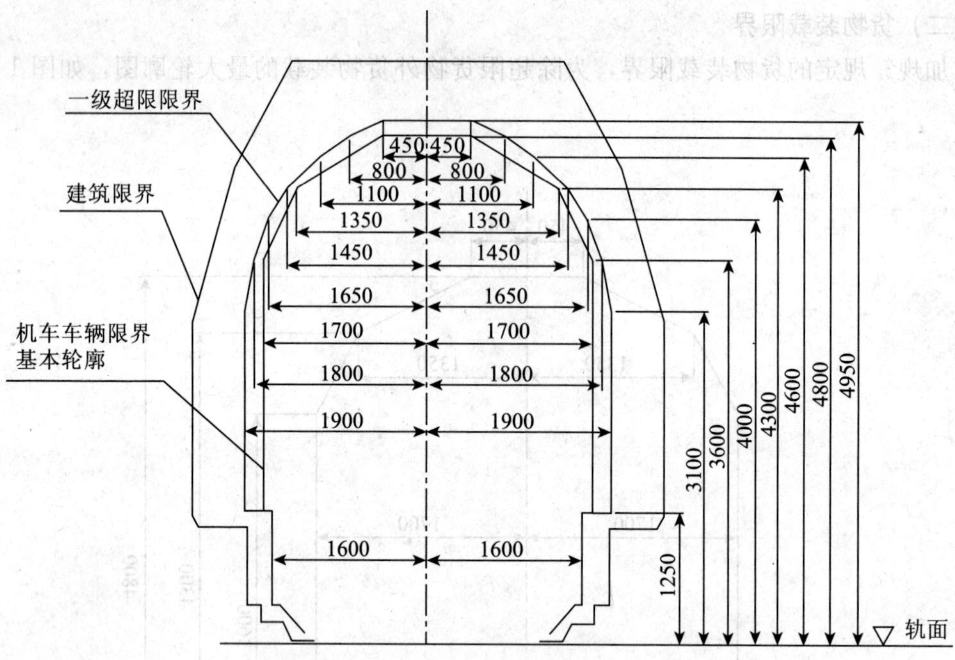

图 1－37　一级超限限界图（单位：mm）

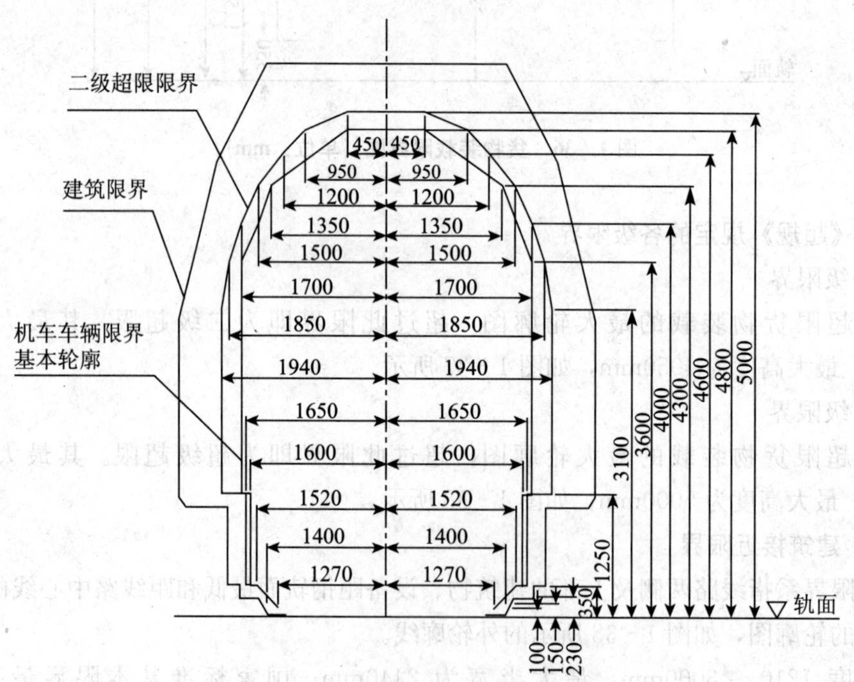

图 1－38　二级超限限界图（单位：mm）

（五）特定区段装载限界

对于小于《超规》规定的建筑接近限界的个别区段称为特定区段。装运通过特定区段的货物应按特定区段的装载限界办理。特定区段装载限界，如表 1－6 和表 1－7 所示。

表 1－6　　特定区段装载限界表

序号	线名	区段	限界事项		附记
			装载限界	车体自重加实际重最大吨数	
1	京包线	南口—西拨子间	装载货物高度和宽度按表①规定		
2		运往朝鲜的货物	按货物装载限界装载，但最高不得超过 4750mm		
3	广九线	经深圳北运往九龙的货物	装载货物中心高度由钢轨面起 360～3600mm 处左右宽度不得超过 1550mm，其他部位按货物装载限界		
4	京广线	坪木线		90	坪石站出岔
5	丰沙线	沙城—三家店间上行线	装载货物中心高度由钢轨面起不得超过 4600mm		

表 1－7　　京包线南口—西拨子间装载限界

由钢轨面起算的高度（mm）	由车辆纵中心线起算每侧的宽度（mm）	全部宽度（mm）
4300	1050	2100
4200	1150	2300
4100	1250	2500
4000	1350	2700
3900	1450	2900
1250 以上至 3600	1600	3200

二、超限货物的定义、种类和等级

（一）超限货物的定义

货物装车后，车辆停留在水平直线上，货物的任何部位超出机车车辆限界基本轮廓者或车辆行经半径为 300m 的曲线时，货物的计算宽度超出机车车辆限界基本轮廓者，均为超限货物。

具体可分为下列两种情况：

①货物装车后，在平直线路上停留时，货物的任何部位超出机车车辆限界基本轮廓，称为超限货物。

②货物装车后，在平直线路上停留虽不超限，但行经半径为300m的曲线线路时，货物的计算宽度超出机车车辆限界基本轮廓时，亦为超限货物。

（二）超限货物的种类

①超限货物根据其超限部位，按装车站列车的运行方向，以线路中心线为标准，分为左侧超限、右侧超限和两侧超限。

②按货物超限部位所在的高度，超限货物分为上部超限、中部超限和下部超限。

上部超限：自轨面起高度超过3600mm，任何部位超限者；

中部超限：自轨面起高度在1250～3600mm，任何部位超限者；

下部超限：自轨面起高度在150mm至未满1250mm，任何部位超限者。

（三）超限货物的等级

划分超限货物等级的目的是为了具体说明超限货物的超限程度。可按超限等级确定超限货物的运送条件、确定请示范围及文电内容，同时超限等级也是发站计算核收超限货物运费的依据。

根据货物的超限程度，超限货物分为三个等级：一级超限、二级超限和超级超限。

一级超限：自轨面起高度在1250mm及其以上超限但未超出一级超限限界者；

二级超限：超出一级超限限界而未超出二级超限限界者，以及自轨面起高度在150mm至未满1250mm超限但未超出二级超限限界者；

超级超限：超出二级超限限界者。

三、超重货物

超重货物是指货物装载后，重车总重活载效应超过桥涵设计活载标准（中—活载）效应者。

根据货物的超重程度，超重货物分为一级超重、二级超重和超级超重。设Q为活载系数，则：

一级超重：$1.00<Q\leqslant 1.05$

二级超重：$1.05<Q\leqslant 1.09$

超级超重：$Q>1.09$

超重货物分级，如表1-8所示。

表 1－8 超重货物分级表

等级＼项目	长大货车型号	重车总重 P（t）	长大货车型号	重车总重 P（t）
一　级	D_2	314＜P≤330	D26AK	P＞332
	D_{2A}	P＞329	D26B	371＜P≤390
	D_{2G}	326＜P≤342	D28	369＜P≤388
	D_{9G}	372＜P≤391	D30A	369＜P≤388
	D_{17}	P＞197	D30G	437＜P≤459
	D_{18A}	P＞310	D32	491＜P≤515
	D_{18G}	P＞331	350t 落下孔车	490＜P≤514
	D_{19G}	372＜P≤391	D35	502＜P≤527
	D_{23G}	310＜P≤326	D38	543＜P≤571
	D_{25A}	P＞374	450t 落下孔车	580＜P≤609
	D_{32A}	P＞545	DQ45	585＜P≤615
	D26	371＜P≤390		
二　级	D_2	330＜P≤343	D30A	388＜P≤403
	D_{2G}	342＜P≤355	D30G	P＞459
	D_{9G}	P＞391	D32	515＜P≤535
	D_{19G}	391＜P≤406	350t 落下孔车	P＞514
	D_{23G}	P＞326	D35	527＜P≤548
	D_{26}	P＞390	D38	571＜P≤592
	D_{26B}	P＞390	450t 落下孔车	609＜P≤632
	D_{28}	P＞388	DQ45	615＜P≤638
超　级	D_2	P＞343	D35	P＞548
	D_{2G}	P＞355	D38	P＞592
	D_{19G}	P＞406	450t 落下孔车	P＞632
	D_{30A}	P＞403	DQ45	638＜P≤655
	D32	P＞535		

四、超限货物的测量

超限货物尺寸测量直接关系货物超限等级和重车运行条件的确定。当测量的尺寸不准，有误差时：若其尺寸大于实际，就会把一般货物误认为超限货物或将超限等级低的提级，从严了运输条件造成不必要的限速、禁止会车、误收运费等；若测得的尺寸小于实际，就可能将超限货物误认一般货物或降低超限等级，从而降低了运输条件，易于酿成事故，造成损失。

（一）测量的基本要求

在测量超限货物时，应认真细致，尺寸准确，记录完整，并应满足下列基本要求：

①测量前要合理选择计划装载方案，它是装车前进行测量工作的基础，要考虑尽量缩小货物的超限程度。

②装载货物的高度包括垫木的高度，宽度应包括铁线、钢丝绳、腰箍等加固材料在内，测量要有完整的记录，数据必须齐全。测量结果应与“托运超限货物说明书”中的有关数据进行核对。

③装车后按实际装载状态进行测量，高度从轨面起算；宽度从车辆纵中心线所在的垂直平面起算，并测量检定断面（确定超限等级所在的垂直横断面）距车辆横中心线间的水平距离。

④超限货物的测量尺寸，均以毫米为单位。

（二）装车前测量

装车前测量是对货物的测量，按计划的装载加固方案测量。

1. 长度

测量其最大长度、支重面长度、重心至端部的距离、检定断面至重心的距离。

2. 高度

自支重面起，测量其中心高度、侧高度和重心高度。

中心高度：自支重面起至最大高度处的高度为中心高度；

侧高度：中心高度以下各测点至支重面的高度。如有数个不同侧高度时，应由上至下测出每一个不同的侧高度。

3. 宽度

由货物的重心所在的纵向垂直平面起，测量中心高度处的宽度和不同侧高度处的宽度。如图 1－39 所示。

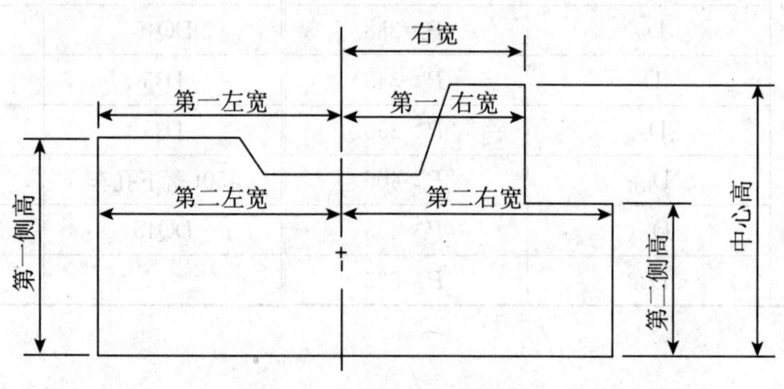

图 1－39　装车前宽度的测量

（1）中心高度处的宽度

中心高度处，在货物重心所在纵向垂直平面左侧和右侧的最大宽度。

（2）侧高度处的宽度

每一侧高度处，在货物重心所在纵向垂直平面左侧和右侧的最大宽度。

(3) 其他情况的宽度

货物为圆形，中心高度为直径，中心宽左右为零，最大宽度为半径。货物上部为圆弧形，应测量并记录为自 h (mm) 以上为半径 R (mm) 的圆弧。货物上部为椭圆形，可选定几个高度分别测量其不同高度和宽度。

(三) 装车后测量

装车后测量是按实际的装载加固状态测量（含加固材料）。超限货物装车后应进行复测，其目的是为了检查装载状态是否与上级批准指示的装运办法相符，按照装载实际情况填写“超限超重货物运输记录”。

1. 长度

跨装：测量支距和两支点外方的长度。

突出装载：测量突出车辆端梁的长度；如两端突出不相等时，应分别测量。

2. 高度

自轨面起测量其中心高度和侧高度。

3. 宽度

自车辆纵中心线所在垂直平面起，分别测量中心高度和不同侧高度处在其左侧和右侧的宽度。

知识点七　超限等级的确定

确定超限等级是请示装运办法、确定运输条件及核算运输费用的依据。

超限等级是以计算点所在检定断面的计算宽度（或实宽）和相对应的计算高度查超限等级表（《超规》附件四）而确定。

当超限货物车行经在平直线路上时，确定超限等级的宽度是实测宽度；当超限货物车行经在曲线线路上时，确定超限等级的宽度是计算宽度。

一、相关概念

1. 检定断面

用以确定超限等级的断面，是根据各种因素确定出货物超限程度最大的垂直横断面。

2. 计算点

与确定超限等级有关的检定断面外轮廓上的一些超限程度最大的点。

3. 实测宽度

检定断面上由车辆纵中心线所在垂直平面至计算点直接测量所得的宽度。

二、影响计算宽度的主要因素

确定计算宽度（X）的主要因素有：货物检定断面的实测宽度、货物偏差量、附加偏差量、曲线线路建筑限界内外侧水平距离的加宽值。

1. 货物检定断面的实测宽度

货物检定断面的实测宽度系指计算点至负重车纵中心线垂直面的水平距离。通常用米尺测量而定。用符号"B"表示。

2. 货物偏差量（C）

超限车经过300m曲线时，车辆纵中心线偏离线路中心线的数值（注意也就是货物计算点偏离线路中心线的距离）。货物偏差量（C）大小取决于货物突出车辆的长度、车辆销距、跨装货物的支距、曲线半径以及检定断面的位置等。

3. 附加偏差量（K）

由于车辆走行部分游间和曲线处轨距加宽产生的偏差量。

4. 曲线线路建筑限界内外侧水平距离加宽值

该值与车辆长度和销距有关。《超规》采用的是以车长13.22m、销距为9.35m的平车，经过半径为300m曲线时，产生的内外偏差量作为曲线线路建筑限界水平距离加宽值，为36mm。

综合以上因素，计算宽度应表示为：

$$X=B+C+K-36 \tag{1-16}$$

式中，B——计算点的实测宽度，mm；

C——偏差量（包括附加偏差量），mm；

K——附加偏差量；

36——建筑限界曲线内外侧水平距离的加宽，mm。

三、货物偏差量

（一）货物偏差量的命名

车辆在水平直线上处于理想状态下时，车辆纵中心线和线路中心线处于同一垂直平面上但是车辆运行到曲线上时，车辆纵中心线和线路中心线就不可能在同一平面上。当车辆转向架中心销投影在线路中心线上时，车辆纵中心线在转向架中心销之间部分向曲线线路中心线内侧偏移，而转向架中心销外方的部分则向曲线中心线外侧偏移，如图1-40所示。显然，车上所装货物也随着车辆的偏移而偏移。因此，把货物或车辆纵中心线上任一点偏离线路中心线的距离，称为货物的偏差量。偏向曲线内侧时，称为内偏差量；偏向曲线外侧时，称为外偏差量。内偏差量以车辆横中心线处为最大；外偏差量则随着离开转向架中心销的距离增大而增大。

（二）使用六轴及其以下货车装载时的偏差量计算

1. 一车负重时的偏差量计算

如图1-40所示，AB表示车辆纵中心线，KD表示曲线直径，MN表示车辆转向架中心销，l表示两转向架中心销间距。

在Rt△KGN和Rt△NGD中GN为KG和DG的比例中项，所以有：

$$KG=\frac{GN^2}{GD}=\frac{GN^2}{KD-KG}=\frac{\left(\frac{l}{2}\right)^2}{2R-KG}$$

由于 $2R \gg KG$，$2R-KG$ 可视为等于 $2R$，则 $KG=\dfrac{l^2}{8R}$

设 x 为计算点所在检定断面至车辆横中心线所在断面的距离，同理可得：

$$KF=\frac{(2x)^2}{8R}$$

内偏差量 $C_{内}=EE'=FG=KG-KF$，即

$$C_{内}=\frac{l^2-(2x)^2}{8R}\times 1000 \tag{1-17}$$

同理，$KH=\dfrac{(2x)^2}{8R}$，外偏差量 $C_{外}=PP'=GH=KH-KG$，即

$$C_{外}=\frac{(2x)^2-l^2}{8R}\times 1000 \tag{1-18}$$

式中，l——车辆转向架中心距，m；

x——货物计算点所在检定断面至车辆横中心线的距离，m；

R——曲线半径，取 300m。

偏差量 $C_{内}$、$C_{外}$ 计算结果精确到 mm。

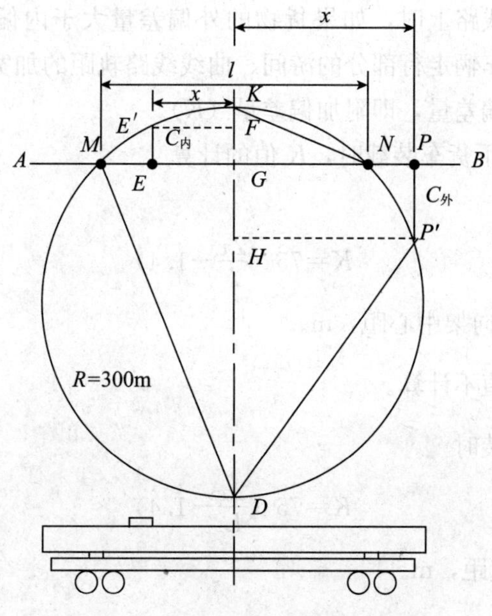

图 1-40　货物内外偏差量计算示意图

2. 跨装时的偏差量计算

（1）当货物检定断面位于两货物转向架中心销之间时

$$C_{跨内}=\frac{L^2+l^2-(2x)^2}{8R}\times 1000 \tag{1-19}$$

（2）当货物检定断面位于两货物转向架中心销外方时

$$C_{跨外}=\frac{(2x)^2-L^2-l^2}{8R}\times 1000 \quad (1-20)$$

式中，L——跨装支距，m；

l——负重车的转向架中心距，m；

x——货物检定断面至跨装支距中心线的距离，m。

（三）使用六轴以上长大货物车装载时的偏差量计算

①当货物的检定断面位于大底架两心盘中心之间时，其偏差量计算公式为：

$$C_{内}=\frac{L_1^2+\cdots+L_n^2-(2x)^2}{8R}\times 1000 \quad (1-21)$$

②当货物的检定断面位于大底架两心盘中心外方时，其偏差量计算公式为：

$$C_{外}=\frac{(2x)^2-L_1^2-\cdots-L_n^2}{8R}\times 1000 \quad (1-22)$$

式中，L_1，…，L_n——分别为长大货物车由上向下各层底架心盘中心距，m；其中，n为长大货物车底架层数；

x——货物检定断面至车辆横中心线的距离，m。

（四）附加偏差量的计算

超限车行经在曲线线路上时，如果货物的外偏差量大于内偏差量，那么在这种情况下，通常还需考虑由于车辆走行部分的游间、曲线线路轨距的加宽量及车辆在线路上蛇行运动的摆动量而产生的偏差量，即附加偏差量（K）。

1. 使用六轴及其以下货车装载时，K值的计算

（1）一车负重时

$$K=75\left(\frac{2x}{l}-1.4\right) \quad (1-23)$$

式中，l——车辆转向架中心距，m。

当$\frac{2x}{l}\leqslant 1.4$时，$K$值不计算。

（2）用普通平车跨装时

$$K=75\left(\frac{2x}{L}-1.4\right) \quad (1-24)$$

式中，L——跨装支距，m。

当$\frac{2x}{L}\leqslant 1.4$时，$K$值不计算。

2. 使用六轴以上长大货物车装载时，K值的计算

$$K=75\left(\frac{2x}{L_1}-1.4\right) \quad (1-25)$$

式中，L_1——长大货物车底架心盘中心距，m。

当$\frac{2x}{L_1}\leqslant 1.4$时，$K$值不计算。

四、超限等级的确定

确定超限等级是请示装运办法，确定运输条件及核收货物运费的依据。

（一）确定超限等级的步骤

1. 标出计算点

标出需要计算的点，在端视图上标出不同高度、不同宽度的点。当同宽不同高时，计算点在 1250mm 以上时，标高不标低；不足 1250mm 时，标低不标高。

一车负重装载等断面体货物，当货物上的点既有 $C_{内}$ 又有 $C_{外}$ 时，应根据判断条件选择计算 $C_{内}$ 或 $C_{外}$。若 $\frac{2x}{l}\leqslant 1.4$ 时，计算 $C_{内}$；若 $\frac{2x}{l}>1.4$ 时，计算 $C_{外}$。

对于货物横向有突出部分时，应根据突出部位所在的位置（即销间或销外），以确定计算 $C_{内}$ 或 $C_{外}$。若货物外形结构比较复杂、不规则的货物，则需要根据具体情况，计算几个检定断面的偏差量，并计算出计算宽度，进行比较才能确定。

2. 选择检定断面

选择检定断面，在侧视图上选出与所标出的点相对应的检定断面，当高度和宽度相同时，应选偏差量大的检定断面。

在两转向架中心销之间，应选近（靠近车辆横中心线）不选远；在两转向架中心销外方，应选远（距转向架中心销）不选近。

3. 确定计算点的高度和宽度

（1）计算点高度

指由轨面起至计算点的高度。一般包括货车地板高度、垫木（或货物转向架）高度和计算点至货物支重面的高度。

（2）计算宽度

① 当货物的检定断面位于车辆两心盘中心（或两货物转向架中心销、大底架两心盘中心）之间时，其计算公式为：

$$X=B+C_{内}-36 \tag{1-26}$$

② 当货物的检定断面位于车辆两心盘中心（或两货物转向架中心销、大底架两心盘中心）外方时，其计算公式为：

$$X=B+C_{外}+K-36 \tag{1-27}$$

4. 查表

根据计算点高度和宽度，查《超规》附件四，确定超限等级。

（二）确定超限等级实例

【例 1-13】 长方形塔式起重机座一件，重 45t，长 9300mm，宽 3800mm，高 1400mm，使用 N_{16} 型 60t 平车装运，货物底部选用高度为 140mm 的横垫木两根。装载方法如图 1-41 所示，试确定货物超限等级。

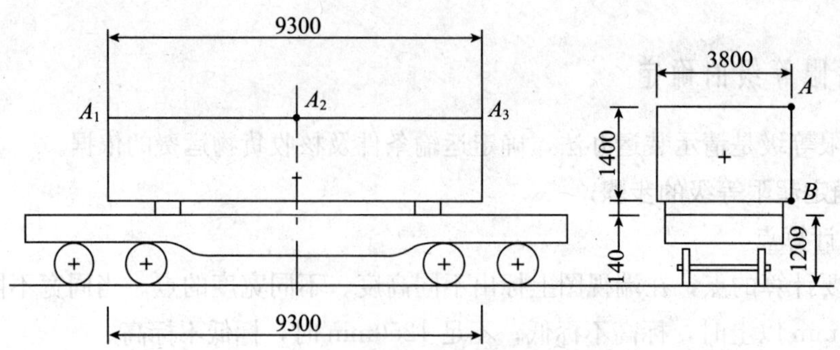

图 1-41　塔式起重机座装载示意图

【解】(1) 标出计算点

在端视图上 A、B 两点均在 1250mm 以上，同宽不同高，应标上不标下，计算点应选择 A 点。

(2) 选择检定断面

A 点在侧视图上相对应的点为 A_1A_3 直线，高度相同、宽度相同，均在两销间，应选近不选远，检定断面应在两销间中央部位 A_2 处。

(3) 确定计算点的高度和宽度

A_2 点偏差量应计算 $C_{内}$，则计算宽度为：

$$X=B+C_{内}-36=\frac{3800}{2}+\frac{9.3^2-0}{8\times300}\times1000-36=1900\ (\text{mm})$$

计算点高度：

$H=1210+140+1400=2750$ (mm)

(4) 查表

$H=2750\text{mm}$，$X=1900\text{mm}$；查《超规》附件四，该货物属于中部一级超限。

【例 1-14】钢梁一件，重 28t，长 15200mm，宽 3600mm，高 2400mm，使用 3000mm×300mm×200mm 的横垫木两根，铺设在负重车枕梁上，货物装载图如图 1-42 所示。计算货物的计算宽度并确定超限等级。

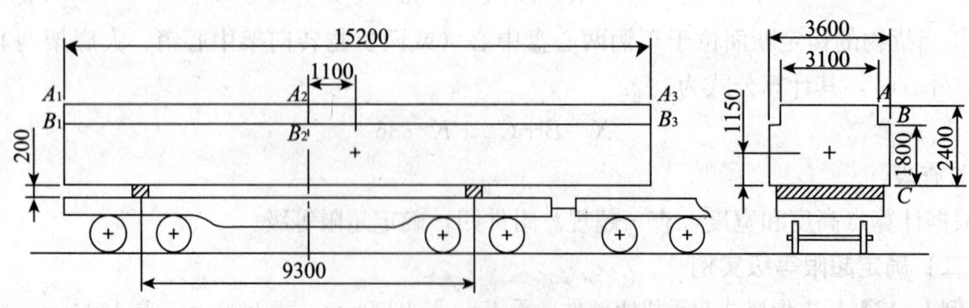

图 1-42　钢梁装载示意图

【解】(1) 标出计算点

在端视图上 A、B、C 三点均在1250mm以上，B 点与 C 点同宽不同高，应标上不标下，应选择 B 点，A 点与 B 点不同宽不同高，均应选择。

(2) 选择检定断面

A 点在侧视图上相对应的点为 A_1、A_2、A_3 直线，在两销间应选近不选远，计算点应选 A_2 点；在两销外方应选远不选近，计算点应选 A_3 点。

计算点 A_3 距离横中心线的距离 x 为：

$$x=15200-\frac{13000}{2}=8700\text{（mm）}$$

则 $\frac{2x}{l}=\frac{2\times8700}{9300}=1.87>1.4$，$C_{外}>C_{内}$，故检定断面应选在货物突出长端 A_3，应选择 A_3 点。

同理，B 点在侧视图上与 B_3 点相对应，B 点检定断面位置与 A 点相同。

货物端部 A_3 点、B_3 点，应计算 $C_{外}$ 和 K：

$$C_{外}=\frac{(2x)^2-l^2}{8R}\times1000=\frac{(2\times8.7)^2-9.3^2}{8\times300}\times1000=90\text{（mm）}$$

$$K=75\times\left(\frac{2x}{l}-1.4\right)=75\times\left(\frac{2\times8.7}{9.3}-1.4\right)=35\text{（mm）}$$

(3) 确定计算点的高度和宽度

计算点 A_3：

$X=B+C_{外}+K-36=1550+90+35-36=1639$（mm）

$H=2400+200+1210=3810$（mm）

计算点 B_3：

$X=B+C_{外}+K-36=1800+90+35-36=1889$（mm）

$H=1800+200+1210=3210$（mm）

(4) 查表

查《超规》附件四，A_3 点一级超限，B_3 点二级超限，该货物为二级超限货物。

【例1-15】圆筒体炼油塔一件，重45t，长29000mm，直径3300mm，使用 N_{16} 型60t平车两辆负重，两负重车中间加挂一辆同型车作为游车，装载方法如图1-43所示，货物转向架高度550mm，货物转向架中心销间距25370mm。试确定超限等级。

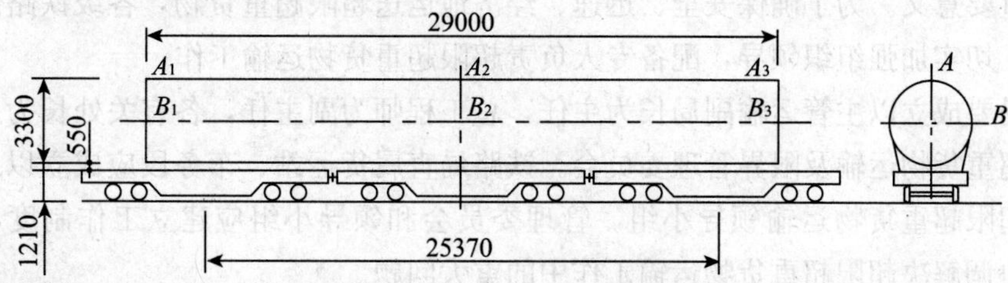

图1-43　炼油塔装载示意图

【解】(1) 标出计算点

在端视图上标出不同高度、不同宽度的 A、B 两点。

(2) 选择检定断面

计算点 A 在侧视图上相对应的 A_1A_3 直线，计算点 B 在侧视图上相对应的 B_1B_3 直线。货物中部 A_2、B_2 点在同一检定断面，且位于货物转向架中心销之间，应计算 $C_{跨内}$：

$$C_{跨内}=\frac{L^2+l^2-(2x)^2}{8R}\times1000=\frac{25.37^2+9.3^2-(2\times8.7)^2}{8\times300}\times1000=305\text{（mm）}$$

货物端部 A_1、B_1 点（或 A_3、B_3），位于货物转向架中心销外方，应计算 $C_{跨外}$ 和 K：

$$C_{跨外}=\frac{(2x)^2-L^2-l^2}{8R}\times1000=\frac{29^2-25.37^2-9.3^2}{8\times300}\times1000=46\text{（mm）}$$

由于 $\frac{2x}{L_{支}}=\frac{29}{25.37}<1.4$，因此，附加偏差量 K 值不需计算。

经比较，跨装内偏差量大于外偏差量，所以货物检定断面应位于两货物转向架中心销之间的中央部位，即 A_2、B_2 点所在的横断面处。

(3) 确定计算点的宽度和高度

计算点 A_2：

$X=B+C_{内}-36=0+305-36=269$（mm）

$H=1210+550+3300=5060$（mm）

计算点 B_2：

$X=B+C_{内}-36=1650+305-36=1919$（mm）

$H=1210+550+1650=3410$（mm）

(4) 查表

计算点 A_2：$X=269$mm，$H=5060$mm，查《超规》附件四为上部超级超限。

计算点 B_2：$X=1919$mm，$H=3410$mm，查《超规》附件四为中部超级超限。

因此，该货物为上部、中部超级超限货物。

知识点八　超限超重货物运输组织

超限超重货物运输对保障国家重点工程建设和国防建设需要，促进国民经济又好又快发展具有重要意义。为了确保安全、迅速、经济地运送超限超重货物，各级铁路部门必须高度重视，切实加强组织领导，配备专人负责超限超重货物运输工作。

铁路局要成立以主管运输副局长为主任，总工程师为副主任，各有关处长为成员的铁路局超限超重货物运输及限界管理委员会。铁路局直属货运站、车务段应成立以站、段长为组长的超限超重货物运输领导小组。管理委员会和领导小组应建立工作制度，明确职责，负责协调解决超限超重货物运输工作中的重大问题。

承运人在其每条铁路正线（区段）办理超限超重货物运输业务，在其每个铁路车站办理超

限超重货物发送、到达业务的，均应向铁道部或铁路管理机构申请取得许可。被许可人应严格按照铁道部或铁路管理机构的批准范围和铁路各项规章制度要求，办理超限超重货物运输业务。

具备超限超重承运人资质的车站，超限超重货物运输作业流程，如图 1 - 44 所示。

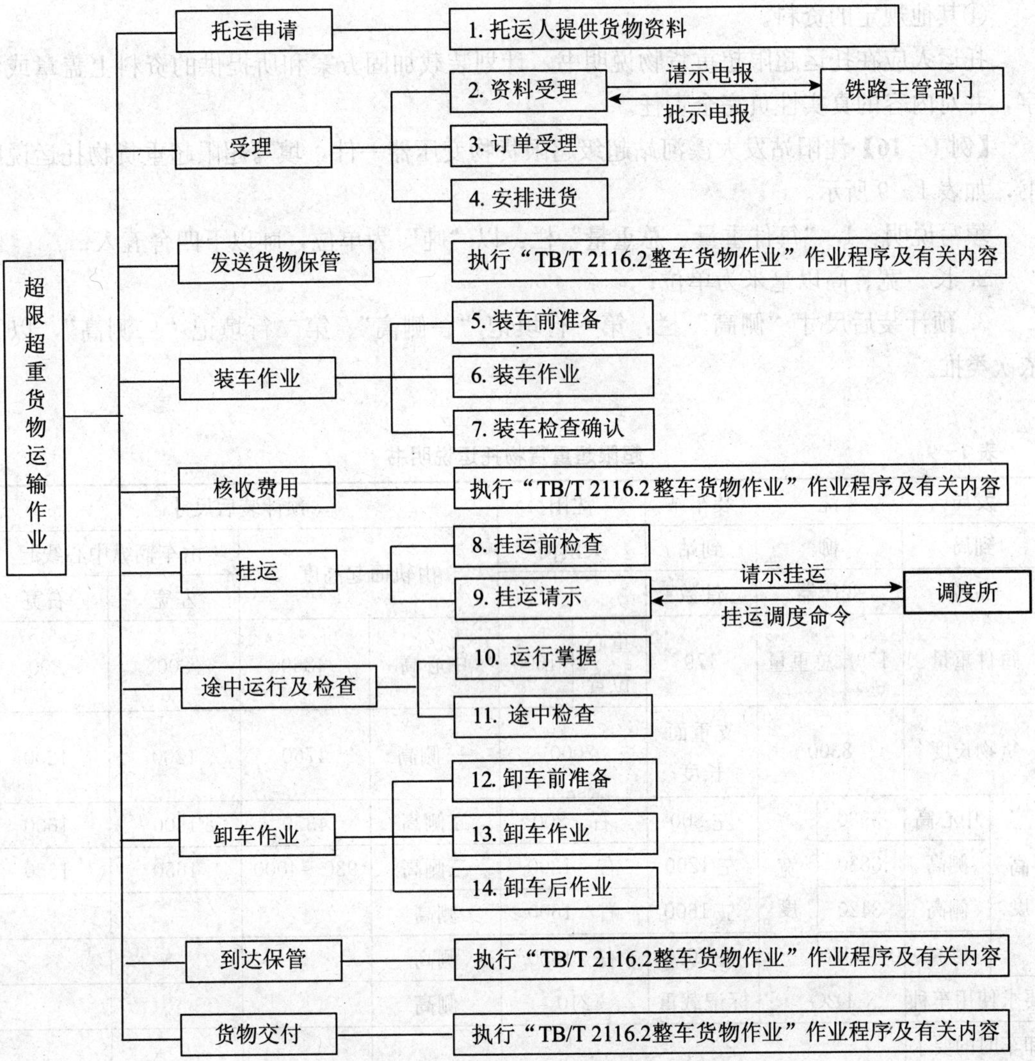

超限超重货物运输作业

- 托运申请
  - 1. 托运人提供货物资料
- 受理
  - 2. 资料受理（请示电报 → 铁路主管部门；铁路主管部门 → 批示电报）
  - 3. 订单受理
  - 4. 安排进货
- 发送货物保管
  - 执行“TB/T 2116.2 整车货物作业”作业程序及有关内容
- 装车作业
  - 5. 装车前准备
  - 6. 装车作业
  - 7. 装车检查确认
- 核收费用
  - 执行“TB/T 2116.2 整车货物作业”作业程序及有关内容
- 挂运
  - 8. 挂运前检查
  - 9. 挂运请示（请示挂运 → 调度所；调度所 → 挂运调度命令）
- 途中运行及检查
  - 10. 运行掌握
  - 11. 途中检查
- 卸车作业
  - 12. 卸车前准备
  - 13. 卸车作业
  - 14. 卸车后作业
- 到达保管
  - 执行“TB/T 2116.2整车货物作业”作业程序及有关内容
- 货物交付
  - 执行“TB/T 2116.2整车货物作业”作业程序及有关内容

图 1 - 44 超限超重货物运输作业流程

一、托运与承运

(一) 超限超重货物的托运

托运超限超重货物时托运人除应根据批准的要车计划向车站提出货物运单外还应提供的资料包括：

①超限超重货物托运说明书（如表 1 - 9 所示），货物外形的三视图。图中应标明货物

的有关尺寸，支重面长度，并以“十”号标明重心位置。

②自轮运转货物，应有自重、轴数、轴距、固定轴距、长度、转向架中心销间距离、制动机形式和运行限制条件。

③申请使用的车种、车型及车数，计划装载加固方案。

④其他规定的资料。

托运人应在托运超限超重货物说明书、计划装载加固方案和所提供的资料上盖章或签字，并对内容的真实性负完全责任。

【例 1－16】沈阳站发大溪河站超级超限货物变压器一件，填写超限超重货物托运说明书，如表 1－9 所示。

填写说明：1. “每件重量、总重量”栏：以“吨”为单位，吨以下四舍五入；

2. 长、宽、高以毫米为单位；

3. 预计装后尺寸“侧高”栏：第一行填记“一侧高”、第二行填记“二测高”，以下依次类推。

表 1－9　　超限超重货物托运说明书

发局		沈		装车站	沈阳	预计装后尺寸			
到局		柳		到站	大溪河	由轨面起高度		由车辆纵中心线起	
品名		变压器		件数	1			左宽	右宽
每件重量	179	总重量	179	重心位置	1600	中心高	4860	800	800
货物长度		8300		支重面长度	7000	一侧高	4760	1200	1200
高度	中心高	3930	宽度	左 800	右 800	二侧高	4350	1600	1600
	侧高	3830		左 1200	右 1200	三侧高	930～4000	1650	1650
	侧高	3420		左 1600	右 1600	侧高			
	侧高	0～3070		左 1650	右 1650	侧高			
要求使用车种		D2G		标记载重	210	侧高			
卸车时的要求									
其他要求	收货人：×××发电有限公司					车地板高度			930
						垫木或转向架高度			30
						预计装在车上货物重心位置距轨面的高度			2480
						重车重心高度			2087

注：粗线栏内由铁路填记。

发货单位　　　　戳记　　　　　　　　　　20　年　月　日提出

（二）资料受理

①审核托运人提供的资料，符合《超规》规定；

②给予受理范围；

③受理货物，对货物进行确定、核查及相关准备工作；

④订单（运单）受理；

⑤审核服务订单，审查货物运单，并检查有关证明文件资料；

⑥按规定计算各项收费并准确报价。

（三）选择装载方案

受理后，发站须认真审查资料，必要时应组织有关部门共同研究；对照资料核查货物实际，复核货物重量，测量核对货物外形尺寸和重心位置；拟定使用货车的车种、车型及车数，拟定货物装载加固方案。

根据货物的外形、重量和结构特点，结合装运车辆的技术条件，综合考虑装车方案。必要时应采取改变货物包装、解体货体或某个部件的措施，以尽可能降低超限、超重程度。

（四）安排进货、验收货物

①在货物运单上填写指定搬入货物日期，安排托运人进货（含加固材料、装置）。

②验收货物。

（五）超限超重货物运输请示电报

方案拟定后，车站应向铁路局超限超重货物运输主管部门提报铁路特种车使用计划、拍发超限超重货物运输请示电报，如表 1－10 所示。

1. 请示电报主送单位

车站请示电报主送铁路局货运处。铁路局请示电报主送铁道部运输局营运部。

2. 内容

①发站、到局、到站；

②货物概况：品名、件数、重量（货物重量含装载加固装置和材料等重量）、全长、支重面长度、货物重心高度、货物的重心位置。货物重心高度含垫木或支架等高度，并须注明其中垫木或支架等高度为××mm。支重面长度为垫木或支架等之间距离时，须注明两横垫木或支架之间距离为××mm。

③货物外形（包括固定包装和加固装置）尺寸。高度自货物支重面或货物底部开始计算，宽度自货物重心所在的纵向垂直平面开始计算，不同高度处的宽度自上而下顺序排列，尺寸均以 mm 为单位。

④拟使用车种、车型及辆数。

⑤装载方法：包括不突出车端板装载，突出车端板装载、两车跨装。

⑥预计装后尺寸：装后尺寸高度自轨面开始计算，宽度自车辆纵中心线所在垂直平面开始计算。

⑦其他特殊运输条件要求。

表 1-10 **铁路传真电报**

签发： 核稿： 拟稿人：

会签： 电话：

发报所名	电报号码	等级	受理日	时分	收到日	时分	值机员

主送单位：沈阳铁路局货运处

抄送单位：

报文：

我站发成都局漫水湾站变压器 4 件，各重 145t，各长 6400mm，各支长 5000mm，货物尺寸中心高 3950mm 处宽各 800mm，一侧高 3300mm 处宽各 1650mm，二侧高 2900mm 处宽各 1780mm，三侧高 0～350mm 处宽各 1600mm。货物重心高 1800mm。

拟各使用（D2）凹 1 辆，大车前后各挂空隔离车 1 辆。装后中心高 4900mm 处宽各 800mm，一侧高 4250mm 处宽各 1650mm，二侧高 3850mm 处宽各 1780mm，三侧高 930～1300mm 处宽各 1600mm。装车后重车重心高 1831mm。

装运办法：请批示。

沙岭站超限超重 00006 号

××年 ××月××日

【例 1-17】 沙岭站发到漫水湾站变压器 4 件，超级超限，试拍发铁路超重超限货物运输请示电报，如表 1-11 所示。

分析：到站跨及四个及其以上铁路局的超级超限货物由发站所在铁路局审查后报铁道部审批。

表 1-11　　　　　　　　　　**铁路传真电报**

签发：　　　　　　　　　　　　核稿：　　　　　　　　拟稿人：

会签：　　　　　　　　　　　　　　　　　　　　　　　电话：

发报所名	电报号码	等级	受理日	时分	收到日	时分	值机员

主送单位：铁道部运输局专业运输处

抄送单位：

报文：

沙岭站经山海关、临清、梁堤头、西斋、秀山到漫水湾站变压器 4 件，各重 145t，各长 6400mm，各支长 5000mm，各使用（D2）凹 1 辆，大车前后各挂空隔离车 1 辆。装后中心高 4900mm 处宽各 800mm，一侧高 4250mm 处宽各 1650mm，二侧高 3850mm 处宽各 1780mm，三侧高 930～1300mm 处宽各 1600mm。装车后重车重心高 1831mm。

货物尺寸中心高 3950mm 处宽各 800mm，一侧高 3300mm 处宽各 1650mm，二侧高 2900mm 处宽各 1780mm，三侧高 0～350mm 处宽各 1600mm。货物重心高 1800mm。

装运办法：请批示。

沈超限超重 384 号

沈阳铁路局货运处

××年 ××月××日

（六）超限超重货物运输批示电报

铁路局接到发站请示电报后，应及时审查批示或向铁道部拍发超限超重货物运输请示电报。

接到铁道部或兄弟铁路局批示的电报后，应及时结合管内实际向管内有关站段批示通行条件，管内通行确有困难时，应立即以电报和电话通知电报批示单位和发局。

1. 批示电报主送、抄送单位

铁道部批示电报主送发站所在铁路局货运处，抄送经由和到达铁路局货运处。

铁路局批示电报主送发站、本局调度所、车辆段及货检站等，视情况可以主送本局其他相关站段，抄送铁通公司及本局运输、工务、电务、车辆、机务处等。铁路局直接批示的本局发送的超限超重货物运输电报须抄送经由和到达铁路局货运处。

2. 超限超重货物运输电报管理审批权限

①各铁路局间运输的一、二级超限货物和到站跨及三个及其以下铁路局的超级超限货物由发站所在铁路局审批。

②到站跨及四个及其以上铁路局的超级超限货物由发站所在铁路局审查后报铁道部审批。

③到站跨及三个及其以下铁路局的超重货物由发站所在铁路局审批。

④到站跨及四个及其以上铁路局的超重货物由发站所在铁路局审查后报铁道部审批。

⑤超重同时又超限的货物，同超重货物审批权限规定。

3. 批示文电内容

①发站、经由、到站；

②货物概况；

③使用车种、车型及辆数；

④装载方法；

⑤装后尺寸；

⑥装运办法。

装运办法的内容一般用电报代号表述，超限超重货物运输电报代号，如表 1 - 12 所示。

表 1 - 12　　超限超重货物运输电报代号

顺序	代字	被代用的文字	附注
1	A	超限等级	代号后写几级
2	B	左右宽度按发站挂运列车的进行方向。遇运行途中方向相反且无法通过限界时，由自局解决。不可能时，须事先请邻局协助	
3	C	凡距离线路中心线几毫米，高度超过几毫米，如道岔表示器等设备，在列车通过前拆除，通过后立即恢复正常位置	代号后分子为距线路中心线宽度的毫米数，分母为自轨面起高度的毫米数
4	D	通过接近限界的速度限制，按本规则第 33 条办理	
5	E	禁止接入距离线路中心线几毫米，高度超过几毫米的站台的线路	代号后分子为距线路中心线宽度的毫米数，分母为自轨面起高度的毫米数
6	F	禁止接入距离线路中心线几毫米的水鹤的线路	代号后写距线路中心线的宽度毫米数
7	G	区间限制速度	代号后写限速值
8	H	由该局管内工务段指派专人添乘监视运行	
9	I	由该局管内车辆段指派专人添乘监视运行	
10	J	由该局管内电务段指派专人添乘监视运行	
11	K	会车条件按本规则第 32 条办理	
12	L	通过 300m 及以下半径的曲线线路时的限制速度	代号后写限速值
13	M	途中货检站按规定检查无碍后继续运送	
14	N	各邻接调度所密切联系注意运行状态，接运和挂运按本规则第 28 条和 31 条办理	

续 表

顺序	代字	被代用的文字	附注
15	O	沿途由值乘车长负责监督运行	
16	P	需要货物转向架和使用车钩缓冲停止器	
17	Q	由发货人指派技术人员护送至到站	
18	R	货物重心高度	代号后写毫米数
19	S	重车重心高度	代号后写毫米数
20	W	经过侧向道岔的限制速度	代号后写限速值
21	Z	超重等级	代号后写几级

【例 1－18】 沙岭站发到漫水湾站变压器 4 件，超级超限，铁路局拍发的超限超重货物运输批示电报，如表 1－13 所示。

表 1－13　　**铁路传真电报**

签发：　　　　核稿：　　　　拟稿人：

会签：　　　　　　　　　　　电话：

发报所名	电报号码	等级	受理日	时分	收到日	时分	值机员

主送单位：沈阳、锦州车务段，锦州、山海关、沙岭站、锦州车辆段，沈阳、锦州、山海关工务段，路局调度所

抄送单位：

报文：

依部超限超重 442 号，沙岭站经山海关、临清、梁堤头、王楼、淮滨、小林、部营、西斋、秀山到漫水湾变压器 4 件，各重 145t，各长 6400mm，各支重面长 5000mm。各使用 160（D2）1 辆装运。装后中心高 4900mm 处宽各 800mm，一侧高 4250mm 处宽各 1650mm，二侧高 3770～3850mm 处宽各 1780mm，三侧高 870～1220mm 处宽各 1600mm。

装运办法：（1）A 超级超限；

（2）KMN。

沈超限超重 386 号

沈阳铁路局货运处

××年 ××月××日

【例 1－19】 本溪发西安西锅筒一件，铁路局拍发的超限超重货物运输批示电报，如表 1－14 所示。

表 1-14　　**铁路传真电报**

签发：　　核稿：　　拟稿人：

会签：　　电话：

发报所名	电报号码	等级	受理日	时分	收到日	时分	值机员

主送单位：沈阳车辆段、本溪车务段、局调度所、本溪站、沈阳南站

抄送单位：局工务处桥检中心

报文：

依据部超限超重 01 号：＊＊＊站经沈阳、沈阳西、揽军屯、通辽、隆化到西安局西安西站锅筒 1 件，货物重 180t，全长 22800mm，支重面长（两座架间）18000mm。重心高 1300mm，使用 210t（D2G）凹型车 1 辆装运（利用 D2G 车辆两转向架上方台车负重），托运人：本溪板材有限公司，收货人：西安重型机械厂。

装后尺寸：

中心高 4960mm 处宽各 550mm；

第一侧高 4250～4880mm 处为宽 1340mm 的半径圆弧：（圆心高度为 3590mm）

第二侧高 2800～3300mm 处宽各 1950mm；

第三侧高 2380mm 处宽各 1680mm；

第四侧高 900mm 处宽各 1450mm；

以上高度未衔接处为加固斜拉线。

装运办法：

（1）A 超级超限

（2）Z 一级超重

（3）R1300mm

（4）S2436mm

（5）G40km

（6）L20km

（7）W15km

（8）KMNO

（9）挂运时重车前后各挂空车一辆作隔离车

（10）通过局管内桥梁时按工务检算条件办理

（11）通过＊＊、＊＊、＊＊隧道时限速＊＊千米

（12）沈阳到四平间需苫盖绝缘软盖板

（13）管内双线区间禁止会车

沈超限超重 02 号

沈阳铁路局货运处

××年 ××月××日

二、装车组织

（一）装车前工作

装车前，发站应做好以下准备工作：

①应严格按批复的文电内容和要求选择车辆。装车前应通知车辆部门进行技术检查合格。并经货运人员确认符合批示电报和装车要求，方能使用。

②选择在平直的线路上进行超限车的测量。测量内容包括车地板的高度、长度和宽度。

③确认加固材料和加固装置的规格、数量及质量符合装载加固方案规定。

④在负重车上标画车辆纵横中心线。

⑤在货物上标明重心位置（投影）、索点。货物装车前应按货物重心的位置，在货物的两端或两侧，标画货物纵、横重心的垂直线。货物重心的垂直线是确定货物重心装载位置的主要依据。

⑥开好车前会，向装车人员布置装车事项。

（二）装车作业

装车时，站段超限超重运输和装载加固主管人员须到装车现场进行指导。装载和加固作业须严格按装载加固方案进行。

①将装车车号、货物品名、数量及开始装车作业时间等信息向货调汇报。

②测量车地板的长度和宽度，在负重车上画好纵横中心线和计划装载货物的位置线。标画货物重心投影点和加固位置等。

③测量车地板高度，要求如下：

a. 车辆应停于平直线路上。

b. 测量工具为钢卷尺、水平尺和吊锤。

c. 普通平车或敞车车地板高度的确认办法为：分别测量出车地板四角至轨面的高度，然后取其平均值为车地板高度。

d. 凹型平车应取车地板中部为车地板高度；若货物装在两端大底架悬臂上，应以悬臂高度为准。

e. 球形心盘的D型车应分别测量出车地板中部到两侧钢轨面的高度，取其平均值为车地板高度。

（三）装车后工作

1. 装车后检查确认的内容

①检查货物装载状态。

②检查货物加固状态。

③跨装车组连接处的提钩杆应捆绑好；须使用安装使用车钩缓冲停止器的，按《加规》要求办理。

④ 装载带有制动装置、变速器和旋转装置的货物，应检查、确认制动装置全部制动、

变速器置于初始位置，旋转部位锁定牢固。

⑤用醒目的油漆标画货物检查线。

⑥在货物上拴挂或书写超限超重货物标识牌。

⑦按规定在车辆上插挂货车表示牌。

⑧按规定进行装车质量签认。

⑨填发超限超重货物运输记录，会同车辆等相关部门进行会签，一式两份，一份留站存查，一份随票据递送到达站。

⑩检查货物运单、票据封套、编组顺序表，运单、封套和顺序表填写齐全正确。

2. 装车后尺寸复核

装车后，须检查、确认货物装载加固符合规定要求。重点检查、确认：

①货物突出车端的尺寸符合规定或批示电报要求；

②货物突出端底部与游车车地板的距离、货物突出端与游车上所装货物的距离符合规定；

③超限货物装后各部位的尺寸（高度和宽度）符合批示电报；

④重车重心高、货物支重面长度（跨装货物支距）等符合批示电报；

⑤其他各有关数据和要求符合批示电报。

对照批示电报复核后，如发现货物装后尺寸、重车重心高度等数据和要求超出批示电报条件的，发站则须重新向铁路局拍发超限超重货物运输请示电报。

（四）标记

装车完毕，确认符合批示电报条件后，按规定需要“禁止溜放”的货车，应在货车两侧插挂表示牌。

在货物上书写（刷印）或拴挂超限超重货物检查表示牌，如在货物两侧标示“×级超限”，书写困难时亦可挂“×级超限货物检查牌”。

用油质颜料在超限超重货车车地板上标画货物检查线。

（五）超限超重货物运输记录

车站装车后要以批示文电为依据进行复测，复测应与上级批准的计划装车尺寸相符，对复测后各超限部位的尺寸，以及运输有关事项，车站应会同工务、车辆等有关部门确认与实际情况相符无误后，填入“超限超重货物运输记录”（如表 1-15 所示）。否则应另行请示。途中货物检查时，应将检查结果填记在“超限超重货物运输记录”乙页（即背面）（如表 1-16 所示）。

【例 1-20】沈阳站发大溪河站超级超限货物变压器一件，试填写超限超重货物运输记录。

表 1－15 **超限超重货物运输记录**

甲页　　超级超限　　/级超重　　（单位：mm）　　№01

装车局	沈		发 站	沈阳	经由线名	/	
到达局	柳		到 站	大溪河	经由站名	山海关、临清、梁堤头、王楼、淮滨、蔡山、醴陵、滩头湾	
品 名	变压器		件 数	1	笫件重 179 吨	配重 t	总重 179t
货物长度	8300	支重面长 度	7000	转向架中心销间距离	/	重 车重心高	2087
装车后尺 寸	中心高	4860	中心高的宽	左 800	记 事	隔离车 2 辆	
				右 800			
	第一侧高	4760	侧高的宽	左 1200			
				右 1200			
	第二侧高	4350	侧高的宽	左 1600			
				右 1600			
	第三侧高	930～4000	侧高的宽	左 1650			
				右 1650			
	第四侧高	/	侧高的宽	左 /			
				右 /			
车 种	D2G	车 号	5627181	标记载重	210t	轴数	16 轴
文电内有关指示	铁道部 20××年××月××日　部超限超重　12　号　批准使用 210t D2G 车						
	铁路局 20××年××月××日　超限超重　18　号　批准使用 210t D2G 车						
	1. A 超级超限 2. R2000mm 3. S2087mm 4. G50km 5. L20km 6. W15km 7. KNOM				本记录在 沈阳 站作成，经检查完全符合批示的条件 发 站　张××签字 工务段　陈××签字 车辆段　王××签字 段　签字 段　签字 20××年××月××日		

注：①不用的各栏应画去；

②按电报批示尺寸填记，小于批示时，将实际尺寸填于记事栏内，大于批示尺寸时，必须重新请示；

③“重车重心高”栏在不超过 2000mm 时须以［/］号标示之；

④一式两份，第一份仅为甲页留站存查；第二份为甲、乙页，随货运票据送到达站。

表 1－16　　超限超重货物运输记录背面

检查结果纪录

乙页

检 查 站 名		检 查 站 名	
检 查 站 名		检 查 站 名	
检 查 站 名		检 查 站 名	
检 查 站 名		检 查 站 名	

规格 270mm×185mm

三、核收超限货物的运费

由于超限货物和需限速运行的货物运输条件特殊，办理手续复杂，影响铁路运输效率，增加运输成本，因而运输这类货物时，发站应将超限货物的超限等级在货物运单货物名称栏内注明。承运人记载调度命令号，其运费按下列规定计算：

①一级超限：按运价率加 50%计费。

②二级超限：按运价率加 100%计费。

③超级超限：按运价率加 150%计费。

④限速运行（不包括仅通过桥梁、隧道、出入站线限速运行）的货物，按运价率加 150%计费。需限速运行的超限货物，只核收 150%的加成运费，不另核收超限货物加成运费。

【例 1－21】天津站发沈阳东站机械零配件一批，货重 48t，为一级超限货物，以一辆 60t 普通平车装运，试计算运费。

【解】一级超限货物，运价率加成 50%；

运价里程：718 km；　　机械零配件：6 号运价率

运费：(17.10＋0.0869×718) ×(1＋50%) ×60 ＝ 7154.50（元）

【例 1－22】佳木斯站发苏家屯站机床一台，货重 28t，为二级超限货物，需限速运行，使用一辆 60t 普通平车装运，计算运费。

【解】限速运行的货物，按运价率加 150%计费，不另核收超限货物加成运费。

运价里程：1080 km；　　机床：6 号运价率

运费：(17.10＋0.0869×1080) ×(1＋150%) ×60 ＝16642.80（元）

四、超限车、超重车运行

（一）选择挂运方案

①绕路运输。

②反方向行车。

③改变建筑物和固定设备。

④安装检查架试运。

为确保特大型超限货物运输安全，可采用检查架等方法检查确认运输线路或区段的限界能否通过。检查架的尺寸应与货物检定断面的实际尺寸相同，安装检查架的车辆应与拟用车辆的车型相同，检查架应安装在货物检定断面所在的位置。

当使用其他车辆安装检查架时，应安装在车辆转向架中心销所在横断面位置，检查架的尺寸应考虑拟用车辆的偏差量和倾斜量等。

（二）超限车的挂运

1. 车站挂运工作

①运行上有限制条件的超限超重车，除有特别指示外，禁止编入直达、直通列车。对限期到达、反方向行车和特别批准的超限车，允许专开超限列车。

②发站装车完毕并复核确认符合批示电报条件后，应及时向铁路局调度所拍发超限超重车辆挂运请示电报（条件不具备时也可电话请示）。

③当接到调度所下达的调度通知时，应交给列车乘务员。

【例 1－23】沙岭站发漫水湾站变压器 4 件，铁路超限超重货物运输挂运请示电报，如表 1－17 所示。

表 1－17　　**铁路传真电报**

签发：　　核稿：　　拟稿人：

会签：　　电话：

发报所名	电报号码	等级	受理日	时分	收到日	时分	值机员

主送单位：沈阳铁路局高度所

抄送单位：沈阳铁路局货运处

报文：

依沈超限超重 386 号电报（部超限超重 442 号），沙岭站发漫水湾站变压器 4 件，使用 D_2××××××××，D_2××××××××，D_2××××××××，D_2××××××××共 4 辆装运，超级超限，已于××月××日××时装载（检查）完毕，经复测（检查），货物装后尺寸符合批示电报要求，车辆状态及装载加固状态良好。

现已具备挂运条件，请示挂运。

沙岭站 ××号

××××年 ××月××日

【例 1－24】 本溪发西安西锅筒 1 件，铁路超限超重货物运输挂运请示电报，如表 1－18 所示。

表 1－18　　铁路传真电报

签发：　　　　核稿：　　　　拟稿人：

会签：　　　　　　　　　　　电话：

发报所名	电报号码	等级	受理日	时分	收到日	时分	值机员

主送单位：沈阳铁路局高度所

抄送单位：沈阳铁路局货运处

报文：

奉沈超限超重 02 号电报（部超限超重 01 号）。我站发西安西站锅筒 1 件已装载加固完毕，使用 D2G 型车 1 辆装运，车号为 5622131，重车前后各挂空敞车一辆作隔离车，空车车号：＊＊＊＊＊＊＊，＊＊＊＊＊＊＊经检查复测尺寸，装后尺寸符合批示电报要求，车辆状态及装载加固状态良好。

现已具备挂运条件，请示挂运。

本溪站××号

××××年 ××月××日

2. 调度指挥工作

①铁路局调度所接到发站挂运请示后，特运调度员须根据批示电报核对发站的挂运请示内容；核对无误后，根据批示电报和管内实际情况制定会车、限速等具体运行条件，填写超限超重车辆挂运通知单，交计划调度员纳入日（班）计划，由列车调度员以调度命令下达有关站段。

②跨及两个调度所时，挂运车次、办法应争得相邻调度所的同意，双方须核对确认相关内容无误。

③相邻调度所间的预确报内容应包括挂运车次、批示文电号码、车种、车号、到站、品名、超限等级和有关注意事项。

（三）超限车的运行

1. 车站固定到发线

超限列车应按车站行车工作细则内规定的线路到发或通过。若变线路，须得到列车调度员的同意。

2. 超限列车的会车条件

挂有超限车的列车运行在复线、多线或并行单线的直线地段与邻线列车会车时，应遵守下列规定：

①邻线列车运行速度小于 120km/h 的，两运行列车之间的最小距离大于 350mm 者不

限速；300mm 至 350mm 者运行速度不得超过 30km/h；小于 300mm 者禁止会车。

②邻线列车运行速度大于 120km/h 小于 160km/h 的，两运行列车之间的最小距离大于 450mm 者不限速；400mm 至 450mm 者运行速度不得超过 30km/h，小于 400mm 者禁止会车。（据运营专 1057 号电精神修改）

③邻线列车运行速度大于等于 160km/h 小于 200km/h 的，两运行列车之间的最小距离大于 550mm 者不限速；500mm 至 550mm 者运行速度不得超过 30km/h；小于 500mm 者禁止会车。

曲线地段与邻线列车会车，必须根据规定相应地加宽。

挂有超限车的列车在 CTCS－2 级区段的区间禁会动车组。

3. 超限列车与建筑限界间距离对运行速度的影响

超限车在运行过程中，如超限货物的任何部位接近建筑物或设备时，应遵守下列规定：

①超限货物的任何超限部位与建筑限界之间的距离（以下简称限界距离），在 100mm 至 150mm 时，时速不得超过 15km；

②限界距离在超过 150mm 至 200mm 时，时速不得超过 25km；

③限界距离不足 100mm 时，由铁路局根据实际情况规定运行办法。

五、途中检查

超限超重车的途中检查是确保超限超重货物运输安全的重要措施，铁路局必须加强对超限超重车运行途中的检查，落实区段负责制。

途中检查站应按下列内容检查超限超重车，并记录检查结果：

①有无超限超重货物运输记录及其填写是否完整；

②货物两侧明显位置，是否有超限超重等级标识；

③是否标画有检查线，货物有无移动，加固材料是否有松动和损坏；

④车辆转向架左右旁承游间不得为零（结构规定为常接触式旁承及球形心盘除外）。

六、超限超重货物到达作业

超限超重货物到站应根据批示电报正确选择、确定卸车地点和货位，科学制定卸车方案，严格加强卸车组织，确保安全。

收货人组织自卸的，车站应与收货人签订自卸车协议，明确安全责任，并在卸车前与收货人办理完货物交付手续。

电气化区段超限超重货物运输

一、电气化区段超限货物的运行

(1) 接发超限货物列车前，局调度所应根据超限货物运输批复电报（超重货物还需超重货物检测报告）的运行条件向有关站、段下达超限货物挂运日班计划（内容为：挂运车次、限速要求、隔离限制、绝缘软盖板苫盖区段及运行中注意事项）。无日班计划的超限车禁止挂运，分界口禁止接入。有关单位应按日班计划的要求做好接、运超限货物列车的准备工作。

(2) 电气化区段，车站接发超限货物列车应严格按照《铁路技术管理规程》、《行车组织规则》、《接发列车作业标准》规定办理。

(3) 各站应按《车站行车工作细则》规定的固定线路接、发苫盖有绝缘软盖板的超限货物列车，如必须变更接车线路时，其接车线应符合《铁路技术管理规程》所规定的线间距离，超限货物顶部距接触网导线的垂直距离不得小于100mm，并须得到列车调度员的准许。

(4) 车站的工作人员在接送超限货物列车时，应注意检查货物高度有无超限，检查货物装载和车辆走行部分及绝缘软盖板的苫盖状态。发现异状，车站必须及时扣车，立即通知就近接触网工区前往故障地点按规定停电、接好地线后，通知专职人员检查处理。

(5) 电气化区段超限货物列车需停电运行时，调度所必须安排日班计划，以调度命令下达有关站、段，通知机务段提前准备好内燃机车。

二、电气化区段超限货物停电、不停电运输的条件

(1) 电气化区段，超限货物顶部距接触网导线的垂直距离 $L \geqslant 350$mm 时，可不停电运输；超限货物顶部距接触网导线的垂直距离 $100\text{mm} \leqslant L < 350\text{mm}$ 时，加盖绝缘软盖板后，可不停电运输；超限货物顶部距接触网导线的垂直距离 $50\text{mm} \leqslant L < 100\text{mm}$ 时，必须停电运输；超限货物顶部距接触网导线的垂直距离 $L < 50$mm 时，由铁路局组织有关部门进行专题研究运输办法。

(2) 超限货物顶部距接触网导线的垂直距离，当线路平面超过海拔1000m时，应按每超过100m增加3.5mm的安全距离计算（不足100m时四舍五入计算）。

三、其他要求

(1) 电气化区段，车站根据超限货物运输批复电报的规定加盖绝缘软盖板，并指派合格人员负责绝缘软盖板的苫盖、押运、撤卸等工作。

（2）绝缘软盖板必须由配属站妥善保管，每半年送供电段检测一次，使用时必须保持绝缘性能良好，使用后必须清洗放入专用袋内保存。

（3）沿途各站要对加盖绝缘软盖板的超限货物进行认真检查、监视，发现异常立即按规定处理。

（4）绝缘软盖板的苫盖、撤卸、途中故障处理必须在无电区进行，确保货物、人身安全。

（5）通过电气化区段的易燃、易爆、顶部尖锐的超限货物，由铁路局专门研究确定运输办法。

学习任务四　阔大货物装载加固方案的制订

任务描述

本次任务需要你依据案例背景拟订经济合理的阔大货物装载加固方案。具体任务要求如任务单所示。

任　务　单

请利用本学习单元所学知识，按案例条件与任务要求处理以下案例。

【案例情况说明】江岸西站拟发往郑州东站以下货物：

（1）变压器一件，货物规格如表1－19所示。

表1－19　变压器规格

型号	外形尺寸（mm×mm×mm）	件重（t）	重心高度（mm）	任务分组
SFSZ8－20000／110	5830×3000×3010	39.5	1380	1组
SFSZ8－25000／110	5530×3000×3170	46.56	1465	2组
SFSZ8－31500／110	6000×3000×3300	49.95	1550	3组
SFSZ8－31500／110	5880×3000×3500	55	1620	4组
SFS8－25000／110	5000×3000×3250	42.80	1490	5组
SFS8－31500／110	5100×3000×3290	47.64	1500	6组
SF8－50000／110	4890×3000×3540	50	1625	7组
SFZ8－50000／110	5700×3200×3600	52	1600	8组

（2）卧式锅炉两件，货物规格相同，如表1－20所示。

表 1-20　卧式锅炉规格

外形尺寸（mm×mm×mm）	件重（t）	重心高度（mm）	任务分组
6450×2690×3472	29	1150	1、2、3、4 组
5940×2650×3500	27	1150	5、6、7、8 组

（3）液化气储罐一件，外形尺寸 15000mm×3040mm×3340mm，件重 25.4t。自带凹形钢座架，长 2800～2850mm，宽 300mm，全高 650mm，凹部高 200mm。

（4）预应力梁一件，长 24600mm，高 1550mm，底宽 1060mm，件重 75.8t，允许跨装支距 20.6m。自带专用货物转向架 1 副（活心盘孔设置在上架体上），车钩缓冲停止器 2 个，斜支撑 2 副。

（5）载重汽车两辆，货物规格相同，如表 1-21 所示。

表 1-21

序号	名称	外形尺寸（mm×mm×mm）	件重（t）	任务分组
1	A类	6276×2500×3051	10	1、2、3、4 组
2	B类	9762×2480×2963	13	5、6、7、8 组

（其他未尽事宜自行假设）

【任务要求说明】请按上述案例情况，结合《加规》相关规定，制订阔大货物的装载加固方案，并将判定步骤详细记录在学生工作页上。在完成这一任务时，请特别注意以下问题：

（1）阔大货物特性分析；

（2）装运车辆的选择；

（3）运行中作用于货物上力的计算；

（4）货物稳定性的检验；

（5）加固材料和装置的选择；

（6）加固强度的计算；

（7）方案比选及决策。

【作业步骤说明】货物装载加固方案的确定步骤

1. 确定初步装车方案

在熟悉题目已知条件的基础上，对货物的装载方案做出初步选择。具体应该考虑：装载货物的车型选择（题目已知除外）；货物装载方向（顺装或卧装）；货物重心投影点落于车地板的位置；能否直接装车（考虑货物支重面的形状，集重的条件，重车重心高的条件，货物突出车端长度的条件）等。

2. 确定货物超限等级

对可能超限的货物，按以下步骤确定其超限等级，并确定相应运行条件。

（1）按给定数据绘制货物外形的端视图和侧视图；

（2）在货物端视图中标出需要计算的点；

（3）在侧视图上选出与所标出的点相对应的检定断面；

（4）按测量推算所得货物实际尺寸，结合相关公式，确定计算点的高度和宽度；

（5）查《铁路超限超重货物运输规则》附件四确定货物超限等级；

（6）按《铁路超限超重货物运输规则》相关规定确定该超限货物的运行条件。

3. 计算作用于货物上的力

具体包括纵向惯性力、横向惯性力、垂直惯性力、风力和摩擦力五种外力，应在初步装车方案选定的前提下进行计算，可参照《铁路货物装载加固规则》附件二中所列公式，所需各种参数亦可在其中查阅。

4. 检验货物的稳定性

包括倾覆、滚动、水平移动三方面，根据货物外形及力的计算结果，选择需要检验的内容，再按《铁路货物装载加固规则》附件二中所列公式计算检验，并给出检验结论。

5. 确定加固方案

根据货物形状及所需的加固强度选择适当的加固方案。如：挡木加固，拉牵加固，腰箍加固，掩木、垫木、螺栓加固，焊接加固等。

6. 确定加固材料的型号或数量

可以有多种选择，但需考虑选材的实用性及经济性。

注意：每位学生最后必须上交一份填写完整的“学生工作页”以供考核。

任务考核主要以上交的书面材料质量为依据。

知识点九　运行中作用于货物上的力

一、车辆在运行中振动的主要形态

车辆在线路上运行时，由于线路和车辆动力的相互作用，将使车辆产生各种复杂的振动。车辆在运行中振动的主要形态有：摇头振动、点头振动、侧滚振动、沉浮振动、伸缩振动和侧摆振动。由于沉浮振动、点头振动和侧滚振动的结果，将使货物产生垂直惯性力；摇头振动、侧摆振动和侧滚振动的结果，将使货物产生横向惯性力。因此，在研究运行中作用在货物上的力时，有必要对车辆振动的主要形态进行分析，如图 1－45 所示。

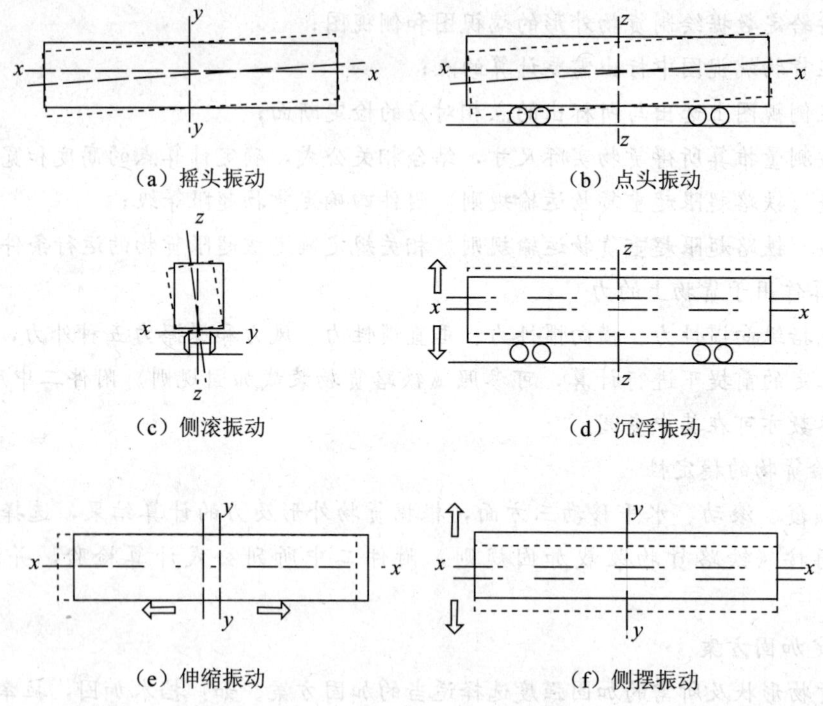

图 1-45 运行中车辆振动的主要形态

(一) 摇头振动

车轮踏面倾斜，轮对安装不正确以及同一轮对两车轮滚圆直径大小不同等原因使车辆蛇行，将使车体围绕其垂直中心线 y 为轴回转振动，如图 1-45 (a) 所示。在这种情况下，车体及货物各点具有不同的横向水平加速度，并且离开振动（回转）中心的距离越远，加速度值越大。

(二) 点头振动

当车辆行经钢轨接缝处，轮对受到冲击或因车轮踏面擦伤、线路冻害以及轮对偏心而引起的冲击，使车体围绕横向水平 x 轴的回转振动，如图 1-45 (b) 所示。这种振动使车体连同所装货物的各点具有不同的垂直加速度，在车辆纵向上，离开车辆横中心线的距离越远，垂直加速度值越大。

(三) 侧滚振动

车辆行经相互错开的钢轨接缝上受到冲击，左右轨面由于线路冻害或养护不良致使高度不等，以及某一车轮踏面擦伤，或车辆行经道岔、曲线时离心力的作用，车体围绕其纵向水平 x 轴回转振动，如图 1-45 (c) 所示。在这种情况下，车体及货物各点具有不同的垂直及横向水平加速度。距振动（回转）中心轴越远的点，其加速度值越大。

(四) 沉浮振动

车辆运行中，由于车体与走行部之间弹簧的伸缩，使车体产生沿 z 轴方向垂直振动，

这种振动称为沉浮振动，如图 1－45（d）所示。沉浮振动将使车体及装在车上的货物各点获得相同的垂直加速度。

（五）伸缩振动

列车在启动、制动、变速、上下坡道及调车作业时，在车辆之间产生牵引和压缩冲击力，并通过车钩缓冲装置作用于车辆底架，使车体产生沿 x 轴（纵向水平轴）方向的前后水平振动，如图 1－45（e）所示。这种振动使车体连同所装的货物各点具有相同的纵向水平加速度。

（六）侧摆振动

当车辆经过道岔、曲线或与左右错开的钢轨接缝相冲击，在横向力的作用下，使车体产生沿 y 轴（横向水平轴）方向的左右水平振动，如图 1－45（f）所示。这种振动也称为横向水平振动。这种振动使车体连同所装的货物各点具有相同的横向水平加速度。

在实际运行过程中，上述几种振动并非单独存在，往往是同时出现的。这些振动导致货物在纵向上产生的惯性力均较小，可以忽略不计。但由于点头振动、沉浮振动和侧滚振动，导致货物产生垂直惯性力；由于侧摆振动和摇头振动，导致货物产生横向惯性力。这两个力值对货物稳定性的影响是比较大的，必须予以重视。而且，货物重心距车辆横中心线越远，其影响越大。

二、作用在货物上力的计算

车辆在运行中或调车作业中（$v \leqslant 120$km/h，调车连挂速度$\leqslant 5$km/h），所载货物受到各种外力的作用，这些外力主要包括纵向惯性力、横向力、垂直惯性力、风力以及货物支重面与车地板或垫木之间的摩擦力，如图 1－46 所示。

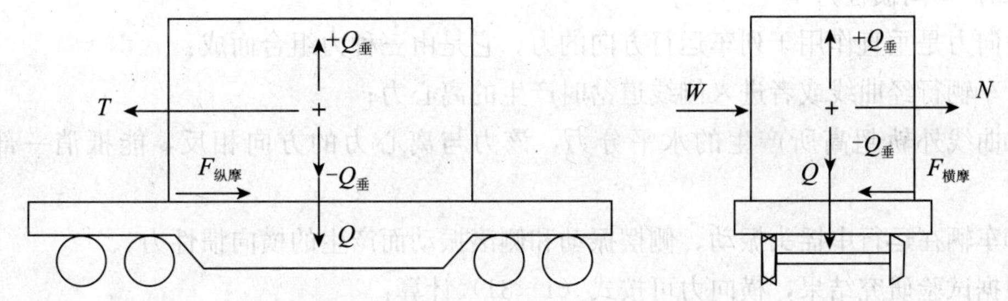

图 1－46 各种外力的作用点及作用方向

（一）纵向惯性力

在列车启动以及在运行中加速、制动，机车连挂车组或在调车作业中溜放的车辆与停留在线路上的车辆冲撞时所产生的作用在货物上的力称为纵向惯性力。在直线区段，该力与线路中心线平行；在曲线区段，该力的作用方向为曲线线路中心线的切线方向。

纵向惯性力是一种破坏力，从加固的角度确定货物纵向惯性力值的大小，须考虑车辆在运行过程中可能发生的最不利情况。研究和实验均表明：在运输过程中，当进行调车作业时，运行的车辆与静止的车辆相互撞击，或者机车连挂停留的车辆，货物所受的纵向惯性力最大。纵向惯性力可用式（1-28）计算：

$$T = t_0 Q \qquad (1-28)$$

式中，T——纵向惯性力，KN

Q——货物重量，t

t_0——单位重量货物的纵向惯性力，KN/t

货物的纵向惯性力与对货物的加固种类关系极为密切。

1. 采用刚性加固

刚性加固指将货物直接焊于车地板上，或者在车地板上加焊挡铁的加固形式。采用刚性加固时，可以把货物和车体视为一个整体。当车辆受到冲击时，货物和车体具有几乎相同的加速度。根据速度为5km/h的冲击试验研究结果，采用刚性加固时，单位重量货物的纵向惯性力可按式（1-29）计算：

$$t_0 = 26.69 - 0.13 Q_{总} \qquad (1-29)$$

式中，$Q_{总}$——重车总重，t；当$Q_{总}$＞130t时，按130t计算。

2. 采用柔性加固

柔性加固指采用抗拉强度较小的加固材料，如钢丝绳、多股8号铁线、挡木和腰箍等进行拉牵加固或下压式捆绑等弹性加固。此时，t_0的计算如下式：

$$t_0 = 0.0012 Q_{总}^2 - 0.32 Q_{总} + 29.85 \qquad (1-30)$$

式中，$Q_{总}$——重车总重，t；跨装运输时，按跨装车组总重计算。

当130t＜$Q_{总}$≤150t时，t_0＝6.78KN/t；当$Q_{总}$≥150t时，t_0＝5.88KN/t。

（二）横向惯性力

横向力是垂直作用于列车运行方向的力。它是由三种力组合而成：

①车辆行经曲线或者进入侧线道岔时产生的离心力；

②曲线外轨超高所产生的水平分力，该力与离心力的方向相反，能抵消一部分离心力；

③车辆在运行中摇头振动、侧摆振动和侧滚振动而产生的横向惯性力。

根据试验研究结果，横向力可按式（1-31）计算：

$$N = n_0 Q \qquad (1-31)$$

式中，N——横向惯性力，KN；

Q——货物重量，t；

n_0——单位重量货物的横向惯性力，KN/t，其计算为：

$$n_0 = 2.82 + 2.2\frac{a}{l}\ \text{(KN/t)} \qquad (1-32)$$

式中，a——货物重心偏离车辆横中心线的距离，mm；跨装时，为货物转向架中心销

偏离车辆横中心线的距离，mm；

l——负重车转向架中心距（具有多层转向架群的货车为底架心盘中心距），mm。

(三) 垂直惯性力

垂直惯性力是当列车行经钢轨接缝处、线路下沉处以及车辆弹簧的沉浮运动所产生的与线路方向垂直的惯性力，其作用方向依次向上或向下交替变化。当其方向向下时，将增加货物支重面与车地板之间的摩擦力；反之，将大大减小摩擦力。

垂直惯性力的大小，基本上取决于车辆的性能、线路的状态、列车运行状态、车上所装货物的重量和货物重心在车辆长度方向的位置。根据试验研究结果，货物的垂直惯性力可按式（1－33）计算：

$$Q_{垂}=q_{垂}Q \quad (1-33)$$

式中，$Q_{垂}$——垂直惯性力，KN/t；

Q——货物重量，t；

$q_{垂}$——每吨货物的垂直惯性力，KN/t，不同的车型计算方法有所不同。

1. 使用敞车和普通平车装载时

$$q_{垂}=3.54+3.78\frac{a}{l} \quad (1-34)$$

式中，a——货物重心偏离车辆横中心线的距离，mm；跨装时，为货物转向架中心销偏离车辆横中心线的距离，mm；

l——负重车转向架中心距，mm。

2. 使用长大货物车装载时

$$q_{垂}=4.53+7.84\frac{a}{l} \quad (1-35)$$

(四) 风力

当风力的方向与横向力方向一致时，风力有可能对货物或重车的稳定性构成威胁，所以在加固计算时，应考虑风力。

货物所受风力的大小，与货物的形状、受风面积以及风压大小有直接关系。

风力可按式（1－36）计算：

$$W=qF \quad (1-36)$$

式中，W——风力，KN；

q——侧向计算风压，当受风面为平面时取 0.49 KN/m^2，当受风面为圆球体或圆柱体的侧面时取 0.245 KN/m^2；

F——侧向迎风面的投影面积，m^2。

(五) 摩擦力

货物支重面和车地板（或垫木）之间所产生的摩擦力的作用方向与作用在货物上所有各种力的合力方向相反，能阻止货物相对于车辆的位移，是一种稳定力。摩擦力的大小取决于货物本身的自重及相互摩擦物体表面的性质，摩擦力可按式（1－37）和（1－38）计算：

纵向摩擦力：　　$F_{纵摩}=9.8\mu Q$　　（1－37）

横向摩擦力：　　$F_{横摩}=\mu\ (9.8Q-Q_{垂})$　　（1－38）

式中，Q——货物重量，t；

$Q_{垂}$——货物的垂直惯性力，KN；

μ——摩擦系数，按下表取值。

μ 的值按表 1－22 取。当货物与车地板间加有垫木或衬垫时，应取货物与垫木或衬垫间及垫木或衬垫与车地板间摩擦系数较小者计算。

表 1－22　　**铁路常用摩擦系数**

摩擦接触面	μ 的取值	摩擦接触面	μ 的取值
木与木	0.45	橡胶垫与木	0.60
木与钢板	0.40	橡胶垫与钢板	0.50
木与铸钢	0.60	稻草绳把与钢板	0.50
钢板与钢板	0.30	稻草绳把与钢板	0.55
履带走行机械与车辆木地板	0.70	稻草帘与钢板	0.44
橡胶轮胎与车辆木地板	0.63	草支垫与钢板	0.42

在计算纵向摩擦力的公式中，没有考虑垂直惯性力这个影响因素。因为作用于货物上的纵向惯性力的最大值是在调车作业过程中车辆冲撞时产生的。在这种情况下，垂直惯性力的值很小，可以忽略不计，作用于货物上的横向力的最大值，是在重车行经曲线或通过侧向道岔时产生的，在这种情况下，垂直惯性力的值较大，当其方向同上时，能使摩擦力显著减小，而且横向水平移动比纵向移动更为危险（因为货物重心横向位移不得超过100mm），所以在计算横向摩擦力的公式中，考虑了垂直惯性力这个不利因素对摩擦力的影响。

由此可见，列车在运行中，货物将受到上述各种力的作用，这几种力并非单独作用于货物上，而往往是几种力同时作用于货物上。几种力中纵向惯性力、横向惯性力、垂直惯性力和风力都是破坏力，对货物的稳定性起破坏作用，而摩擦力对货物起着稳定作用，所以当有益的力不能抵消破坏力时，货物就不稳定，则需加固。

【例 1－25】钢结构货物一件，重 28t，长 3.5m，宽 2.8m，高 2.4m，货物均匀对称顺装，装后重心位于货件纵、横中心线交点所在垂线上，距其支重面高度为 1m。拟用标重为 60t 的 N_{16} 一辆装载，试计算作用于运行中货物上的各种力的大小。

【解】货物重心落到车辆中央，所以 a＝0。货物与车地板为木与铸钢，摩擦系数取 0.6。N_{16} 型平车自重 19.7t。

1. 纵向惯性力

因为N_{16}型车车地板为木底，货物也为木质，所以加固方式拟用柔性加固。由式（1-28）和式（1-30）得

$$T=t_0Q=（0.0012Q_{总}{}^2-0.32Q_{总}+29.85）Q$$

$$=[0.0012×（28+19.7）^2-0.32×（28+19.7）+29.85]×28$$

$$=484.86（KN）$$

2. 横向惯性力

因为a=0，所以由式（1-31）和（1-32）得：

$$N=n_0Q=（2.82+2.2\frac{a}{l}）Q=2.82×28=78.96（KN）$$

3. 垂直惯性力

因为采用的是平车装运，所以由式（1-33）和式（1-34）得：

$$Q_{垂}=q_{垂}Q=（3.54+3.78\frac{a}{l}）Q=3.54×28=99.12（KN）$$

4. 风力

因为货物侧向受风的投影面积为3.5m×2.4m的平面，q取0.49KN/m²，所以由式（1-36）

得：

$$W=qF=0.49×3.5×2.4=4.116（KN）$$

5. 摩擦力

因为N_{16}型平车车地板为木底，货物为铸钢，所以查表1-21，μ取0.6，由式（1-37）和式（1-38）得：

$$F_{纵摩}=9.8\mu Q=9.8×0.6×28=164.64（KN）$$

$$F_{横摩}=\mu（9.8Q-Q_{垂}）=0.6×（9.8×28-99.12）=105.168（KN）$$

【例1-26】重80t，长7m，直径为3000mm的圆柱形钢制货物一件，货物下部有凹形垫木，使用D_{10}（自重36t，载重90t）一辆均衡装载，货物重心投影落在车地板中央。试计算作用于货物上的力。

【解】采用横向卧装（圆柱体的中轴线沿车辆横向卧装）。D_{10}型车车地板为钢质，货物也是钢制，故拟采用刚性加固，货物下部有木质垫木，取$\mu=0.4$。货物侧向迎风面的投影面积为3m×7m的长方形。各种力的数值计算如下：

1. 纵向惯性力

$$T=t_0Q=（26.69-0.13Q_{总}）Q$$

$$=[26.69-0.13（36+80）]×80$$

$$=928.8（KN）$$

2. 横向惯性力

货物重心投影落在车地板中央，a=0。

$N=n_0Q=(2.82+2.2\frac{a}{l})Q=2.82\times80=225.6$（KN）

3. 垂直惯性力

采用的是长大货物车装载。

$Q_{垂}=q_{垂}Q=(4.53+7.84\frac{a}{l})Q=4.53\times80=362.4$（KN）

4. 风力

因为货物侧向受风面为圆柱体，故 q 取 $0.245KN/m^2$。

$W=qF=0.245\times3\times7=5.145$（KN）

5. 摩擦力

$F_{纵摩}=9.8\mu Q=9.8\times0.4\times80=313.6$（KN）

$F_{横摩}=\mu(9.8Q-Q_{垂})=0.4\times(9.8\times80-362.4)=168.64$（KN）

知识点十　货物稳定性检验

列车在运行时，车上所装货物将受到多种外力的作用，这些外力中除摩擦力和重力是稳定力外，其余均为不稳定力，在对货物进行加固之前，必须要先检验货物在受到这些外力作用时的稳定情况。若不稳定，则需加固。

货物不稳定，主要发生在倾覆、水平移动和滚动三个方面。下面将分别叙述货物在这三个方面的稳定性检验方法。

检验货物的稳定性是通过稳定系数来确定的。由于货物所受五种外力的作用点和作用方向不同，所以，我们是通过力矩（力）来计算稳定系数的。

稳定系数是指稳定力产生的稳定力矩（力）与不稳定力产生的不稳定力矩（力）的比值，该比值通常为 1.25（或 1）。

一、倾覆方面稳定性的检验

当货物不进行任何加固时，货物在纵向上将受到纵向惯性力的作用，若货物重力形成的稳定力矩与纵向惯性力形成的纵向倾覆力矩（不稳定力矩）之比不能达到稳定条件，则货物就会发生纵向倾覆。

由图 1－47 可见，货物免于纵向倾覆的稳定条件应为：

$$\eta_{纵倾}=\frac{9.8Qa}{Th}\geqslant1.25 \tag{1-39}$$

式中，a——货物重心所在横向垂直平面至货物纵向倾覆点之间的距离，mm；

T——货物的纵向惯性力，KN；

h——货物重心自倾覆点所在水平面起算的高度，mm；

Q——货物重量，t。

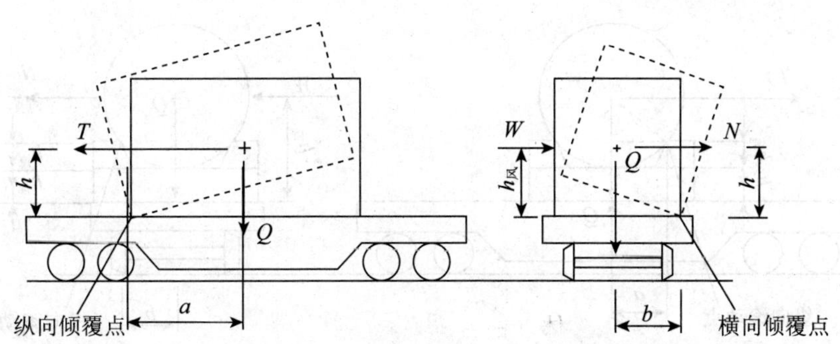

图 1-47 车辆在运行中货物的倾覆趋势示意图

货物在横向上受到横向惯性力和横向风力的作用，若重力形成的稳定力矩与横向惯性力和风力形成的横向倾覆力矩之比不能达到稳定条件，则货物就会发生横向倾覆。

同理，货物免于横向倾覆的稳定条件应为：

$$\eta_{横倾}=\frac{9.8Qb}{Nh+Wh_{风}}\geqslant 1.25 \tag{1-40}$$

式中，b——货物重心所在纵向垂直平面至货物横向倾覆点之间的距离，mm；

N——货物的横向惯性力，KN；

W——货物的风力，KN；

$h_{风}$——风力合力作用点自横向点所在的水平面起算的高度，mm。

【例 1-27】 钢结构货物一件，重 28t，长 3.5m，宽 2.8m，高 2.4m，货物重心高 2.2m，拟用标重 60t 的 N_{16} 型平车一辆装载，货物均匀顺装，装后货物重心投影落在车地板的中央处。试确定货物是否会发生倾覆。

【解】 木地板平车，拟用柔性加固，经计算得知：纵向惯性力 $T=484.86$KN，横向惯性力 $N=78.96$KN，风力 $W=4.1$KN；$a=3.5/2=1.75\text{m}=1750\text{mm}$，$b=2.8/2=1.4\text{m}=1400\text{mm}$，$h=2.2/2=1.1\text{m}=1100\text{mm}$。

纵向倾覆的稳定系数：

$$\eta_{纵倾}=\frac{9.8Qa}{Th}=\frac{9.8\times 28\times 1750}{484.86\times 1100}=0.9<1.25$$

横向倾覆的稳定系数：

$$\eta_{横倾}=\frac{9.8Qb}{Nh+Wh_{风}}=\frac{9.8\times 28\times 1400}{78.96\times 1100+4.1\times 1000}=4.2>1.25$$

稳定性检验结果表明，货物在纵向需要加固，在横向不会发生倾覆。

二、滚动方面稳定性的检验

圆柱形货物、球形货物以及带轮货物等，装车后如不进行加固，在运送过程中受到各种力的作用就特别容易发生滚动，所以，必须使用掩木、三角木或其他加固材料进行加固，如图 1-48 所示。

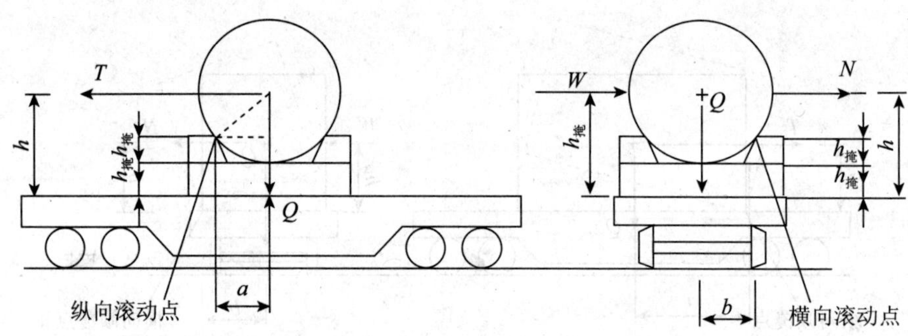

图 1-48　货物在车地板上滚动趋势示意图

货物免于滚动的条件为：

在纵方向：　$\eta_{纵滚}=\dfrac{稳定力矩}{纵向滚动力矩}=\dfrac{9.8Qa}{T(R-h_{掩})}\geqslant 1.25$　(1-41)

在横方向：　$\eta_{横滚}=\dfrac{稳定力矩}{横向滚动力矩}=\dfrac{9.8Qb}{(N+W)(R-h_{掩})}\geqslant 1.25$　(1-42)

式中，a、b——货物重心所在横向（a）或纵向（b）垂直平面至三角挡（或掩木）与货物接触点之间距离，mm；

R——货物或轮子半径，mm；

$h_{掩}$——掩木或三角挡与货物接触点自货物或轮子最低点所在水平面起算的高度，mm。

根据图 1-48 所示，式中 a、b 可用下式计算：

$$a=\sqrt{R^2-(R-h_{掩})^2}\text{或}b=\sqrt{R^2-(R-h_{掩})^2}$$

若既使用掩木又使用凹木，则 a、b 用下式计算：

$$a=\sqrt{R^2-(R-h_{掩}-h_{凹})^2}\text{或}b=\sqrt{R^2-(R-h_{掩}-h_{凹})^2}$$

如果稳定系数小于 1.25，表明所使用的掩木或三角挡高度不够，应同时采用其他加固措施。

【例 1-28】 圆柱形钢制货物一件，重 42t，直径 3m，长 14.8m，货物本身带有长 3m，宽 200mm，高 220mm 的横垫木两根，横垫木的凹形切口深度为 50mm，在横垫木上加有高度为 100mm 的掩木。试检验该货物在滚动方面的稳定性。

【解】 设使用 N_{16} 型 60t 平车一辆，一端平齐一端突出装载，自重为 19.7t，车长 13m，销距 9.3m，加挂同型号 N_{16} 一辆作为游车。需要使货物重心偏离车辆横中心线的距离为 (14.8-13) /2=0.9m，

计算力值：

$N=n_0Q=(2.82+2.2\dfrac{a}{l})Q=(2.82+2.2\times0.9/9.3)\times42=127.38$ (KN)

$W=qF=0.245\times3\times14.8=10.88$ (KN)

这件货物长度较大，不可能产生纵向倾覆，为了防止横向滚动，加了掩木进行加

固，则：

横向滚动的稳定系数为：

$$b=\sqrt{R^2-(R-h_{掩}-h_{凹})^2}=\sqrt{1500^2-(1500-100-50)^2}=654\ (\text{mm})$$

$$\eta_{横滚}=\frac{9.8Qb}{(N+W)(R-h_{掩}-h_{凹})}=\frac{9.8\times42\times654}{(127.38+10.88)\times(1500-100-50)}=1.44>1.25$$

检验结果表明，这件货物连同其横垫木一起在横向免于滚动。

三、水平移动方面稳定性的检验

当纵向惯性力大于纵向摩擦力时，货物会产生纵向水平移动；当横向力和风力之和大于横向摩擦力时，货物会产生横向水平移动，因而必须进行加固。加固材料所承受的力，按式（1-43）和（1-44）计算：

在纵方向：　$\Delta T=T-F_{纵摩}$　（1-43）

在横方向：　$\Delta N=1.25(N+W)-F_{横摩}$　（1-44）

ΔT、$\Delta N>0$ 则表明货物水平移动方面不稳定，需要加固。由于货物横向位移的危险性较大，并且横向力的最大值是当重车以比较高的速度在曲线上运行时产生的，为了确保安全，在考虑横向加固时，将横向力和风力之和加大了 25%，以增加横向的加固强度。

【例 1-29】 圆柱形钢制货物一件，重 42t，直径 3m，长 14.8m，货物本身带有长 3m，宽 200mm，高 220mm 的横垫木两根，横垫木的凹形切口深度为 50mm，在横垫木上加有高度为 100mm 的掩木。试检验该货物在水平移动方面的稳定性。

【解】 设使用 NX_{17B} 木地板平车装载货物，可一车装载。该车自重 22.4t，载重 61t，车长宽 15400mm×2960mm。

计算力值：

$$N=n_0Q=\left(2.82+2.2\frac{a}{l}\right)Q=2.82\times42=118.44\ (\text{KN})$$

$$W=qF=0.245\times3\times14.8=10.88\ (\text{KN})$$

$$T=t_0Q=(26.69-0.13Q_{总})Q=[26.69-0.13\times(42+22.4)]\times42=769.36\ (\text{KN})$$

$$Q_{垂}=q_{垂}Q=\left(4.53+7.84\frac{a}{l}\right)Q=190.29\ (\text{KN})$$

$$F_{纵摩}=9.8\mu Q=9.8\times0.45\times42=185.22\ (\text{KN})$$

$$F_{横摩}=\mu(9.8Q-Q_{垂})=0.45\times(9.8\times42-190.29)=99.59\ (\text{KN})$$

纵向水平移动的稳定性：$\Delta T=T-F_{纵摩}=769.36-185.22=584.14\ (\text{KN})>0$

横向水平移动的稳定性：$\Delta N=1.25(N+W)-F_{横摩}$

$$=1.25\times(118.44+10.88)-99.59$$

$$=62.06\ (\text{KN})>0$$

检验结果表明，货物连同其横垫木一起有可能在车地板上发生纵、横方向的水平移动。

从上述三个方面对货物的稳定性进行检查，如其结果表明不能满足稳定性条件，则应进行必要的加固，以保证货物的运行安全。在稳定性检查的基础上，选择加固方法和加固材料，并对加固材料进行强度验算。

对于有平支承面的货物、圆柱形货物、带轮货物和轻浮货物应使用不同的加固方式，各类货物根据其不稳定状态选择合适的加固材料，具体如表 1－23 所示。

表 1－23　加固材料的适用范围

货物种类	防止货物不稳定状态	可使用的加固材料
有平支承面的货物	纵向或横向倾覆	拉牵铁线、绞棍、钢丝绳、紧固器、拉杆
	纵向或横向位移	挡木、拉牵铁线、绞棍、钢丝绳、紧固器、钉子或扒锔钉
圆柱形货物	纵向或横向滚动	凹形垫木、掩木、三角挡、钉子或扒锔钉
	顺装时纵向位移	拉牵铁线、钢丝绳、横腰箍、绞棍、紧固器
	横装时横向位移	拉牵铁线、钢丝绳、绞棍、紧固器、挡木、钉子或扒锔钉
带轮货物	纵向或横向滚动	三角挡、掩木、拉牵铁线、钢丝绳、绞棍、紧固器、钉子或扒锔钉、轮挡
	纵向或横向位移	挡木、拉牵铁线、钢丝绳、绞棍、紧固器、钉子或扒锔钉
轻浮货物	倒塌	支柱（侧、端）、铁线、绳子、绳网、U 形钉

知识点十一　常用加固方法的强度计算

为了保证运输安全，当检验出货物不稳定，要发生倾覆、水平移动和滚动现象时，需对货物进行加固。同时，为了制定一个经济、合理的加固方案，有必要对加固材料的强度及数量进行计算，下面介绍几种实际工作中常用的加固材料强度及数量的计算方法。

一、铁线、盘条和钢丝绳拉牵加固

铁线、钢丝绳常用于对货物进行加固，用以防止其产生移动、滚动或倾覆。拉牵加固使用铁线、钢丝绳加固货物，拉牵线与车地板形成一个夹角 α，拉牵线形成垂直分力、纵向水平分力和横向水平分力，这三个分力分别承受纵向惯性力和横向惯性力，起着使货物不发生倾覆、滚动和水平移动的稳定作用。

平底货物使用铁线、钢丝绳拉牵加固如图 1－49 所示。

拉牵绳需加固的力 $S_{拉}$ 分解出的三个分力与其关系为：

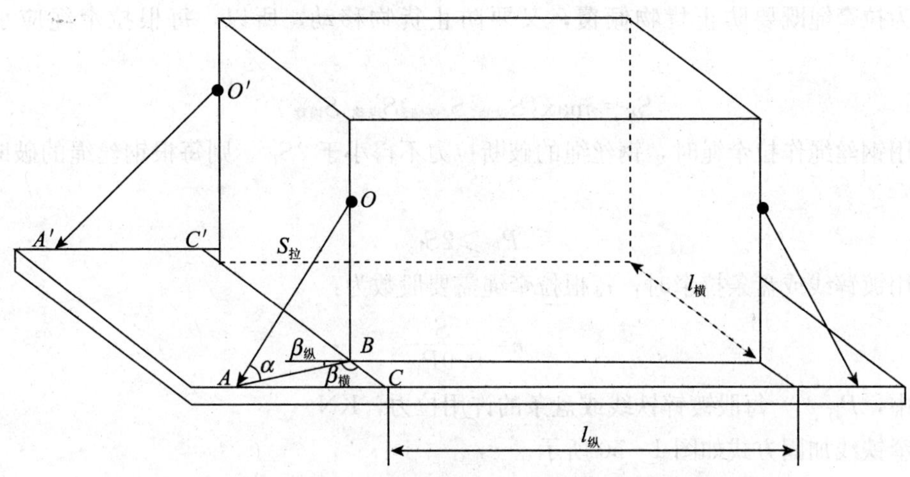

图 1-49　平底货物使用铁线、钢丝绳拉牵加固示意图

注：B 为 O 点在车地板上的投影；BC 为 O 点所在纵向垂直平面至车辆边线的距离；α 为拉牵绳与车地板的夹角；$\beta_{纵}$ 为拉牵绳的水平投影与纵向水平分力在车地板投影的夹角；$\beta_{横}$ 为拉牵绳的水平投影与横向水平分力在车地板投影的夹角。

$$AO=\sqrt{AC^2+BO^2+BC^2}$$

当同一方向有 n 根拉牵绳时，每根承受的拉力可按下式计算：

1. 防止纵向移动时

$$S_{纵移}=\frac{\Delta T}{nAC}\sqrt{AC^2+BO^2+BC^2} \tag{1-45}$$

2. 防止横向移动时

$$S_{横移}=\frac{\Delta N}{nBC}\sqrt{AC^2+BO^2+BC^2} \tag{1-46}$$

3. 防止纵向倾覆时

$$S_{纵倾}=\frac{1.25Th-9.8Qa}{n\ (l_{纵}+AC)\ BO}\sqrt{AC^2+BO^2+BC^2} \tag{1-47}$$

4. 防止横向倾覆时

$$S_{横倾}=\frac{1.25(Nh+Wh_{风}-9.8Qb)}{n\ (l_{横}+BC)\ BO}\sqrt{AC^2+BO^2+BC^2} \tag{1-48}$$

式中，n——同一方向采用的拉牵绳根数；

$l_{纵}$——货物纵向倾覆点至拉牵绳在货物上拴结点所在横向垂直平面间的距离，mm；

$l_{横}$——货物横向倾覆点至拉牵绳在货物上拴结点所在纵向垂直平面间的距离，mm；

h——货物重心自倾覆点所在水平面起算的高度，mm；

$h_{风}$——风力合力作用点自倾覆点所在水平面起算的高度，mm。

因为拉牵绳既要防止货物倾覆，又要防止货物移动，所以，每根拉牵绳应承受的力为：

$$S_{拉}=\max\{S_{纵倾}, S_{横倾}, S_{纵移}, S_{横移}\}$$

选用钢丝绳作拉牵绳时，钢丝绳的破断拉力不得小于 $2S_{拉}$。则每根钢丝绳的破断拉力应为：

$$P_{破}\geqslant 2S_{拉}$$

选用镀锌线或盘条拉牵时，每根拉牵绳需要股数为：

$$n=\frac{S}{0.9P_{许}}$$

式中，$P_{许}$——每股镀锌铁线或盘条的许用拉力，KN。

拉牵铁线加固方式如图 1－50 所示。

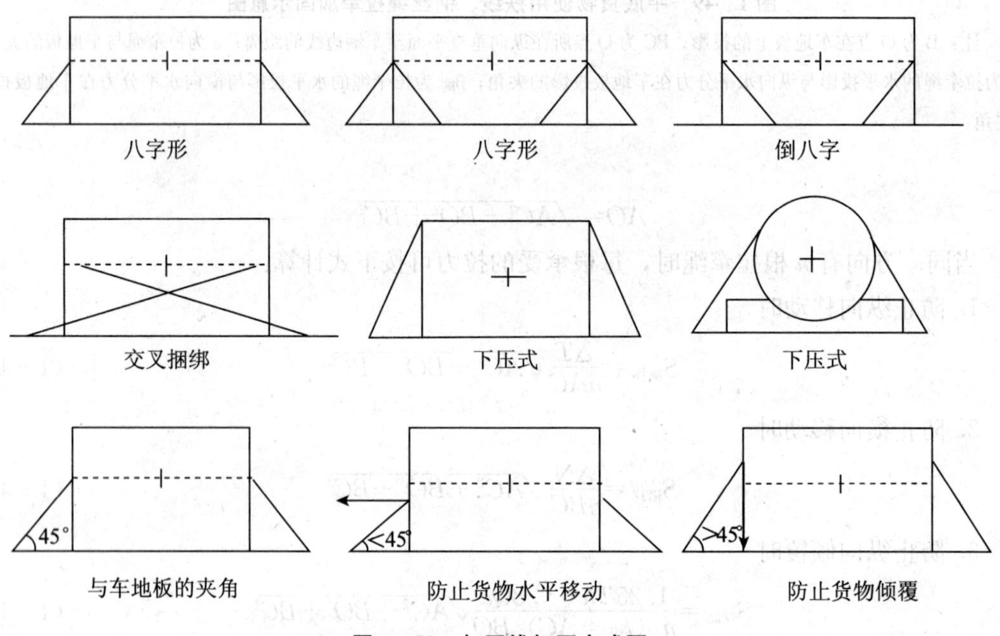

图 1－50　加固线加固方式图

使用镀锌铁线、钢丝绳加固货物的注意事项：

(1) 使用镀锌铁线、钢丝绳捆绑加固货物，应依据所加固货物的拴结点情况，尽量考虑对称拉牵；

(2) 弹性变形较大，抗拉能力较小的镀锌铁线，不宜作为重量较大货物捆绑加固用，一般当计算所需的单道拉牵镀锌铁线在 14 股以上时，应改用钢丝绳加固；

(3) 拉牵绳与车地板的夹角一般应接近 45°。若捆绑加固主要用于防止货物水平移动，拉牵绳与车地板的夹角可小于 45°，若主要用于防止货物倾覆，拉牵绳与车地板的夹角应适当大于 45°；

(4) 多股镀锌铁线拉牵加固时，需用绞棍绞紧，绞棍应置于拉牵铁线的中部，绞紧适度，不得过紧过松。绞棍留用时须固定，不留用时须采取措施防止铁线回松；

(5) 使用钢丝绳捆绑加固货物时，所用紧固装置的强度和规格需与之匹配；

(6) 多股小直径钢丝绳捆绑加固货物时，两端绳头用钢丝绳夹头正反扣紧固定后，应用铁质绞棍绞紧，在此种情况下，绞棍必须留用并予以固定。

二、腰箍下压加固

腰箍主要是用于加固圆柱形货物或带轮子的货物。特别是用于防止顺向卧装的圆柱形货物发生滚动，也可用来加固箱形货物。

利用腰箍加固货物，主要是利用腰箍的拉力，增大货物对垫木（或垫木对车地板）的正压力，以增加摩擦力，防止货物移动。

采用腰箍加固货物，每道腰箍应承受的力的计算如下。

（一）顺向卧装圆柱形货物的加固

腰箍加固圆柱形货物如图 1-51 所示。顺向卧装的圆柱形货物可能发生的是横向滚动，防止货物横向滚动，加固的力为腰箍的垂直分力，每道腰箍应承受的力 $P_{腰}$ 表示为：

$$P_{横滚}=\frac{1.25\ (N+W)\ (R-h_{掩}-h_{凹})\ -9.8Qb}{2nb\cos\gamma} \tag{1-49}$$

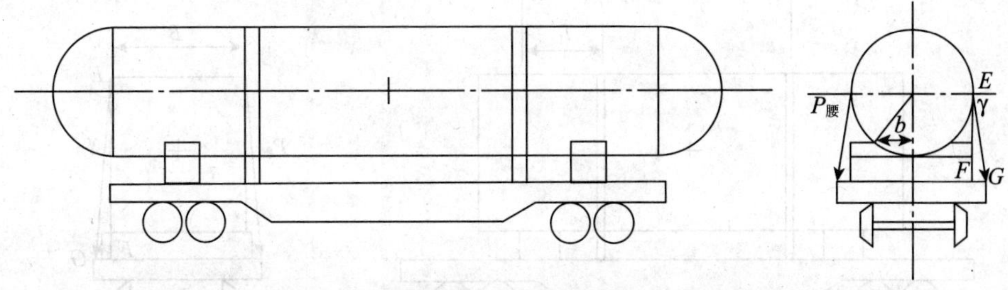

图 1-51　腰箍下压加固圆柱形货物示意图

注：$P_{腰}$ 为下压腰箍需加固的力；E 为下压腰箍与圆柱形货物的切点；EF 为 E 到车地板的距离；EG 为 E 到货物拴结点的距离；γ 为腰箍两端拉直部分与车辆纵向垂直平面间的夹角；$\cos\gamma$ 为 EF/EG。

对该件货物，腰箍还起防止货物发生移动的作用。

防止货物纵向水平移动，加固的力为腰箍的垂直分力和纵向摩擦力，$P_{腰}$ 表示为：

$$P_{纵移}=\frac{T-F_{纵摩}}{2n\mu\cos\gamma} \tag{1-50}$$

防止货物横向水平移动，加固的力为腰箍的垂直分力和横向摩擦力，$P_{腰}$ 表示为：

$$P_{横移}=\frac{1.25\ (N+W)\ -F_{横摩}}{2n\mu\cos\gamma} \tag{1-51}$$

式中，n——采用的下压腰箍根数；

μ——货物与横垫木、横垫木与车地板或货物与车地板间的摩擦系数，取其较小者；

$h_{掩}$——掩木或三角挡与货物接触点的高度，mm；

R——货物的半径，mm；

$h_{凹}$——横垫木或鞍座凹部深度，mm；

Q——货物重量，t；

b——重心所在纵向垂直平面至货物与掩木或三角挡接触点之间的距离，mm；

γ——腰箍两端拉直部分与车辆纵向垂直平面间的夹角。

采用腰箍加固后，既可防止货物发生滚动，又可防止货物发生移动，故每道腰箍应承受的力为：

$$P_{腰} \geqslant \max\{P_{横滚}, P_{纵移}, P_{横移}\} \text{(KN)}$$

（二）箱形货物的加固

当箱形货物无拴结点时，可采用腰箍加固，如图 1-52 所示，腰箍可防止箱形货物发生倾覆和移动。防止货物纵向倾覆，加固的力为腰箍在垂直方向的分力，每道腰箍应承受的力 $P_{腰}$ 表示为：

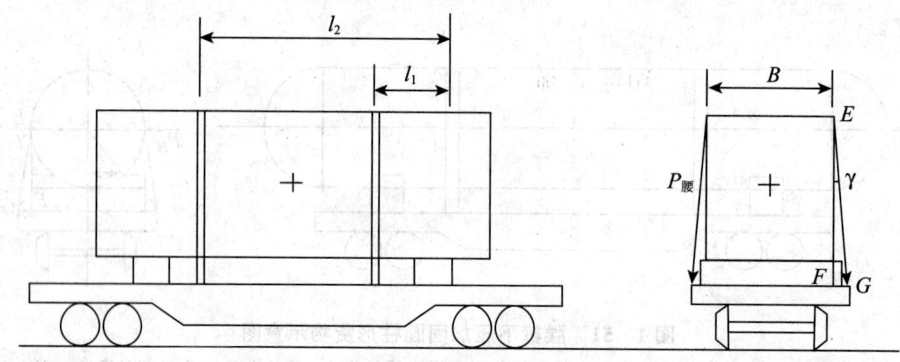

图 1-52　腰箍加固箱形货物示意图

注：$P_{腰}$ 为下压腰箍需加固的力；E 为下压腰箍与货物的接触点；EF 为 E 到车地板的距离；EG 为 E 到货物拴结点的距离；γ 为下压腰箍与 E 点所在纵向垂面的夹角。

$$P_{纵倾} = \frac{1.25Th - 9.8Qa}{2\dfrac{EF}{EG}(l_1 + l_2 + \cdots + l_n)} \qquad (1-52)$$

防止货物横向倾覆，加固的力为腰箍在垂直方向的分力，每道腰箍应承受的力 $P_{腰}$ 表示为：

$$P_{横倾}=\frac{1.25(Nh+Wh_{风})-9.8Qb}{n\dfrac{EF}{EG}B} \tag{1-53}$$

式中，n——采用的下压腰箍根数；

a、b——货物重力的稳定力臂，mm；

l_1，l_2，…，l_n——每道腰箍所在横向垂直平面至货物纵向倾覆点之间的距离，mm；

B——货物的宽度，mm。

防止货物纵向、横向水平移动同式（1-50）和式（1-51）。

采用腰箍加固后，既可防止货物倾覆，又可防止货物发生移动，故每道腰箍应承受的力为：

$$P_{腰}\geqslant\max\{P_{纵倾}，P_{横倾}，P_{纵移}，P_{横移}\}$$

腰箍既可用钢丝绳制作，又可用扁钢带制作。一般加固方形货物多用钢丝绳。

若用钢丝绳作腰箍，钢丝绳的破断拉力应不低于 $2P_{腰}$；若用扁钢带作腰箍，扁钢带的断面积应为：

$$F\geqslant\frac{10P_{腰}}{[\delta]} \tag{1-54}$$

式中，$[\delta]$——扁钢带的许用应力，MPa，普通碳素钢许用应力$[\delta]$取 140MPa。

使用腰箍加固货物的注意事项：

（1）货物必须能够承受腰箍的压力。

（2）腰箍在整个运输过程中，必须处于紧固状态，如松动将失去加固作用，且紧固部件的强度必须与腰箍的强度相匹配。

（3）货物与腰箍间应加防磨衬垫。

三、挡木阻挡钉固

挡木主要用于防止货物发生移动，其强度取决于挡木的根数和挡木上的钉子数量。钉子的数量计算如下：

防止货物纵向移动：
$$I_{纵}=\frac{T-F_{纵摩}}{nS_{钉}} \tag{1-55}$$

防止货物横向移动：
$$I_{横}=\frac{1.25(N+W)-F_{横摩}}{nS_{钉}} \tag{1-56}$$

式中，I——钉子的数量；

n——挡木根数；

$S_{钉}$——钉子的容许载荷，KN。

四、焊接加固

当用铁地板长大货物车装运的货物，可以采用在货物周围加焊钢挡的方法防止货物移

动。在货物同一端或同一侧加焊钢挡的数量取决于需要钢挡承受的力 ΔT 或 ΔN，在同一端（或同一侧）可以焊一个、两个或三个、四个钢挡。钢挡的加固强度取决于钢挡与车地板间的焊缝长度。

同一端（或同一侧）焊 n 个钢挡时，每个钢挡需要的焊缝长度 I 可按下式计算：

防止纵向移动： $$I_{纵} \geqslant \frac{10\Delta T}{0.7nK[\tau]} \tag{1-57}$$

防止横向移动： $$I_{横} \geqslant \frac{10\Delta N}{0.7nK[\tau]} \tag{1-58}$$

式中，$I_{纵}$——防止纵向位移的焊缝长度，cm；

$I_{横}$——防止横向位移的焊缝长度，cm；

K——焊缝高度，cm；

ΔT——纵向需加固的力，KN；

ΔN——横向需加固的力，KN；

$[\tau]$——焊缝的许用剪切应力，MPa，一般取 60～70MPa。

知识点十二　阔大货物装载加固计算实例

【例 1-30】铝罐的装载加固（如图 1-53 所示）。

铝罐一件，重 19t，长 16000mm，直径 3300mm，重心高 1650mm，确定其装载加固方案。

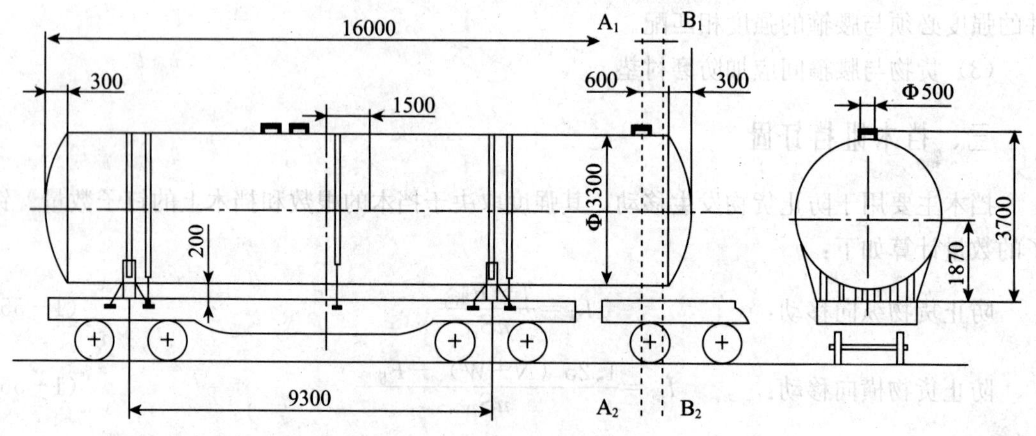

图 1-53　铝罐装载加固示意图

【解】

1. 确定货物装载方案

(1) 装载方案

采用一车负重，一端平齐、一端突出，加挂一辆游车的方法装运。货物与 2 个凹型钢支

座固定为一体，钢支座的规格为：长2600mm，宽280mm，凹部高220mm。货物支座置于负重车枕梁上方。负重车和游车均采用N_{60}型木地板平车，其自重18t，载重60t，车长13m，车宽3m，车地板距轨面高1170mm，销距9300mm，轴距1700mm，空车重心高715mm。

货物重心投影落在负重车纵中心线上，距负重车横中心线$\frac{16000-13000}{2}=1500$（mm）。

货物重心最大容许偏移量：

因，$P_{容}-Q=60-19=41$（t）＞10

故，$a_{容}=\frac{5}{Q}l=\frac{5}{19}\times 9300=2447$（mm）＞1500（mm），符合要求。

（2）验算支座高度

$a=\frac{13000-9300-1700}{2}+16000-13000-300=3700$（mm）

$H_{垫}=0.031a+h_{车差}+f+80=0.031\times 3700+0+0+80=195$（mm）

支座凹部高度为220（mm）＞195（mm），满足要求。

（2）计算重车重心高

$H=\frac{Q_{车}\ h_{车}+Qh}{Q_{车}+Q}=\frac{18\times 715+19\times(1650+220+1170)}{18+19}$

$=1909$（mm）＜2000（mm）

不限速。

（3）检查货物是否超限

中心高3500＋220＋1170＝4890（mm）处，半宽为250（mm）。

第一侧高1650＋220＋1170＝3040（mm）处，半宽为1650（mm）。

在中心高和第一侧高处，$\frac{2x}{l}$均大于1.4，故应计算$X_{外}$，检定断面分别位于A_1A_2、B_1B_2处。

中心高处$X_{外}=B+C_{外}+K-36$

其中，$x=\frac{13000}{2}+16000-13000-300-600+\frac{500}{2}=8850$（mm）

$C_{外}=\frac{(2x)^2-l^2}{8R}=\frac{(2\times 8850)^2-9300^2}{8\times 300\times 10^3}=95$（mm）

$K=75\left(\frac{2x}{l}-1.4\right)=75\left(\frac{2\times 8850}{9300}-1.4\right)=38$（mm）

$X_{外}=250+95+38-36=347$（mm）

第一侧高处

$x=\frac{13000}{2}+16000-13000-300=9200$（mm）

$C_{外}=\frac{(2x)^2-l^2}{8R}=\frac{(2\times 9200)^2-9300^2}{8\times 300\times 10^3}=105$（mm）

$K=75\left(\frac{2x}{l}-1.4\right)=75\left(\frac{2\times9200}{9300}-1.4\right)=43$（mm）

$X_{外}=1650+105+43-36=1762$（mm）

查《超规》附表，在中心高 4890mm 处为一级超限，在第一侧高 3040mm 处为一级超限。所以，货物为一级超限。

2. 运输过程中作用于货物的各种力

（1）纵向惯性力

N_{60}为木地板平车，只能采用柔性加固，

则 $T=t_0Q=（0.0012Q_{总}{}^2-0.32Q_{总}+29.85）Q$

$=[0.0012\times（19+18）^2-0.32\times（19+18）+29.85]\times19$

$=373$（KN）

（2）横向惯性力

$N=n_0Q=（2.82+2.2\frac{a}{l}）Q$

$=（2.82+2.2\times\frac{1500}{9300}）\times19$

$=60$（KN）

（3）垂直惯性力

$Q_{垂}=q_{垂}\ Q=（3.54+3.78\frac{a}{l}）Q$

$=（3.54+3.78\times\frac{1500}{9300}）\times19$

$=79$（KN）

（4）风力

$W=qF=0.245\times16\times3.3=13$（KN）

（5）摩擦力

$F_{纵摩}=9.8\mu Q=9.8\times0.4\times19=74$（KN）

$F_{横摩}=\mu（9.8Q-Q_{垂}）=0.4\times（9.8\times19-79）=43$（KN）

3. 验算货物的稳定性

（1）货物倾覆的稳定系数

在纵向 $\eta=\frac{9.8Qa}{Th}=\frac{9.8\times19\times（\frac{9300}{2}-1500）}{373\times1870}=0.84<1.25$

在横向 $\eta=\frac{9.8Qb}{Nh+Wh_{风}}=\frac{9.8\times19\times\frac{2600}{2}}{60\times1870+13\times1870}=1.77>1.25$

所以，货物在纵向需要加固，在横向不会发生倾覆。

（2）货物水平移动的稳定性

在纵向 $\Delta T=T-F_{纵摩}=373-74=299$（KN）$>0$

在横向 $\Delta N=1.25(N+W)-F_{横摩}=1.25\times(60+13)-43=48(KN)>0$

所以，货物在纵向、横向都会发生水平移动。

4. 确定加固方法和加固材料

在每个支座附近及负重车中部各下压加固 1 道，共 3 道。

$$\alpha=\arcsin\frac{OF}{OK}=\arcsin\frac{OF}{\sqrt{HK^2+OH^2}}=\arcsin\frac{R}{\sqrt{\left(\frac{B_{车}}{2}\right)^2+(R+h_{垫})^2}}$$

$$=\arcsin\frac{1650}{\sqrt{1500^2+(1650+220)^2}}=43.5°$$

$$\beta=\arcsin\frac{OH}{OK}=\arcsin\frac{OH}{\sqrt{HK^2+OH^2}}=\arcsin\frac{R+h_{垫}}{\sqrt{\left(\frac{B_{车}}{2}\right)^2+(R+h_{垫})^2}}$$

$$=\arcsin\frac{1650+220}{\sqrt{1500^2+(1650+220)^2}}=51°$$

由图 1 - 54 可知，$\gamma=\alpha+\beta-90°=43.5°+51°-90°=4.5°$

每道腰箍应承受的拉力：

（1）防止纵向倾覆时

$$P_{纵倾}=\frac{1.25Th-9.8Qa}{2(l_1+l_2+\cdots+l_3)\cos\gamma}$$

$$=\frac{1.25\times373\times1870-9.8\times19\times(\frac{9300}{2}-1500)}{2\times(0+\frac{9300}{2}+9300)\times0.998}=10.28(KN)$$

（2）防止纵向或横向移动时

$$P_{移}=\frac{\max\{\Delta T,\ \Delta N\}}{2n\mu\cos\gamma}=\frac{299}{2\times3\times0.4\times0.9980}=125(KN)$$

所以，每道腰箍应承受的拉力为：

$P\geqslant\max\{P_{纵倾},\ P_{移}\}=\max\{10.28,\ 125\}=125(KN)$

若选用扁钢带作腰箍，扁钢带的断面积：

$$F\geqslant\frac{10P_{腰}}{[\delta]}=\frac{10\times125}{140}=8.93(cm^2)$$

使用厚度为 0.5cm 的扁钢，则其宽应为 17.86cm。

若选用钢丝绳作腰箍，查表可知应选用 Φ24mm 的钢丝绳，其许用拉力为 147.5KN，破断拉力为 295KN，才能满足要求。

由于单独使用腰箍时其受力较大，还可考虑在每个钢支座两侧各用扒锔钉钉固并用盘条八字形拉牵加固的方式，将货物与支座加固为一整体，再使用腰箍加固的方法。

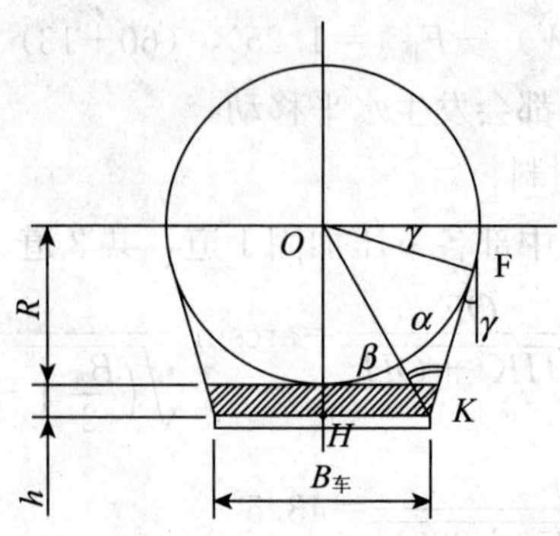

图 1－54　γ 角计算图

【例 1－31】桥式起重机主梁的装载加固（如图 1－55 所示）。

桥式起重机一件，重 36t，长 34000mm，宽 2100mm，高 2600mm，重心高 1350mm 处货物底面宽 1800mm，确定其装载加固方案。

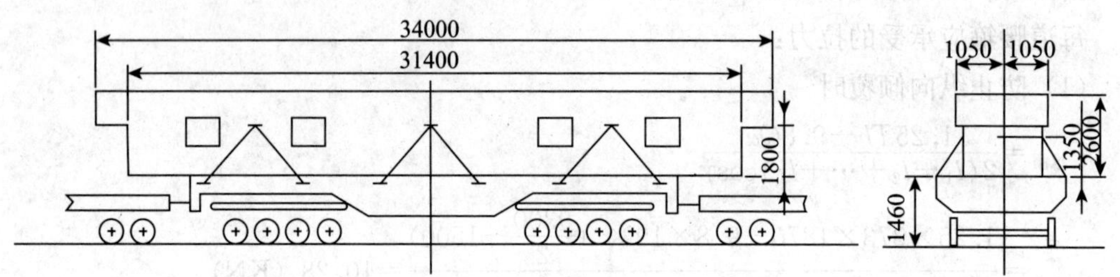

图 1－55　桥式起重机主梁装载加固图（单位：mm）

【解】

1. 确定货物装载方案

（1）装载方案

采用 D_{22} 型 8 轴木地板长大平车一车负重，两端均衡突出，各加挂一辆 N_{16} 型平车作游车。货物直接装在车地板上，其重心投影落在负重车纵、横中心线的交叉点上。

选用车辆技术参数如下：

D_{22} 自重 41.4t，载重 120t，车长 25m，车宽 3m，车地板距轨面高 1460mm，空车重心高 770mm，底架心盘中心距 $L_1=17800$mm、$L_2=2960$mm，轴距 1750mm。

N_{16} 自重 18.4t，载重 65t，车长 13m，车宽 3m，车地板距轨面高 1210mm。

（2）验算货物底部与游车之间的距离是否满足要求

$h_垫=0.031a+80=0.031\times4445+80=218$（mm）

$a=\dfrac{25000-17800-2960-1750}{2}+\dfrac{31400-25000}{2}=4445$（mm）

货物底部与游车之间的实际距离为 1460－1210＝250mm＞218mm，满足要求。

（3）计算重车重心高

$$H=\frac{Q_h h_{车}+Qh}{Q_{车}+Q}=\frac{41.4\times770+36\times(1350+1460)}{41.4+36}$$

$=1719\text{mm}<2000\text{mm}$，符合要求

（4）检查货物是否超限

中心高 2600＋1460＝4060（mm）处，半宽为 1050mm

在中心高处$\frac{2x}{l}=\frac{34000}{17800}=1.9>1.4$，故应计算 $X_{外}$。

中心高处　　$X_{外}=B+C_{外}+K-36$

其中 $C_{外}=\frac{(2x)^2-L_1{}^2-L_2{}^2}{8R}=\frac{34000^2-17800^2-2960^2}{8\times300\times10^3}=346$（mm）

$K=75\left(\frac{K}{l}-1.4\right)=75\times\left(\frac{34000}{17800}-1.4\right)=38$（mm）

中心高处 $X_{外}=1050+350+38-4-36=1398$（mm）

查《超规》附表，在 4060mm 高度处，宽度为 1398mm，不超限。所以，货物不超限。

2. 运输过程中作用于货物上的各种力

（1）纵向惯性力

$T=t_0Q=(0.0012Q_{总}{}^2-0.32Q_{总}+29.85)Q$

$=\{0.0012\times(36+41.4)^2-0.32\times(36+41.4)+29.85\}\times36$

$=441$（KN）

（2）横向惯性力

$N=n_0Q=(2.82+2.2\frac{a}{l})Q$

$=2.82\times36$

$=102$（KN）

（3）垂直惯性力

$Q_{垂}=q_{垂}Q=(4.53+7.84\frac{a}{l})Q$

$=4.53\times36=163$（KN）

（4）风力

$W=qF=0.49\times34\times2.6=44$（KN）

（5）摩擦力

$F_{纵摩}=9.8\mu Q=9.8\times0.4\times36=141$（KN）

$F_{横摩}=\mu(9.8Q-Q_{垂})=0.4\times(9.8\times36-163)=76$（KN）

3. 验算货物的稳定性

（1）货物倾覆的稳定系数

在纵向：货物支重面较长，不必计算稳定系数。

在横向：$\eta=\frac{9.8Qb}{Nh+Wh_{风}}=\frac{9.8\times36\times900}{102\times1350+44\times1300}=1.63>1.25$

所以，货物在纵向、横向均不会发生倾覆。

(2) 货物水平移动的稳定性

在纵向：$\Delta T=T-F_{纵摩}=441-141=300$ (KN)

在横向：$\Delta N=1.25(N+W)-F_{横摩}=1.25\times(102+44)-76=106.5$ (KN)

所以，货物在纵向、横向都会发生水平移动。

4. 确定加固方法和加固材料

在货物两侧重心高度处，各用钢丝绳拉牵 3 个八字形捆绑在车侧丁字铁或支柱槽上。

$BO=1350$mm，$AC=1200$mm，$BC=(3000-1800)/2=600$ (mm)

防止货物纵向移动时：

$$S_{纵移}=\frac{\Delta T}{n\cdot AC}\sqrt{AC^2+BO^2+BC^2}$$

$$=\frac{300}{6\times1200}\sqrt{1200^2+1350^2+600^2}=80\text{ (KN)}$$

防止货物横向移动时：

$$S_{横移}=\frac{\Delta N}{n\cdot BC}\sqrt{AC^2+BO^2+BC^2}$$

$$=\frac{106.5}{6\times600}\sqrt{1200^2+1350^2+600^2}=57\text{ (KN)}$$

$S_{拉}=\max\{S_{纵移}, S_{横移}\}=80$ (KN)

钢丝绳的许用拉力不得小于 80KN，即破断拉力不得小于 160KN，选用直径 18mm 的钢丝绳，其破断拉力为 166KN，可满足要求。

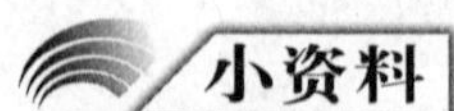

小资料

《铁路货物装载加固规则》修订条款

（铁运〔2008〕106 号）

为了确保铁路货物运输安全，铁道部组织对《铁路货物装载加固规则》（铁运〔2006〕161 号，以下简称《加规》）部分内容进行了修订，修订内容如下：

一、关于《加规》条文部分

（一）第十七条修改为："C70、C70H 型敞车局部地板面承受货物重量时，应遵守下列规定：

1. 仅在车辆两枕梁之间、横中心线两侧等距离范围内承受均布载荷或对称集中载荷时，容许载重量见附表 7、附表 8。

2. 两枕梁直接承受货物重量且两枕梁承受的货物重量相等时，全车装载重量可以达到车辆标记载重量。

3. 在车辆两枕梁内外等距离（装载长度不超过 3.8m）范围内承受均布载荷时，应遵守下列规定：

（1）装载宽度不小于 2.5m 时，全车装载重量可以达到车辆标记载重量；

（2）装载宽度不小于 1.2m、不足 2.5m 时，全车装载重量不得超过 65t。

如果需要在货物下加垫横垫木或条形草支垫（稻草绳把）时，应分别加垫在枕梁上及其内外各 1m 处。

4. 靠车辆两端墙向中部连续装载货物，每端装载长度超过 3.8m 时，应遵守下列规定：

（1）装载宽度不小于 2.5m 时，全车装载重量可以达到车辆标记载重量；

（2）装载宽度不小于 1.2m、不足 2.5m 时，全车装载重量不得超过 65t。

5. 在车辆两枕梁内外等距离（装载长度不超过 3.8m）范围内和车辆中部三处承载时，应遵守下列规定：

（1）中部货物装载宽度不小于 1.2m，重量不得大于 25t；

（2）当两端货物的装载宽度不小于 2.5m 时，全车装载重量可以达到车辆标记载重量；

（3）当两端货物的装载宽度不小于 1.2m、不足 2.5m 时，全车装载重量不得超过 65t。

6. 货物的装载宽度小于 1.2m 时，可双排装载或加垫长度不小于 1.2m 的横垫木。"

（二）第二十二条第五款中的"防止"修改为"保证"。

（三）第三十二条"……向外溜坡。"后增加"装车后中心高度不得大于 4600mm。支柱底面必须与敞车车地板接触。"

（四）第三十三条"使用 6.5mm 盘条 2 股对每垛起脊部分（上层腰线以上的货物）做整体捆绑。材长大于 4m 的，每垛整体捆绑 4 道；4m 及以下每垛整体捆绑 2 道。"修改为"应对每垛起脊部分做整体捆绑，整体捆绑线使用直径不小于 7mm 的钢丝绳或破断拉力不小于 21KN 的专用捆绑加固器材；腰线使用专用捆绑加固器材时，整体捆绑线可使用 Φ6.5mm 盘条 2 股。每道整体捆绑线的铺设位置距车辆端、侧墙顶面向下不小于 100mm。材长大于 4m 的，每垛整体捆绑 5 道，4m 及以下的每垛整体捆绑 3 道。"将"盘条拴结后"修改为"整体捆绑线"。

（五）第四十九条"镀锌铁线（盘条）等材料"修改为"镀锌铁线、盘条、钢丝绳等材料"。

第二款另起一行增加"敞车起脊装载管材不使用支柱时，每垛（捆）管材需用钢带或钢丝绳捆绑，层间衬垫防滑。"

第四款修改为："使用敞车装载大型管材时，应成垛（捆）装载，底部须掩垫牢固。仅使用衬垫防滑加固时，装载在最上层的管材，超过端侧墙高度应小于管材直径的二分之一。”

（六）关于附表及附录的修订

长大货物车附表中："D2"型车一栏中“载重”修改为“160”，“地板面长（m）/集中载重（t）”修改为“1/160”；附表注中“转 K8AG、转 K8G”修改为“转 8AG、转 8G”。

二、关于《加规》附件一

1. 取消 010114、010115、020220 号方案。

2. 删除 030202 号方案图中游车。

3. 取消 030205 号方案“七、其他要求”中之 4。

4. 04 类 01 项原木及板、方材中的“装载方法、加固方法”按本文进行调整。

5. 070114 号方案中“四、装载方法”修改为“靠车辆两端分别顺装 1 行或 2 行，中部斜搭 1 件或 2 件。装载宽度不小于 2.5m 时，全车装载重量可以达到车辆标记载重量；装载宽度不小于 1.3m、不足 2.5m 时，全车装载重量不得超过 55t。”

6. 070301 号方案修改具体见附件。

7. 070404 号方案表 1“人力作业”栏的数字做如下修改：

人力作业											
	43	19	18	37	17	16	33	15	14	29	99
	50	17	16	33	15	14	29	13	12	25	87
	60	15	14	29	13	12	25	11	10	21	75
	65	15	14	29	12	11	23	9	8	17	69
	75	15	14	29	12	11	23	9	0	9	61

8. 070711 号方案中将图中彩色标注（条形草支垫或稻草绳把）依次向右移至图中的断线处。

9. 080105 号方案图 2 左侧第一标注“100”改为“350”。

10. 080107 号方案图 3 左侧第一标注“250”改为“50”，左侧第二标注“50”改为“250”；“四、装载方法”中“爬装 2 辆镀锌”改为“爬装 2 辆”。

11. 080110 号方案图中第二标注的“50”改为“100”。

12. 080111 号方案图中第二标注的“330”移至第一辆车与第二辆车之间的标注位置。

13. 080121 号方案“四、装载方法：”之 2 中“……不得小于 100mm”修改为“……不得小于 50mm”。

14. 将《加规》附件一中“装车后，按规定苫盖和捆绑篷布”、“装车后按规定苫盖和捆绑篷布”、“怕湿货物，应按规定苫盖和捆绑篷布”及“在车内均匀放置 4 个篷布支架”、

“在货车中部用木板制作篷布支架”、“在第 1、2，第 3 及第 5、6 货物间，各捆绑 1 根支柱，并用 8 号镀锌铁线 4 股相互拉牵连接在车辆端、侧墙上，形成篷布支架”等字样取消。

篷布的苫盖、捆绑等使用要求按有关规定办理。

15. 将 100014、100015、100016、100021 号方案“准用货车”中“D2”字样取消。

三、关于《加规》附件五

1. 常用支柱的材质及规格做如下修改（见下表）：

常用支柱的材质及规格

<table>
<tr><th rowspan="2">类型</th><th rowspan="2">材质或树种</th><th colspan="3">规格（mm）</th></tr>
<tr><th>长度</th><th>大头直径</th><th>小头直径</th></tr>
<tr><td rowspan="3">木支柱</td><td>榆、柞、槐、楸、桦、栗、栎、榉、水曲柳等各种硬木</td><td rowspan="5">≤2800</td><td>不小于 85
不大于 160</td><td>不小于 65</td></tr>
<tr><td>落叶松、黄菠萝</td><td>不小于 105
不大于 160</td><td>不小于 85</td></tr>
<tr><td>杉木、樟松</td><td>不大于 180</td><td>不小于 100</td></tr>
<tr><td>钢管支柱</td><td>普通碳素钢或其他钢种的无缝钢管或焊接钢管</td><td>不小于 65</td><td>不小于 65</td></tr>
<tr><td>竹支柱</td><td>毛竹</td><td>不小于 80</td><td>不小于 80</td></tr>
</table>

注：各种材质木支柱的直径均不含树皮的厚度。

2. 第 33 页箭竹围挡的制作要求中“箭竹小头直径不小于 14mm”修改为“箭竹小头直径不小于 14mm（可使用小头直径不小于 10mm 的箭竹 2 根并在一起编织代替 1 根小头直径不小于 14mm 的箭竹）”。

3. 第 37 页板、方材挡板制作要求中“间距约 580mm”修改为“最外侧两根木支柱距车辆侧墙内侧的距离（从木支柱中心线算起）不大于 200mm，其他三根木支柱均匀分布”。

图 3－10 木支柱数量按此相应调整。

4. 表 5－3 中“R350”修改为“350”。

四、关于《加规》附件六

将木材捆绑紧固器（SYC2008－08）、JAⅡ型木材捆绑加固索具（SYC2008－13）试运范围的发站修改为“全路各木材装车站”；使用 SYC2008－08 装运木材时，每垛木材整体捆绑道数修改为“不分材长，每垛木材整体捆绑 3 道”。

本文自二〇〇八年五月二十九日起执行

附件：卷钢敞车立装（Ⅰ）

编号：070301

卷钢敞车立装（Ⅰ）

一、货物规格：件重27.5t及以下。

二、准用货车：60t、61t敞车（C_{62}、C_{62M}、C_{65}除外）。

三、加固材料：Φ6.5mm盘条，挂钩、稻草垫。

四、装载方法：（装载加固方式如下图所示）

1. 每车装载2、4、6、8件时，分为两组，每组分别为1、2、3、4件，重心分别落在车辆转向架中心销上，全车装载重量不得超过车辆标记载重量。

2. 每车装载3、5、7、9件时，车辆中部装载1件，该件重量不得大于13t；其余分为两组，每组分别为1、2、3、4件，重心分别落在车辆转向架中心销上，全车装载重量不得超过57t。

3. 按2-0-2、2-1-2方案装车，车辆两端纵向单排装载卷钢时，卷径不得小于1300mm。

五、加固方法：

1. 卷钢与车地板之间加垫稻草垫。

2. 用盘条8股（车辆中部的单件卷钢用盘条6股）对每组（件）卷钢按图示方法拉牵加固，拴结在车侧丁字铁上，拉牵高度不得小于卷钢板宽1/2。

3. 为防止松脱，每组（件）卷钢上至少在对称的两处用挂钩将拉牵的盘条吊挂牢固。

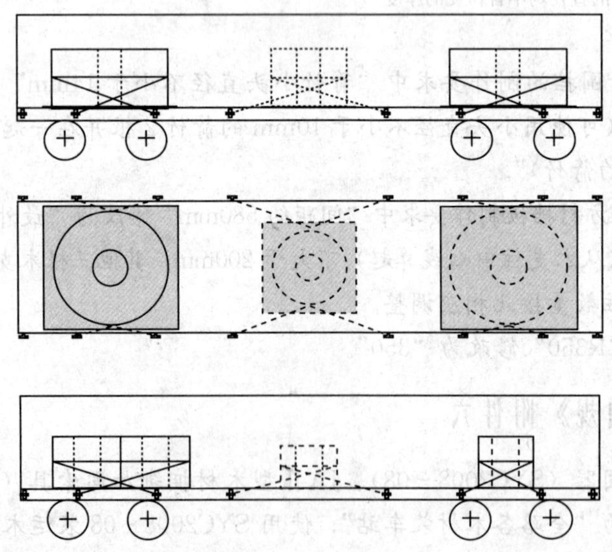

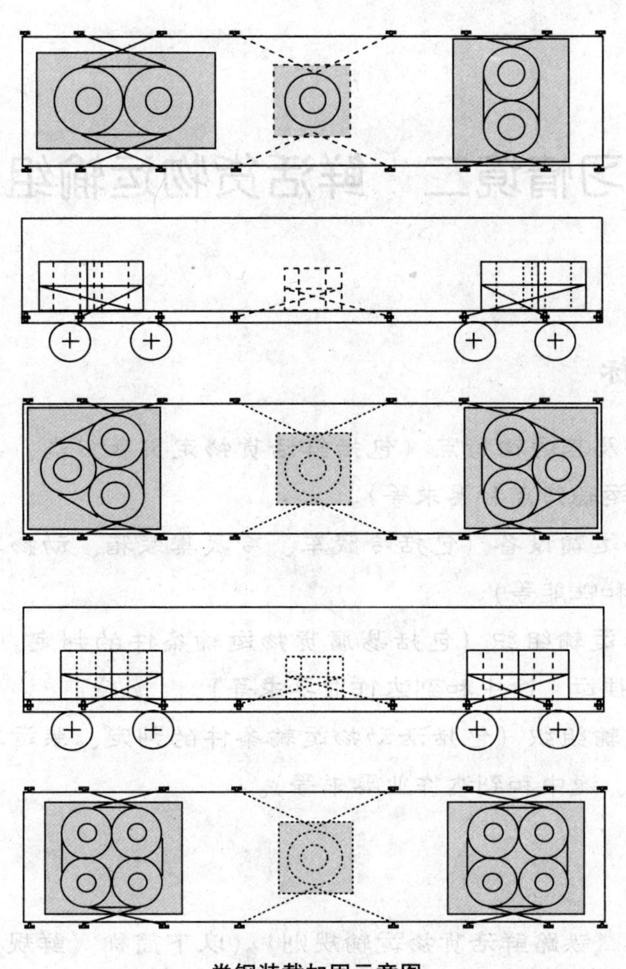

卷钢装载加固示意图

学习情境二　鲜活货物运输组织

1. 鲜活货物及其运输特点（包括鲜活货物定义和分类、易腐货物分类和特性、鲜活货物运输特点和要求等）。

2. 鲜活货物运输设备（包括冷藏车、冷藏集装箱、动物集装箱、家畜活鱼专用车辆型号和性能等）。

3. 易腐货物运输组织（包括易腐货物运输条件的判定、装运车辆选择、装车作业要求、挂运、途中和到达作业要求等）。

4. 活动物运输组织（包括活动物运输条件的判定、装运车辆选择、装车作业要求、挂运、途中和到达作业要求等）。

能力目标

1. 充分理解《铁路鲜活货物运输规则》（以下简称《鲜规》）的相关规定，根据易腐货物特性，结合案例条件，判定易腐货物的承运条件和运输作业要求，制订合理的易腐货物运输方案。

2. 充分理解《鲜规》的相关规定，根据活动物特性，结合案例条件，判定活动物的承运条件和运输作业要求，制订合理的活动物运输方案。

学习任务引导书

本学习情境学生的任务是当某托运单位向铁路车站提出运输鲜活货物的要求时，学生能代表铁路车站针对货物特点，结合铁路设备（或自备设备）条件、铁路规定的鲜活货物托运条件给出经济合理的运输方案，并向托运人提供书面方案设计规划及装卸车作业指导服务，与其他相关货运岗位的工作人员协同作业，完成鲜活货物运输组织工作。

对此，学生需要理论与实践的练习，在练习过程中，学生逐步掌握完成本学习情境中

各项任务应具备的技能，包括相关的背景知识。

为了达到真正的学习效果，并最终能独立完成任务，学生应该在准备阶段多渠道、全方位地了解相关知识，还必须学会独立查阅资料、解读相关规章条款，善于思考问题、利用资料逐步解决问题。

在完成这一任务时，请始终遵循以下规则：

在做每一小项任务前，都要先获取有关方面的信息（信息获取的重点在“学生工作活页手册”的资讯阶段有明显提示）。这就是说，不仅必须学会如何正确判定鲜活货物的种类，选择适合装运的车辆，确定易腐货物、活动物的运输条件，拟订最佳运输方案，而且还必须明确在一系列运输组织工作中你的主要依据是什么，从哪里获取这些依据，如何正确运用《鲜规》等规章条款为学生的组织工作服务……

请学生独立处理信息并且借助相应的工作技巧，给文本作标记、记录，制作并展示学习卡片等，对于长期保存信息来说这些都是非常有效的工作策略。请学生要以书面形式记录关于任务的相关信息。

另外，在完成任务过程中，时间的把握也是非常重要的。请学生细心地计划完成每一阶段任务所需要的时间，必要时与指导教师讨论你的想法。

当出现不满意的结果或者错误时，学生可以和小组其他成员一起讨论出现问题的原因，找出错误、修正错误。在发现错误，完善方案的过程中，学生的能力才能得以提升。注意，正确对待错误、从错误中学习非常重要！

学习任务一 易腐货物运输组织

任务描述

本次任务需要学生依据案例要求，完成易腐货物的承运条件和运输作业要求。具体任务要求见任务单所示。

任务单

请利用本学习单元所学知识，按案例条件与任务要求处理以下案例。

【案例情况说明】（其他未尽事宜自行假设）

(1) 某托运人欲从甲站托运一批易腐货物到乙站（运价里程为1293km），托运人在运单“托运人记载事项”栏中注明“允许运输期限4天”。甲站可否承运？为什么？

(2) 某站12月12日一装冻肉车到广州西站（运价里程2206km），12月21日该车到达广州西站后，托运人要求变更到三水西站，广州西站能否受理？为什么？

(3) 2005年9月16日，四川宜宾果品供销社组织了一批雪梨，共260件，重3600kg，价值6200元，交四川宜宾火车站发往重庆火车站，收货人是第三军医大学。请填写货物运单。

(4) 托运人宋某与济南铁路局于 2005 年 8 月 31 日签订运输合同一份。货物是苹果 1500 箱，纸箱包装，承运人运输期限是 6 天，到达站为南京西站，收货人为宋某本人。济南铁路局配给宋某棚车一辆，货车标记载重量 60t。宋某自行装车。装苹果 2700 箱，货物标明“鲜活易腐”，9 月 1 日 18 时挂有该棚车的 11112 次列车从济南车站出发。计算这批货物的运费。

(5) 2006 年 1 月 16 日，托运人福建省平和县果品食杂公司给收货人商贸公司从上海铁路局萧山站发运柑桔一车，到站是乌鲁木齐站。件数 5100 件，货物重量 50t。使用 B_{10BT} 型机械冷藏车装运。计算这批柑桔的运费。

(6) 集宁站发开封站冻羊肉 120t，用 B_{21} 型机械冷藏车组装运（4 辆装货）。

①途中制冷（运输温度－14℃），试计算其运费。

②途中不制冷，试计算其运费。

(7) 某托运人在湛江站托运未冷却的甜椒和未冷却的半熟番茄（收货人相同）至天津站，要求同批托运，使用一辆 B_{10} 7008923 装运，托运人提出两种货物的容许运输期限均为 15 天。

要求：

①确定运输条件，判断托运人托运的两种货物能否拼装在同一车内按一批托运；

②审定湛江站能否承运（湛江至天津运价里程 2869km）；

③用《易腐货物机械冷藏车运输条件表》确定货物的承运质量、适用的包装号和名称；

④填写机械冷藏车始发站作业记录（装车作业起止时间自拟）；

⑤指出未冷却甜椒在机械冷藏车内的装载要求和具体装载方法；

⑥填写货物运单（包括托运人、承运人填写部分和领货凭证）。

注：不足条件可结合现场实际按规章规定自拟。

(8) 砀山站 6 月 9 日承运到荆门站（运价里程 883km）鲜梨一车，货票号码 55001，件数 1200 件，纸箱包装，重 30t，托运人砀山县梨场，收货人荆门市果品公司。托运人在运单托运人记载事项栏内注明容许运输期限 9 日，保价金额 15 万元。装 P_{62} 3105678，施封两枚，封印号码 F00001，F00002。该车 6 月 17 日 16 时 10 分到达襄樊北站时，列车进向左侧施封锁（F00001）丢失，襄樊北站编第 12345 号普通记录，补封一枚（号码 F10002）继运。6 月 20 日 17 时 30 分到达荆门站，到站货检门关闭无异状，施封良好，开启车门见车地板有积水，纸箱包装有不同程度受潮，车容未满，卸后清点件数为 1180 件，较运单记载短少 20 件，开箱检查内货全部腐烂，收货人称货物价值 180000 元，回答：

①编制普通记录应说明的主要内容；

②编制货运记录应说明的主要内容；

③编制货运事故速报；

④拟就相应货运事故复查书；

⑤事故原因及责任分析；

⑥计算赔偿金额。

【任务要求说明】每位学生均需完成上述案例，并将其步骤和依据详细记录在学生工作页的“计划决策”栏内，在完成这一任务时，请注意以下问题的过程材料必须记录齐全：

（1）易腐货物运输条件的确定（具体包括批数、容许运输期限和运到期限、运输方式、包装等问题的确定过程）；

（2）易腐货物的装车（包括运单的填写，装卸时间、装载方法的确定，冷藏车作业单的填写、运费的计算）；

（3）途中作业注意事项（机械冷藏车控温、通风作业、上水预报、运输合同的变更、车辆滞留时的处理）；

（4）到达作业（包括卸车检查内容、注意事项，到站作业记录的填写，货车的清扫洗刷除污和消毒、易腐货物发生变质事故的处理）。

【展示要求说明】以学习小组为单位，选定组长负责本组成员任务的实施。然后抽签确定每组所需上台汇报的案例，每组派代表在全班进行案例分析的汇报，此过程中，教师和学生均有权对案例分析提出质疑，每组展示时间控制在20分钟以内。

注意：每位同学最后必须上交一套填写完整的“学生工作页”和相关表格台账以供考核。

知识点一　鲜活货物及其运输概述

一、鲜活货物的概念及分类

鲜活货物是指在铁路运输过程中需要采取制冷、加温、保温、通风、上水等特殊措施，以防止出现腐烂、变质、冻损、生理病害、病残死亡等问题的货物以及托运人认为须按鲜活货物运输条件办理的货物。

鲜活货物分为易腐货物和活动物两大类：

（1）易腐货物指在一般条件下保管和运输时，极易受到外界气温及湿度的影响而腐败变质的货物。包括肉、蛋、乳制品、速冻食品、冻水产品、鲜蔬菜、鲜水果等，常见品名见“易腐货物机械冷藏车运输条件表”。按其热状态分为冻结货物、冷却货物和未冷却货物。

①冻结货物是指经过冷冻加工成为冻结状态的易腐货物。其温度范围约为－18℃～8℃以下的货物（冰除外，冰的温度在－1℃以下）。

②冷却货物是指经过冷却处理，温度在冻结点以上的易腐货物。对大多数易腐货物来

说，冷却的温度范围为0℃～4℃。

③未冷却货物是指未经过任何冷处理，完全处于自然状态的易腐货物。如采摘后未经冷却的水果、蔬菜等。

(2) 铁路运输的活动物包括禽、畜、兽、蜜蜂、活水产品等。

二、易腐货物的化学特性

易腐货物运输中，除了少数部分因途中缺少照料或车辆不适造成死亡外，其中大多数都是因为发生腐烂所致。肉、鱼、奶等动物性易腐货物，蛋白质、脂肪、酶、水等含量较多；水果、蔬菜等植物性易腐货物，糖类、水含量较多，均易造成易腐货物在运输过程中发生腐烂。

(一) 蛋白质

蛋白质是高分子含氮有机化合物，在微生物作用下，蛋白质会发生分解，产生硫化氢、氨等难闻气味和有毒物质，这种现象称为腐败。

(二) 脂肪

脂肪是脂肪酸和甘油的化合物。在微生物作用下，脂肪会发生水解，被分解成甘油和脂肪酸，脂肪酸再被氧化分解为醛类、酮类和酸类等有害物质。

(三) 糖类

由碳、氢、氧三种元素组成的有机化合物，包括葡萄糖、蔗糖、乳糖、淀粉、纤维素等，是生物热量的重要来源。糖类多含于植物性食品中，动物性食品内几乎不存在。在呼吸作用下，植物性易腐货物中的糖会被氧化成二氧化碳、水，并产生热量，而在缺氧环境下，则氧化分解成乙醇、二氧化碳，产生较少的热。

(四) 酶

酶是一种特殊的蛋白质，是生物细胞所产生的一种有机催生剂，在食品中含量很少。酶能加速各种生物化学反应，而它本身不起变化，其作用强度与环境温度密切相关，一般30℃～50℃时，它的活性最强。

(五) 维生素

维生素是一种低分子的有机化合物，它是人体生命活动中不可缺少的物质，对调节新陈代谢，维持免疫功能和内分泌有一定的作用，维生素包括A、B、C、D、E、F、K、P等大类。遇高温和氧化作用会受到破坏。

(六) 水

水为生物（包括微生物）繁殖提供了条件，同时，水也是一种溶剂，直接参与渗透、扩散生物化学反应。食品中水分蒸发会使其失去新鲜的外观，并起皱、减重。食品含水越高，越难于保管，越容易腐败变质。

(七) 矿物质

矿物质是生物细胞不可缺少的组成部分，它直接参加有机体的新陈代谢过程，它包括Na、K、Ca、Mg、Fe等。

三、易腐货物腐烂的原因

易腐货物发生腐烂，其实质就是货物的物质成分在一定的外界条件下发生分解变化而引起货物性质的改变。

(一) 微生物作用

微生物作用又称生物作用，主要发生在动物性易腐货物。酵母菌、霉菌、病菌等微生物在易腐货物内滋生繁殖，引起蛋白质、脂肪等有机物分解而使货物发霉、发酵、腐烂，产生恶臭和有害物质。如动物被屠宰过后，构成它的细胞都已死亡，本身不能控制体内引起变质的酶作用，也就不能抵抗外来微生物的入侵。这就是动物性食品腐败变质的主要原因。

1. 微生物的种类

微生物包括霉菌、酵母菌和病菌等三大类，霉菌中的黄曲霉可导致肝癌，酵母菌属有益微生物，病菌则是导致易腐食品腐败的主要元凶。

2. 微生物的繁殖规律

(1) 温度。一般微生物最适宜的繁殖温度为25℃～35℃。

(2) pH值。多数病菌最适合的pH值为6.8～7.6。

(3) 渗透压。饱和盐溶液可夺取细菌体内的水分使之得不到营养物质和水分，自然便会死亡。

(4) 氧气。一般微生物在氧气充足时繁殖会加快。

(5) 水分。一般说，湿度越高，细菌繁殖越快。

(6) 阳光和紫外线。阳光和紫外线照射，可破坏细菌的分子构成链条。

(二) 呼吸作用

呼吸作用又称生物化学作用，主要发生在植物性易腐货物。植物性的食品虽离开母株，但本身仍有生命活动，吸收氧气、放出二氧化碳、水分和热量。它们用呼吸作用产生的免疫功能抵御外界微生物的入侵，但以消耗自身体内的营养物质为代价，随着营养物质的消耗、水分的蒸发，它抵抗微生物的能力便会下降，促使其呼吸强度继续增大，最终腐烂或枯萎。

呼吸强度是指单位重量的水果、蔬菜在单位时间内吸入的氧气或放出的二氧化碳数量称为其呼吸强度。影响呼吸强度的因素主要有：

1. 内因——果、蔬因不同品名和品种而异

例如，绿叶菜呼吸强度一般大于浆果类菜，浆果类菜呼吸强度一般又大于水果类。

2. 外因——随果、蔬储藏的环境条件而不同

(1) 环境温度越高，果、蔬的呼吸强度越大。例如樱桃15.5℃时的呼吸热比0℃时高7倍；

(2) 温度波动时，呼吸强度较恒定温度时高；

(3) 环境中，氧气含量充足时比缺氧时呼吸强度大得多；

(4) 环境湿度越大，呼吸强度也越强；

(5) 果、蔬受机械损伤，表皮脱落，其呼吸强度大增；

(6) 果、蔬表面受微生物感染也将增加其呼吸强度。

(三) 氧化作用

氧化作用又称化学作用，因碰撞、振动、挤压等物理作用，水果、蔬菜等植物性易腐货物的表皮组织受到机械损伤后，失去保护作用，微生物易于入侵，而且在酶的催化下，破损处也易发生氧化，使货物从点到面、由表及里地逐渐变色、变味和腐烂。动物性易腐货物的脂肪在酶的作用下也会被氧化。

导致易腐货物腐烂的原因并非孤立而是互相影响的，例如，苹果表皮擦伤后，伤口处就会被氧化变黄，细菌、霉菌等微生物也从伤口乘虚而入，苹果因自发愈伤和抵御微生物侵袭又引起呼吸作用加强，从而加速了苹果的腐烂。

四、鲜活货物运输的特点

我国幅员辽阔，物产丰富，几乎各个季节都出产有品类繁多的鲜活货物。同时，我国地处温带和亚热带，夏季普遍高温，冬季各地气温相差悬殊。因此，我国铁路鲜活货物运输有着鲜明的特点。

(一) 季节性强，运量波动大

鲜活货物大部分是季节性生产的农副产品，水果集中在三、四季度，南菜北运集中在一、四季度，水产品集中在春秋汛期，从而也形成了鲜活货物运输的旺季和淡季，旺季运量集中，运输时间紧迫；淡季运量减少，专用设备利用率低。

(二) 品种多，运输工作复杂

我国出产鲜活货物有几千种之多，性质各不相同。加之南北方气温相差大，不仅同一地区在不同季节需要不同的运输条件，就是在同一季节，当车辆行经不同地区时，也要变换运输条件。在一次运送过程中，可能兼有冷藏、保温和加温三种运送方法。鲜活货物的组织工作与普通货物相比要复杂得多。

(三) 运距长、运输时间紧迫

鲜活货物本身的特点是新鲜、成活。鲜活性质能否保持与运输时间的长短密切相关。铁路在运输鲜活货物时，虽然使用了特种车辆，采取了特殊措施，若是运输时间过长，还是会影响鲜活货物原来的质量。

(四) 批量小，去向分散

近年来，鲜活货物市场总体需求量增大，但各地市场则呈现需求品种多、批量小的特点，除少数大宗鲜活货物的流向、流量较为明显和稳定外，多数货物的流向、流量都较为分散。

(五) 货物质量易受外界气温、湿度和卫生条件的影响

鲜活货物较一般货物最大的不同是具有鲜活的特性，其质量易受外界气温、湿度和卫生条件的影响。尤其是易腐货物，热了容易腐烂，冷了容易冻坏，干了容易干缩，湿了容

易发霉，对温度、湿度有特殊的要求。活动物则要注意热天防暑降温，冷天防寒防冻。另外储运环境卫生条件不好，鲜活货物受到污染，不仅直接影响到了货物的质量和外观，也使货物易被微生物侵害而腐烂变质或病残死亡。

（六）货物品质要求高

随着社会和经济的发展，人们生活水平不断提高，对鲜活货物质量的要求也越来越高，更加注重食品的营养价值、风味口感、色泽外观和卫生条件。

五、鲜活货物的运输要求

（一）承运货物要符合运输条件的规定

易腐货物的热状态、承运质量、承运温度、包装和容许运输期限等要符合运输条件的规定，活动物应无病残，有规定的检疫证明，需要的容器、饲料和装车备品也应符合运输安全和卫生要求。

（二）需配备相应的运输车辆、运载器具和运输设施

为保证鲜活货物的运输质量，需要有冷藏车、保温车、家畜车、活鱼车等专用货车和保温汽车、冷藏集装箱等运输车辆、运载器具以及为鲜活货物运输服务的预冷、上水、供电等设施。

（三）运输中需保持适宜的温度和湿度

易腐货物在储运过程中，需要始终保持适宜的温度和湿度。例如香蕉储运最适宜的温度为 11.7℃；相对湿度为 80%～85%，用机械冷藏车装运时，运输过程中车内保持的温度要求控制在 11℃～15℃的范围内。

（四）要有良好的卫生条件和通风条件

鲜活货物的储运环境应符合卫生防疫的要求，必须按规定严格对货车、货位进行清扫、洗刷除污和消毒，使用的装卸搬运机具、用品应清洁，运输需要的饮用水要卫生，防止货物受到污染和微生物侵害，还要有良好的通风条件，便于散热降温，排除有害气体、异味和多余水汽，保持空气清新适宜。

（五）做到灵活、快速运输

为适应易腐货物运输去向分散、批量小的发展趋势，需要增加单节式机械冷藏车、保温车、冷藏集装箱等专用车辆和运载工具，采用灵活多样的运输组织方式。针对鲜活货物运输季节性强、运量波动大、时间要求快的特点，必须加强运输组织工作，做到快速运输。积极组织开行快运货物列车、鲜活货物直达列车，发展鲜活货物行包快运和绿色通道等多种快运形式。

（六）提供冷藏物流服务

为高度保持货物的鲜活特性，铁路应以冷藏运输为主体，逐步构建和拓展易腐货物产、储、运、销一体化的冷藏链，实现冷藏运输网络与冷藏仓储配送网络的无缝对接，形成具有铁路特色的冷藏物流网络体系，为易腐货物的物流过程提供更优质的物流服务。

知识点二　易腐货物的冷藏方法和运输设备

一、易腐货物的保存方法

低温是防止易腐货物发生腐烂的重要条件，大部分易腐货物适宜的运输温度都低于外界气温。需要在技术设备上提供适合货物性质的低温环境，进行冷藏运输。常用的保存方法有以下几种。

（一）气调法

气调法是通过调节密闭储运环境中气体的氧和二氧化碳含量，抑制水果、蔬菜等植物性易腐货物的呼吸作用和肉类等动物性易腐货物的氧化、脱水，提高货物的鲜度，减少损耗。

（二）减压法

减压法是通过降低易腐货物包装容器的气压使之成为低压密闭状态，抑制水果、蔬菜的呼吸作用和微生物的生长繁殖，保持湿度，减少货物干耗，较好地保持货物的质地、鲜度、风味、颜色和质量。

（三）电离子法

电离子法是利用高压电离空气产生正、负离子，使水果、蔬菜中的电荷得到中和而处于休眠状态，极少消耗或不消耗营养物质，延长保藏时间。

（四）表面涂层法

表面涂层法是在水果、蔬菜表面涂抹或喷洒由蛋白质、淀粉和油脂等物质特制的高分子水溶液，使水果、蔬菜表面形成一层薄膜，起到抑制呼吸作用、防止水分蒸发和阻止微生物侵入的作用。

（五）辐射处理法

辐射处理法是用射线杀死货物表面及深层的微生物，抑制微生物的繁殖，但会使易腐货物的色泽、香味、营养成分发生变化，维生素 E 易受到破坏。

（六）冰膜储藏法

冰膜储藏法是在蔬菜表面喷水后置于－0.8℃的环境中，使蔬菜表面结成 1～2 毫米的冰膜，以隔绝空气，起到限制呼吸和防止干耗的作用。

（七）冻结真空干制法

冻结真空干制法是将含有大量水分的易腐货物速冻后密封，在真空包装内低温升华脱水，可抑制微生物繁殖，又能使货物有良好的复水性。

（八）冷藏法

冷藏法是通过降低货物的温度来抑制微生物的生长繁殖，降低酶的活性，减缓呼吸、氧化作用。

二、易腐货物的冷藏方法

冷藏是将易腐货物的温度降低，按其降低的程度分为冻结和冷却两种方法。采用冷藏

方法能很好的保持食品原有的色、香、味不变；并且冷源价格比较低廉，加工成本不高；冷藏食品对人体健康无不良影响，因此适合对食品进行大规模加工。

（一）冷藏方法原理

导致易腐货物腐烂的主要原因是微生物作用、呼吸作用和氧化作用。微生物的繁殖速度与温度密切相关。多数细菌在温度低于25℃时，繁殖速度都会减慢；温度为－18℃～－12℃时，繁殖基本停止；－18℃以下，繁殖完全停止。由于微生物作用、呼吸作用和氧化作用的强弱均与温度高低有关，温度是造成易腐货物腐烂的重要条件。因此，采用冷藏方法，保持适度的低温，既可有效地抑制微生物的繁殖，又能减弱呼吸、氧化作用，对防止易腐货物腐烂是相当有效的，而且较其他保藏方法，冷藏法通常以空气为热交换的介质，不会给易腐货物带来有害的化学物质，有利于保护消费者的健康。

（二）冷藏方法

冷藏是将易腐货物的温度降低，按其降低的程序分为冻结和冷却两种方法。

1. 冻结方法

冻结方法是将易腐货物的温度降低到使货物中大部分水变成冰的低温，在冻结状态下储运。采用冻结方法运输的易腐货物通常称为冷冻货物。冷冻加工方法有两种，一种是慢速冻结，另一种是快速冻结，快速冻结的效果比慢速冻结好。

快速冻结，易腐货物液汁中的水能很快结冰析出，迅速形成分布均匀的微水冰晶体，不致损伤细胞组织结构，能增大变化的可逆性，解冻后液汁融化后能充分的渗回到细胞组织中，货物的营养成分和滋味都能得到较好的保持。

慢速冻结，易腐货物液汁中的水结晶过程长，形成的冰晶体大，破坏了细胞组织结构，解冻后液汁融化后不能充分的渗回到细胞组织中，甚至有部分液汁流出，形成不可逆过程，使货物的品质下降。

冻结方法能做到在低于0℃的低温下储藏易腐货物，可取得较理想的保质效果。在冻结货物中，一般还将经过深度冷冻温度在－18℃以下的冻结货物称为深度冷冻货物。经普通冷冻温度高于－18℃的冻结货物称为普通冷冻货物。动物性易腐货物含水量小，耐冻性强，适宜用冻结的方法冷藏，特别是冻鱼、冰激凌等易腐货物，采用深度冷冻运输，能更好的保持货物的品质和风味。水果、蔬菜等植物性易腐货物的含水量大，如用冻结的方法冷藏，应用快速冻结，以免破坏细胞组织结构。

2. 冷却方法

冷却方法是将易腐货物的温度降低到适宜储藏又不致于使货物冻结的低温。植物性食品为了保持其新鲜状态，一般多采用冷却状态下储藏。采用冷却方法运输的易腐货物一般称为低温货物。虽然降低温度可有效地抑制微生物的繁殖，减弱氧化、呼吸作用，有利于保持货物的质量，但对水果、蔬菜等植物性易腐货物，温度又不宜过低，温度低于0℃易造成货物发生冷害冻损的变质，通常是将货物冷却到适宜的温度进行储运。多数水果、蔬菜的适宜冷藏温度在0℃～4℃。

用冷藏方法来运输鲜活易腐货物时，温度是保证货运质量的主要条件。除此之外，湿度、通风、卫生也直接影响货运质量。

三、冷藏运输

冷藏运输是冷藏方法在易腐货物运输中的运用，需要在运输技术上提供适合货物性质的低温运输条件，在运输组织上尽量缩短运输时间。

(一) 冷藏运输技术要求

冷藏运输最重要的技术要求是保持适当的低温。铁路冷藏运输主要是使用冷藏车和冷藏集装箱等运输车辆、运载器具，采用冷板制冷、机械制冷等技术，将易腐货物置于适宜的低温防护下进行运输，以保持货物的质量，防止腐烂变质。此外，采用预冷技术，运输前在预冷站或冷库将易腐货物降温处理成冻结或冷却货物，装车前对车辆、集装箱进行预冷，运输时能将温度尽快降到适宜的运输温度，更有利于保持易腐货物的质量。

运输过程中调湿也是一项关键的技术条件。湿度过大，微生物繁殖快，呼吸作用强，货物容易腐烂；湿度过小，水分蒸发快，货物干耗增大，使货物失去新鲜状态，质量和数量都受到损失。目前铁路冷藏车运输车辆、运输器具仍缺乏自动调湿功能，一般是通过降低温度，使空气中的水蒸气冷凝，降低空气的湿度，而采用洒水来增大湿度。

冷藏运输还应注意及时通风换气，排除热量、有害气体和多余水汽，补充新鲜空气，并保持良好的卫生环境，防止易腐货物受到污损和被微生物侵染。冷藏运输如能有选择地结合使用其他保藏技术，可更有效地保持易腐货物的品质。

(二) 冷藏运输组织方法

冷藏运输尽管采取了低温和其他特殊的防护措施来保持易腐货物的质量，但也只能延缓而不能停止货物的物理、化学、生物变化过程，货物质量仍有缓慢的降低，如营养成分减少、水分干耗增大、色泽风味改变等。运输时间越长，质量降低的程度越大。因此，应积极组织快速运输，尽量缩短运输时间，以利于保证易腐货物的初始质量。

(三) 冷藏链与保鲜链

铁路冷藏运输只是易腐货物整个物流过程中的一个环节，如采用冷藏链技术，将易腐货物从生产、加工、分拣、储存、运输、配送、销售乃至消费的全过程，均置于低温防护下，可最大限度地保护易腐货物的原有质量。而进一步采用保鲜链技术，综合运用各种适宜的无污染的保鲜方法和手段，则可以使易腐货物在生产、加工、分拣、储存、运输、配送、销售乃至消费的各环节中，最大限度地保持鲜活的特性和品质。

确保易腐货物运输质量另一个条件是必须连续冷藏。这就要求铁路运输企业配备一定数量的冷藏设备，来满足连续冷藏的需要，保证运输质量。

四、易腐货物的冷藏设备

(一) 冷藏车

冷藏车是运输易腐货物的专用车，车体采用夹层结构和隔热材料。铁路易腐货物冷藏运输的冷藏车包括冰盐冷藏车、机械冷藏车以及冷板车三种。基本性能如表 2－1 所示。

表 2－1 机械冷藏车基本性能表

车型	自重	载重	容积（m^3）	装货面积（m^2）	车内装载尺寸（长×宽×高，m×m×m）	最大外部尺寸（长×宽×高，mm×mm×mm）	门孔尺寸（宽×高，mm×mm）	车组自重（t）	车组载重（t）	车组全长（m）	车内可保持的温度（℃）	特点
B_{21}	38.5	45	92	45.9	18×2.55×2.0	21938×3035×4325	2700×1900	208	180	107.7	－22～14	5节机械冷藏车组，1辆工作车，两端各2辆货物车
B_{22}	38	46	105	46	18×2.558×2.3	21938×3020×4670	2700×2300	206	184	107.7	－24～14	同上
B_{23}	38.2	45.5	105	46	18×2.560×2.3	21938×3134×4640	2702×2306	206	182	110.1	－24～14	同上
B_{10BT}	41.1	38	100	43.6	17.3×2.56×2.3	21938×3094×4700	2700×2300	—	—	—	－24～14	单节式机械冷藏车

1. 加冰冷藏车

以一定比例的冰盐混合物来调节车内温度的运输工具，具有良好隔热性能的车体，还有冰箱、排水设备、通风循环设备以及检温设备。加冰冷藏车为单节车，使用较方便，但冰盐的制冷能力较小，且车内温度难以调控，盐水易使车体锈蚀。加冰冷藏车主要为 B_6 型，且在逐步淘汰中。

2. 机械冷藏车

机械冷藏车采用机械制冷，制冷量大，制冷速度快，调温范围宽，控温稳定可靠。车组技术含量高，维修复杂，需配专业乘务人员负责操作和维护，设置专门的车辆段负责维修、运用和管理。目前，铁路使用的机械冷藏车主要有 B_{18}、B_{19}、B_{20}、B_{21}、B_{22}、B_{23} 型，单节式机械冷藏车主要有 B_{10}、B_{10A}、B_{10B} 型。

B_{19}、B_{21}、B_{22}、B_{23} 型为 5 节机械冷藏车组，均由 1 辆发电乘务车和 4 辆货车组成。发电乘务车在车组中部，两端各连挂 2 辆货车。

B_{18}、B_{20} 型为 9 节机械冷藏车，均由 1 辆发电乘务车和 8 辆货车组成。发电乘务车在车组中部，两端各连挂4辆装货车。

机械冷藏车车组采用成组集中供电，单车制冷、加温、控温的形式。发电乘务车上设有机械间、变配电间和乘务员工作生活设施。发电乘务车的两套柴油发电机，分别为两端的装货车供电。装货车的两端各设一套制冷机组、电加热器，对空气进行冷却、加温，用循环风机将冷、热空气从出风口吹入车顶棚与循环挡板间的通风道，沿两侧通风条吹到车地板上，从底格板（离水格子）吹出，在车内进行热交换，使车内获得均匀稳定的温度，然后从两端通风隔墙回到循环机的进风口，再次循环。车内温度可通过测温、控温装置进行测温、控温。控温范围－24℃～14℃。车上设有通风换气装置，需要时可对车内进行通风换气。

B_{10}、B_{10A}、B_{10B}型为单节式机械冷藏车，也可连节用。设有发电工作间为装货间供电，控温范围－24℃～14℃。单节式机械冷藏车较之机械冷藏车组，具有单车运用、灵活方便的优点，能更好地适应易腐货物运输去向分散、批量小的发展趋势。

3. 冷板冷藏车

冷板冷藏车顶部安装有多块冷板，利用冷板制冷。冷板为密封的钢制板状容器，内设成排蒸发管，管内可通过制冷剂，管外与容器内壁之间的空隙充满低共晶液。将液体制冷剂压入蒸发管内汽化吸热，低共晶液便被冷却冻结成固体状态，形成一块储存冷量的冷板。在运输中利用冷板中的低共晶液吸热，为车内制冷。低共晶液可在冷板内反复冻结、融化，循环使用。

冷板冷藏车可由发站或中途充冷站充冷，配备制冷机组和充冷系统的冷板冷藏车可自行充冷。一次充冷，一般能连续运行100小时。冷量用完后，可再次充冷。车内温度可通过调整冷板下调温板调节窗的开度来调节，控温范围－8℃～5℃。

较之加冰冷藏车，具有冷剂可循环使用、耗能少，无盐水腐蚀的优点，运输成本低，使用期长。

目前铁路冷板冷藏车数量较少，有单节冷板冷藏车和4节式冷板冷藏车组两种。4节式冷板冷藏车组，由4辆冷板车组成，其中1辆设有乘务室。设乘务室冷车有10块冷板，载重30t，容积63m^3；其他3辆冷板车有14块冷板，载重38t，容积87m^3。

（二）冷藏集装箱

冷藏集装箱是具有良好隔热、气密，且能维持一定低温要求，适用于各类易腐货物的运送、储存的特殊集装箱。专为运输要求保持一定温度的冷冻货或低温货而设计的集装箱。它分为带有冷冻机的内藏式机械冷藏集装箱和没有冷冻机的外置式机械冷藏集装箱。适用装载肉类、水果等货物。冷藏集装箱造价较高，营运费用较高，使用中应注意冷冻装置的技术状态及箱内货物所需的温度。

冷藏集装箱除具有载货量相对小，运用灵活、市场适应性强、“门到门”运输的优点外，还能减少易腐货物在不同运输工具间换装和在待装、待搬、装卸、搬运、中转、配送等作业过程中的暴露时间，使货物免受外温影响而导致温升软化变质或发生低温冷害冻损，也减少了货物被污染的可能性，有利于保持货物的质量。

目前铁路冷藏集装箱有20ft机械冷藏集装箱和20ft冷板冷藏集装箱，控温范围

-18℃～16℃。主要技术参数如表2-2所示。

表2-2　冷藏集装箱技术参数表

冷藏箱类型	箱型	外部尺寸（mm×mm×mm）	内部尺寸（mm×mm×mm）	容积（m^3）	总重（kg）	自重（kg）	载重（kg）
机械	20ft	6058×2438×2591	5278×2286×2265	27.30	24000	3600	20400
冷板	20ft	6058×2438×2591		20.55	24000	9000	15000

知识点三　易腐货物冷藏运输基本条件

一、易腐货物的运输条件

托运人、收货人和承运人在办理易腐货物运输时，均应遵守《鲜规》“易腐货物机械冷藏车运输条件表”（如表2-3所示）的规定。该表以品类顺号、货物品类对各类易腐货物的感官质量、承运温度、运输温度、适用包装号或包装、装载方式等作了具体规定。

表2-3　易腐货物机械冷藏车运输条件表（摘录）

品类序号	货物品类	货物品名	货物热状态	装车时货物质量要求		运输温度	适用包装号或包装	装载方式		说明
				感官质量	承运温度			装载要求	装载号	
1	速冻食品									
1.1	速冻水果	速冻荔枝、速冻草莓等	冻结	果面洁净，无不洁物污染。冻结良好，无结霜或黏连。无异味。产品包装完好无破损。无复冻现象	-18℃以下	-15℃以下	3	紧密堆码		
1.2	速冻蔬菜	速冻叶菜类（菠菜、梗菜、白菜、甘蓝、辣椒叶等）	冻结	成品外观平面形状规则、均匀，棱角分明，冻结良好。单冻产品色泽符合本产品应有色泽，无黏连；块冻产品色泽鲜亮，镀冰衣完整、清澈。无黄桔叶、褐变叶。产品包装完好无破损。无复冻现象	-18℃以下	-15℃以下	3	紧密堆码		

二、易腐货物的运输种类

易腐货物通常可办理整车运输，也可用冷藏集装箱或保温集装箱运输，经铁路局确定，在一定季节和一定区域内不易腐烂的货物也可用通用集装箱运输。铁路不办理鲜活货物零担运输。

三、按一批托运的规定

1. 不同热状态的易腐货物不得按一批托运

不同热状态的易腐货物，运输条件区别较大。例如禽蛋中，冰蛋是冻结货物，外温高于－6℃就需用冷藏车冷藏运输；冷却蛋是冷却货物，只有外温在7℃以上时，才需用冷藏车冷藏运输；鲜蛋是未冷却货物，仅在外温高于20℃时，才须使用冷藏车保持5℃～12℃的温度冷藏运输。另外，易腐货物的热状态不同，对运输成本和货物质量的影响也较大。经冻结和冷却的货物运输时，不但可以减少制冷量或冰盐消耗量，提高货物装载量，降低运输成本，也易于将货温尽快降低到规定的运输温度，有利于保持易腐货物的质量。因此，不同热状态的易腐货物运输条件不同，不得按一批托运。

2. 使用机械冷藏车时，按一批托运的易腐货物，一般限同一品名

不同品名的易腐货物，如运输温度要求接近、货物性质允许混装的，可按一批托运，在同一机械冷藏车内组织混装运输。

一般情况下，下列货物不得混装运输：

（1）具有强烈气味的货物和容易吸收异味的货物；

（2）易产生乙烯气体的货物和对乙烯敏感的货物；

（3）水果和肉类，蔬菜和乳制品。

四、易腐货物的质量、温度和包装

托运人托运易腐货物时，货物的质量、温度和包装必须符合《鲜规》“易腐货物机械冷藏车运输条件表”和“易腐货物包装条件表”的规定。

（一）易腐货物的质量、温度和包装要求

托运的易腐货物应有质量良好的初始质量，必须品质新鲜。冻肉、冻禽、鱼虾、贝类等动物性易腐货物必须色泽新鲜，气味正常，无腐烂变质现象。植物性易腐货物中，水果必须色泽新鲜，无虫害、破裂、过熟、腐烂等现象；蔬菜必须色泽新鲜，无雨湿、水渍、腐烂等现象，瓜类无破裂。

承运温度是指装车时货物的温度。提交运输时，易腐货物的温度必须符合规定。冻结货物的承运温度，除冰为0℃外，其他在－10℃以下。冷却货物的承运温度，除冷却的香蕉为11℃～15℃、菠萝为7℃～11℃外，其他在0℃～7℃。

易腐货物的包装分为箱类、筐类、袋类和桶类包装。编为9个包装号，分别为木箱（1号）、花格木箱（2号）、纸箱（3号）、钙塑箱（4号）、塑料箱（5号）、竹筐（6号）、

条筐（7 号）、编织袋（8 号）、桶（9 号）。包装材料、包装要求及包装规格具体见《鲜规》“易腐货物运输包装表”。

易腐货物的包装适合货物性质并能保证铁路运输安全。包装材料应质量良好无污染，结构和性能能适应货物体积、形状的要求，便于装卸、搬运、堆码和装载。包装强度和性能须适应货物的性质，怕挤压的货物，包装必须坚固，能承受货物堆码的压力；需要通风的货物，包装应有适当的缝隙或通风孔。体大坚实的货物，如冻肉（胴体、腔体）、冻鱼和西瓜、哈密瓜可不要包装。

（二）易腐货物的质量、温度和包装检查

托运人要落实货源，备齐单证，准备好必要的货物安全防护用品。发站应认真抽查托运货物的质量、包装及安全防护用品是否符合要求。对冻结货物和冷却货物还应抽查货物的温度。使用机械冷藏车装运时，发站应在装车时会同乘务组对货物的温度、质量、包装和安全防护用品进行抽查，并将抽查情况记录在“机械冷藏车作业单”内。

检查货物的质量，目前基本上仍采用看、闻、触摸等感官观察的方法，有待研究科学实用的检测仪表，以保证检测的客观性和准确性。检测货物的温度，体大冻结的货物、货件可在货物、货件上钻一深孔，深度以达到货物、货件中心部位为宜，插入的温度计并保持 5～6 分钟后抽出确定温度；松散有缝隙的货物、货件可将温度计直接插入货物、货件中心部位测温。

货物质量、包装、温度达不到要求时，承运人有权拒绝承运货物。

五、易腐货物的装载方法

鲜活货物的装载与加固应符合《铁路货物装载加固规则》、《铁路超限超重货物运输规则》等有关技术要求。但易腐货物装车时，应根据货物的性质、热状态、包装、运输方式以及使用的车种，采用相应的装载方法。易腐货物的装载方法基本可以分为两类。

（一）紧密堆码装载法

常用于冻结货物、夹冰鱼虾等的装载。由于货件之间尽可能不留间隙，节省了车内空气在货件间流通，货物内部积蓄的冷量不易散失，有利于保证货物质量，也能充分利用货物车载重量。主要适用于冻肉、冻鱼、冰激凌、雪糕等冻结货物和夹冰鱼虾、贝类等冷冻货物。

（二）通风装载法

各货件之间留有通风空隙和通风道以利于冷空气在货件间流通，使每件货物均能接触冷空气，以便货物降温和排出货物散发的热量。适用于具有包装且有热量散发的冷却货物和未冷却货物或者有呼吸作用的货物。例如水果、蔬菜采用留空隙的装载方法，可增大货物的散热面积，以利车内冷空气在货件或货物间通畅循环，散发货物的田间热和呼吸热。

1.“品”字形装载法（如图 2－1 所示）

奇数层与偶数层货件交错，骑缝装载。特点是在货件间形成纵向通风道，车内空气能沿车辆纵向循环，但不能上下流通，装载较牢靠。

2.“一二三、三二一”装载法（如图 2-2 所示）

第一层按间隔一件、二件、三件留空隙，第二层按间隔三件、二件、一件留空隙，再往上的奇数层同第一层，偶数层同第二层。特点是车内空气只能纵向流通，而且通风道相对较少，空气循环差，但可提高装载量。

3.“井字形”装载法（如图 2-3 所示）

上、下层货物纵横交错码放，配置成井字型，特点是上下纵横均有通风道，空气循环较好，装载稳固。

4. 筐式装载法（筐口对装法一）（如图 2-4 所示）

底层两侧的箩、篓、筐等大口朝下，中间的大口朝上，第二层则方向相反。特点是货件与车墙间和两侧货件间有纵向通风道，货件上下及横向有间隙，车内空气循环较好。

5. 筐式装载法（筐口对装法二）（如图 2-5 所示）

第一层两相邻货件的大口与小口的朝向互相错开，第二层与第一层的朝向相反，再往上奇数层同第一层，偶数层同第二层。特点是货件间未设通风道，只有通风间隙，车内空气循环较差，但可多装货。为增大通风，筐内可加通风筒。本方法装运叶菜时筐内可加通风筒或夹碎冰。

6. 筐式装载法（筐式顺装法）（如图 2-6 所示）

第一层及奇数层全部大口朝上，第二层及偶数层全部大口朝下。特点是货件间纵横向均有设通风道，上下有间隙，车内空气循环条件最好，但对车辆容积的利用较差。

以上装载法中，“品字形”、“一二三、三二一”、“井字形”装载法适用于木箱、纸箱、钙塑箱、塑料箱等箱类包装货物，筐式装载法则适用于竹筐、条筐等筐类包装货物，也适用于梯形塑料箱类包装。未留通风道或仅有纵向通风道的装载方法，较适用于有强制循环装置的机械冷藏车。

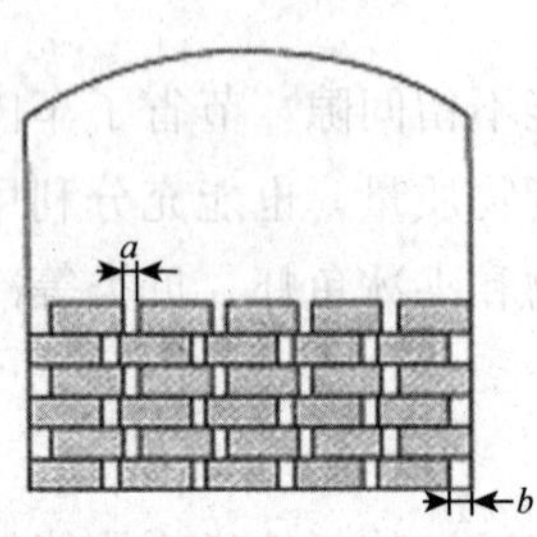

图2-1 “品字形”装载法

注：空隙值a=4~5cm、b=4~5cm

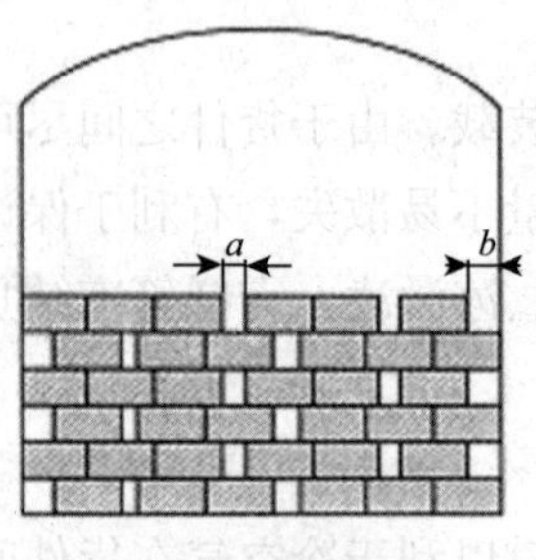

图2-2“一二三、三二一”装载法

注：空隙值a=3~4cm、b=5~6cm

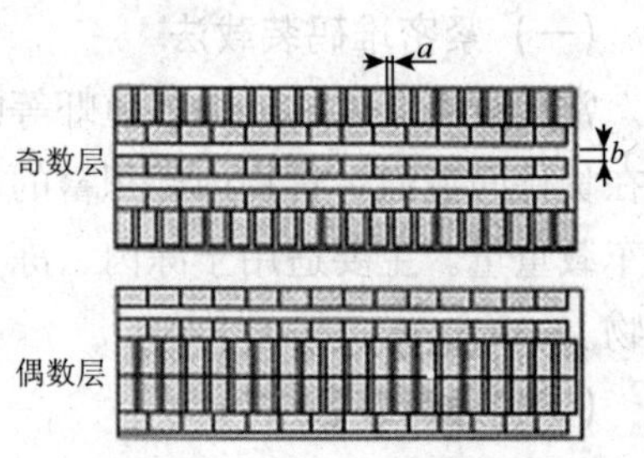

图2-3 “井字形”装载法

注：空隙值a=3~4cm、b=3~4cm注：空隙值

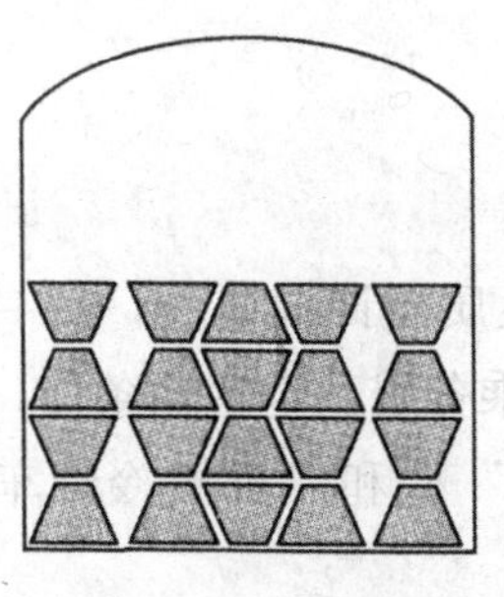

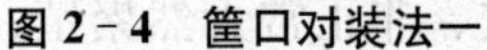

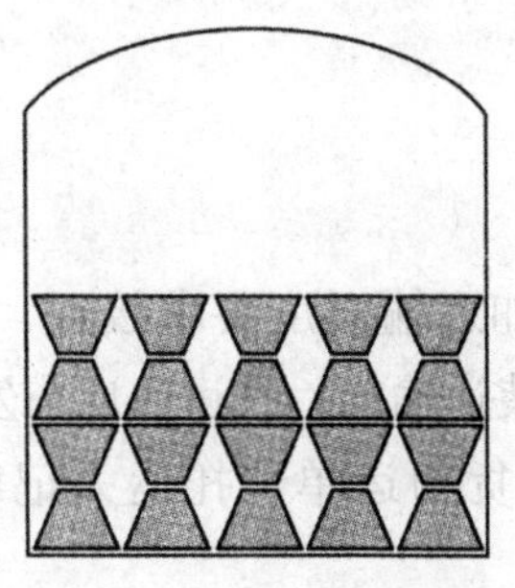

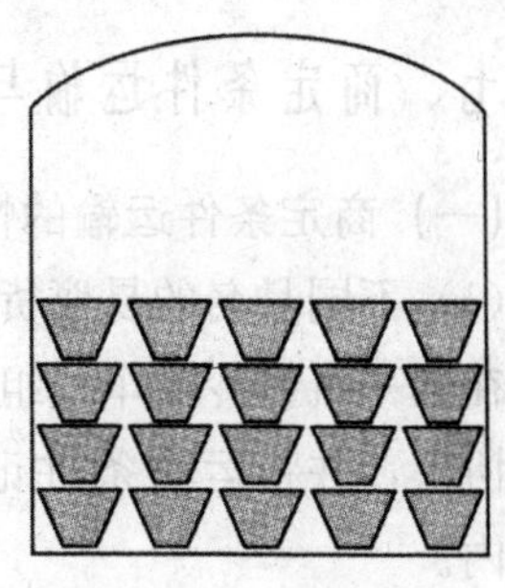

图 2-4 筐口对装法一　　图 2-5 筐口对装法二　　图 2-6 筐式顺装法

六、易腐货物的运输方式

易腐货物在不同外界气温条件下，需要采用不同的运输方式。

(一) 冷藏运输

冷藏运输是指由冷藏车、冷藏集装箱提供冷源，保持车内、箱内温度低于外界温度来运输易腐货物。大部分易腐货物适宜的运输温度低于外界温度，需要冷藏运输。冷藏运输是易腐货物运输的主要方式。

(二) 保温运输

保温运输是指不采用任何制冷、加温措施，仅利用车体、箱体的隔热性能和货物本身的冷量或热量来保持运输温度在适宜范围内运输易腐货物。

(三) 防寒运输

防寒运输是指用保温运输还不能使车内温度维持在货物容许的最低温度以上时，须采取补充的防护措施来运输易腐货物，防止货物遭受冷害冻损。

防寒措施一般是在车墙上加挂棉被、草帘，在车门附近加挂棉帘、草帘，在车地板上及四角填铺稻草、稻壳，用稻草、棉絮堵塞加冰冷藏车的排水管、泄水孔等。

(四) 加温运输

加温运输是指由运输工具提供热源，保持车内温度高于外界温度来运输易腐货物。当防寒措施仍不能防止易腐货物遭受冷害冻损时，可采取加温运输。机械冷藏车采用开启车内的电热器加温，加冰冷藏车、棚车采用安装火炉生火加温。目前铁路运输采用开启机械冷藏车的电热器使车内温度保持在规定范围内的加温方法。

(五) 通风运输

通风运输是指在运输全程或部分区段需开启冷藏车的通风口盖、进风阀门、排气口或开启棚车车门窗或吊起敞车侧板对车内进行通风来运输易腐货物。

通风运输主要用于加冰冷藏车、棚敞车运输水果、蔬菜。通风的目的在于散发货物的田间热、呼吸热，排除二氧化碳、乙醇等有害气体和多余水汽，避免货物积热不散、缺氧呼吸或被乙醇催熟而导致腐烂。

七、商定条件运输与试运

（一）商定条件运输的情形

（1）不同品名的易腐货物，如运输温度要求接近、货物性质允许混装的，按一批托运，在同一机械冷藏车内组织混装运输的，托运人应与发站和乘务组商定运输条件，签订运输协议，并将运输条件记录在货物运单“托运人记载事项”栏和“机械冷藏车作业单”内。

（2）使用机械冷藏车运输进口易腐货物，以及经过基因修改、非正常天然繁殖、使用过生长激素和经过化学药物处理等降低了耐储运性的易腐货物运输。托运人应与发站和乘务组商定运输条件，签订运输协议，并将运输条件记录在货物运单“托运人记载事项”栏和“机械冷藏车作业单”内。

（3）使用机械冷藏车运输易腐货物，托运人要求不按《铁路鲜活货物运输规则》规定条件办理时，应在确认货物不致出现腐烂、变质、冻损等问题的前提下，与发站和乘务组商定运输条件，签订运输协议，并将运输条件记录在货物运单“托运人记载事项”栏和“机械冷藏车作业单”内。

（4）使用机械冷藏车运输易腐货物，装车时的温度高于“易腐货物机械冷藏车运输条件表”规定或商定的运输温度的上限时，经托运人确认不影响货物质量的，可以组织运输，但托运人应与发站和乘务组签订运输协议并支付有关费用。

承运人按与托运人商定的运输条件或签订的运输协议组织运输，除承运人责任外，货物质量由托运人负责。

（二）试运的条件及规定

使用机械冷藏车装运《铁路鲜活货物运输规则》“易腐货物机械冷藏车运输条件表”中未列品名的易腐货物时，应按如下规定试运：

（1）试运前，托运人应与发站商定运输条件，提出“铁路易腐货物试运申请表”一式三份，托运人、发站、发送铁路局各一份。如表 2-4 所示。

表 2-4　铁路易腐货物试运申请表

货物品名		货物别名	
货物性质			
发站		到站	
申请试运起止时间			
托运时热状态（冻结、冷却、未冷却）			
果蔬采摘时间及前 10 天内天气情况			
托运时温度			
托运时外观和质量			

续 表

内包装		外包装（材质、尺寸）	
要求车内保持的温度范围		货物容许运输期限（天数）	
装运车辆要求			
装载要求			
运输条件			
其他需要说明的情况（可另附页）			
托运人签字：（盖章）年　月　日			
铁路局主管部门意见	试运批准号：（盖章）年　月　日		

（2）发站将“铁路易腐货物试运申请表”报铁路局，经批准后组织试运，铁路局将有关情况上报铁道部备案并抄送相关铁路局。

（3）托运人应将试运批准号和运输条件记录在货物运单“托运人记载事项”栏和“机械冷藏车作业单”内。

（4）发站在确认首批试运货物安全抵达到站后，方可发出次批试运货物。同一发站、品名、运输条件的货物，首批试运不得超过 4 车。试运期不得超过 1 年。

（5）试运期间，如货物在运输过程中出现腐烂、变质、冻损等问题，须立即停止试运。发站应组织有关人员分析事故原因，并将结果报铁路局。需要继续试运的必须制定改进措施，重新办理试运手续。

（6）试运结束后，发站应将试运总结报铁路局，铁路局将有关情况报铁道部。

知识点四　易腐货物运输组织

一、易腐货物的托运与受理

（一）运单填写

1. 货物品名

托运易腐货物时，托运人应在货物运单“货物名称”栏内填记货物名称，注明品类序号及热状态。

2. 货物容许运输期限

“托运人记载事项”栏内注明易腐货物容许运输期限（日数）。易腐货物容许运输期限须大于铁路规定的运到期限 3 日以上。

3. 冷藏车的运输方式

使用机械冷藏车运输易腐货物时，托运人应按“易腐货物机械冷藏车运输条件表”规定或与承运人商定的运输条件，在货物运单“托运人记载事项”栏内具体注明装载货物的运输温度要求和“途中控温”、“途中不控温”、“途中通风”、“途中不通风”等字样。

4. 押运事宜

需浇水运输的鲜活植物，托运人必须派押运员押运。需通风运输的易腐货物，托运人要求派人押运时，经车站同意，也可派人押运。押运人数除特定者外，每批不应超过2人。托运人要求增派时，须经车站确认。托运人应在运单“托运人记载事项”栏内注明押运人的姓名、证件名称及号码。

5. 运输标记

发站承运易腐货物后，应在货物运单上加盖红色“易腐货物”、Ⓚ（Ⓚ表示须快速挂运的货车）戳记，以引起各环节运输工作人员的重视，防止易腐货物车辆在途中发生积压或滞留。

6. 检疫证明书

为防止病虫害的传播，控制疫情的蔓延，经由铁路运输的动植物产品和鲜活植物，应是无病和符合检疫要求的。例如需检疫运输的肉、油脂、内脏、生皮毛、血液、骨、蹄等畜禽产品，稻麦、瓜果、蔬菜的种子和中药材等植物产品，以及苗木、盆景等鲜活植物，应凭检疫合格证明办理运输。

托运需检疫运输的易腐货物时，托运人应按国家有关规定提供检疫证明，在货物运单“托运人记载事项”栏内注明检疫证明的名称和号码，并将随货同行联牢固地粘贴在运单背面。车站凭此办理运输。

7. 商定条件运输的货物和试运的易腐货物

在实际运输工作中还不能完全排除某些环节或自然条件影响易腐货物运输条件的执行。例如水果、蔬菜在短途搬运中淋雨。遇有诸如此类情况，托运人认为货物运至到站不至腐料变质，作为权宜之计，托运人可与车站商定条件运输，以托运人的责任承运。商定的运输条件应记入货物运单的“货运人记载事项”栏内。

不按规定条件运输和组织试运的易腐货物，车站与托运人商定运输协议，当使用机械冷藏车装运时，要通知乘务组，并在乘务报单和机械冷藏车作业单内注明商定的运输条件。

（二）托运

使用机械冷藏车运输的货物，同一到站、同一收货人可以数批合提一份运单。

（三）受理

车站受理托运人提出的货物运单时，应认真审查货物运单内填记的事项是否符合铁路运输条件，审查的主要内容有：

(1) 有无违反一批托运的限制。

(2) 托运易腐货物，其容许运输期限是否符合要求。应记明货物的容许运输期限。容

许运输期限至少须大于货物运到期限3天。

(3) 需要声明事项是否在“托运人记载事项”栏内注明，如派有押运人的货物，托运人应在“托运人记载事项”栏内注明押运人姓名、证件名称和号码。

二、车辆选择和使用

选用的车辆必须符合易腐货物运输条件表的规定，装运易腐货物应按规定使用冷藏车，确因冷藏车不足时，承运人可根据托运人的要求，按《铁路鲜活货物运输规则》“使用棚敞车运输易腐货物的措施”规定使用棚敞车运输。

(一) 冷藏车使用规定

冷藏车是运输易腐货物的专用车，应用于装运易腐货物。使用机械冷藏车（包括空车回送和回空代用），应由发站逐级上报铁道部调度部门，经铁道部调度命令承认后方可使用。车站应将调度命令号码填记在“机械冷藏车装车通知单”（如表2-5所示）内。

表2-5　　机械冷藏车装车通知单

车号	装车地点	货物品名及热状态	重量（吨）	到站	计划装车时间	附注
铁道部、铁路局调度命令号码						

注：机械冷藏车装车通知单一式两份，一份交乘务组作业准备装货的通知，一份发站存查。

装车站货运员（签字）站戳

年　月　日

机械长（签字）列车戳

年　月　日

(1) 无包装的水果、蔬菜（西瓜、哈密瓜、南瓜、冬瓜除外）等易污染、损坏车内设备的易腐货物不得用冷藏车装运

(2) 冷藏车严禁用于装运易污染、腐蚀和损坏车辆的易腐货物

(3) 机械冷藏车装载货物的重量，不得超过车辆的标记载重量

(4) 机械冷藏车组，可组织同一到站卸车的两站分装，或同一发站装车的两站分卸。

但两分装或分卸站应为同一径路，距离不超过200km。第一装车站的装车数或第二卸车站的卸车数不得少于全组车的一半（枢纽地区除外）。两站分装（卸）是指机械冷藏车组中不同货物车在不同车站装（卸）车，同一货物车只能在一个车站装（卸）车

（5）机械冷藏车组中不同的货物车，可以装运温度要求不同的货物

（6）托运人用冷藏车装运货物时，应在"托运人记载事项"栏内注明具体要求，作为铁路运输服务的依据

（二）棚车、敞车使用规定

冷藏车不足时，在一定的运输期间和区域范围同，可有条件地使用棚车、敞车代替冷藏车装运易腐货物。易腐货物是否适合棚车、敞车运输，由托运人确定。托运人要求使用棚车、敞车代替冷藏车装运易腐货物时，应在提出的铁路货物运输服务订单上注明"如无冷藏车也可拨配棚车或敞车"。在运单的"托运人记载事项"栏内记明要求使用的车种和容许运输期限（日数）。

使用棚车、敞车运输易腐货物，托运人应与发站商定运输条件，签订运输协议，并将运输条件记录在货物运单"托运人记载事项"栏内。承运人应尽量满足托运人需要的车种和车数，承运人可根据托运人的要求，按以下规定办理：

1. 货物品类限制

易腐货物的质量是否适合棚车、敞车运输，货物是否需要押运，由托运人负责确定。货物品名类应限于易腐货物使用棚车、敞车运输条件表中明确规定的货物。运输未规定具体运输条件易腐货物，托运人应事先与发站商定试运条件，报铁路局批准。

2. 包装的规定

用棚车、敞车装运易腐货物，货物包装应符合易腐货物使用棚车、敞车运输条件表的规定。承运人应对包装进行定期检查、鉴定，防止因包装材料、构造、强度不符合要求造成易腐货物腐烂。例如，叶菜类货物使用通风不良、支撑力不足的编织袋包装，易造成集热不散，下层和底层货物被挤压损伤，导致货物腐烂。

3. 车辆使用及装载要求

装车单位装车前要认真检查棚车、敞车的货运状态和卫生条件，状态不良不能保证货物安全的车辆，承运人应予以调换，不符合卫生条件的车辆要进行洗刷除污。降温用的冰和采取防寒、保温、隔热措施所用的稻草、棉被、草帘、薄膜等材料应清洁，避免货物受到污染、滋生细菌或感染疫病源。货物应稳固装载，需要通风运输的水果、蔬菜要留有足够的通风空隙。

4. 编组隔离要求

敞车装运的蔬菜、水果等，使用易燃材料做防寒覆盖时，应苫盖货车篷布运输。无法苫盖货车篷布时，应按《铁路危险货物运输管理规则》"铁路车辆编组隔离表"中△6的规定进行隔离。

5. 快速运输要求和运输组织

托运人应在运单"托运人记载事项"栏内记明货物的容许运输期限，容许运输期限至

少须大于铁路规定的运到期限 3 天时，发站方可承运。发站承运后在运单、货票上注明“易腐货物”字样和△K红色标记（△K表示须快速挂运的货车）。发站和编组站、区段站要将△K符号转记在列车编组顺序表内。

6. 防寒、保温、隔热措施

运输途中各地区的外温低于－10℃时，使用棚车装运玻璃瓶装的酒、罐头、饮料类货物必须采取保温措施。

采取防寒、保温、隔热措施时，所用材料应清洁无污染。车内铺砌的冰墙和直接加入菜内的冰要清洁无污染，冰的数量、形状、大小要满足运输要求。车内铺砌冰墙的，应确保冰墙融化后货物码放稳固，不倒塌、不坠落。

7. 装卸车作业要求

易腐货物装卸车作业时，要做到轻拿轻放。

8. 通风

对需要通风运输的水果、蔬菜等易腐货物要留有足够的通风空隙。同时可将车辆门窗开启固定，或将敞车下门吊起，翻转到最大限度并捆绑牢固，用栅栏将货物挡住。开启的门窗和吊起的小门最外突出部位不得超限。

9. 押运人

使用棚敞车运输易腐货物时，是否需要押运由托运人确定。

三、易腐货物装车前准备

（一）装车前对车辆的检查

承运人应调配技术状态良好、干净清洁的车辆，装车单位应在装车前认真检查。对状态不良不能保证货物安全和运输质量的车辆，承运人应予调换。对不清洁的车辆，车站要组织清扫、洗刷。按规定需要消毒的，由托运人委托有资质的单位对车辆和货位进行消毒。

（二）装车前检查货物质量

托运人托运易腐货物，应按照《铁路鲜活货物运输规则》所规定的质量要求。必要时车站应会同托运人抽查货物质量。对于未冷却货物，主要检查货物表面是否有污染、发霉、腐烂、色泽是否新鲜，有无不正常气味，植物类鲜活货物有无机械伤，成熟度是否适合于运输以及有无不必要的“拖泥带水”等情况。

对于冷却和冻结货物，除应注意上述有关情况外，还应测定货物温度是否符合规定的标准范围。在检查货物质量的同时，还应检查货物的热状态及卫生状态。

（三）车辆预冷

用冷藏车运输易腐货物时，在装车前必须预冷，待车内温度降低到规定温度后，方可装车。机械冷藏车车内预冷温度：冻结货物为－3℃～0℃；香蕉为 11℃～15℃；菠萝、柑桔为 9℃～12℃；其他易腐货物为 0℃～3℃。

四、易腐货物的装车

(一) 装卸车责任的划分

冻结的易腐货物，不论是在车站公共装卸场所内还是在其他场所，均由托运人或收货人负责。

发站应与托运人商定易腐货物进货、装车等事项，将计划装车时间、装车地点、货物品名及热状态、重量、到站等事项填记在"机械冷藏车装车通知单"内，于装车前12小时内交给乘务组；两站分装的，第二装车站应在车辆到达后及时交给乘务组。乘务组应在装车前做好上水、补足油料、预冷车辆等工作。

(二) 装车作业的基本要求

1. 装车注意事项

易腐货物应按"易腐货物机械冷藏车运输条件表"、"易腐货物装载方法表"规定的方法装载。

(1) 保持车内低温

经过预冷的冷藏车装车时，应采取措施保持车内温度，避免降低预冷效果。

(2) 不损坏车辆

在装卸车作业中应使用不致损坏车内设备的工具，不得挤碰循环挡板和挤占车体压筋之间的空隙，上层货物距离循环挡板至少应留出50mm的空隙，不得在货物分层间使用影响通风的隔板。货物在车内的堆码，应当保证两侧车门能够方便开启。开关车门时，严禁乱砸硬撬。在采取保温、防寒、防湿等措施时，严禁以钉、钻、铆等方式损坏冷藏车车体。

(3) 装卸时间的规定

车站、机械冷藏车乘务组和托运人、收货人应加强装卸车组织工作，缩短装卸时间。易腐货物作业车停站时间原则上不得超过该站的货车停留时间。

单节机械冷藏车每辆装（卸）车作业时间（不包括洗车和预冷时间，下同）不得超过3小时。货物车为4辆的机械冷藏车组，每组装（卸）车作业时间不得超过6小时，每车的装（卸）车作业时间不得超过3小时。装（卸）车期间需要制冷的，要在"机械冷藏车作业单"中注明起止时间，车站按规定核收有关费用。由于托运人（收货人）的责任超过规定的装卸车时间，也应核收货车使用费。

车站货运员和机械冷藏车乘务员应对装卸车作业进行指导，发现问题及时联系托运人、收货人共同解决。货物装车完毕，机械冷藏车乘务员应检查车门是否关闭严密，及时记录车内温度并开机调温。

2. 施封

使用冷藏车、棚车运输的易腐货物应施封，但派有押运人的货物、需要通风运输的货物可不施封。

3. 填写冷藏车作业单

使用机械冷藏车时，对同一到站、同一收货人和同一热状态、要求同一温度的货物可

不限车数合填冷藏车作业单一式三份。交一份与机械冷藏车乘务组递交到站。冷藏车作业单是掌握易腐货物运输质量的原始记录，是改进易腐货物冷藏运输质量、分析事故原因、划分承运人与托运人之间以及铁路内部相互间责任的依据，所以装车单位必须按要求认真填写冷藏车作业单。

车站、铁路专用线（专用铁路）、机械冷藏车乘务组要认真按车填写“机械冷藏车作业单”（如表 2-6 所示），并做好传递交接工作。

表 2-6　　机械冷藏车作业单

No. 000000

始发站作业记录

1. 发站__________到站______车种、车型、车号______货票号______。
2. 货物品名、热状态__________；包装种类、状态______________。
3. 货物质量抽查情况：______________________________________。
4. 货物装载方法____。
5. 商定的运输条件____。
6. 车辆预冷时间____________小时，车内预冷温度________摄氏度。
7. 货物进站时间____月____日____时。装车时间____月____日____时____分开始到____月____日____时____分止，其中制冷时间____月____日____时____分开始到____月____日____时____分止。
8. 装车时车内温度____摄氏度，车外温度____摄氏度，货物的承运温度____摄氏度。
9. 试运批准号：____。
10. 其他需说明情况：

托运人或经办人签字（盖章）______。　　机械冷藏车机械长签字（盖章）______。
铁路专用线（专有铁路）签字（盖章）______。　　发站货运员签字（盖章）______。

五、易腐货物的承运

（一）填制货票，核收运杂费

1. 计费重量

机械冷藏车运送易腐货物按规定计费重量计费（如表 2-7 所示），超过时按货物重量以吨为单位按四舍五入计费。

表 2-7　　冷藏车规定计费重量表

车种、车型		计费重量（t）	附注
机械冷藏车	B_{21}	42	4 辆装货
	B_{10}、B_{10A}、B_{10B}	44	单节
	B_{22}、B_{23}	48	4 辆装货

续 表

车种、车型		计费重量（t）	附注
冷板冷藏车	BSY	40	
冷藏车改造车	B_{15E}	56	
自备机械冷藏车	60		
自备冷板冷藏车	50		
代替其他货车装运非易腐货物铁路冷藏车	冷藏车标重		

2. 运价率的确定

以冷藏车运送货物，按货物运价率表中不同车型的冷藏车的运价率计算运费，特殊情况按下述方法办理：

（1）途中不需要加温（或托运人自行加温）或制冷的机械冷藏车按机械冷藏车运价率减 20%计算。

（2）使用铁路机械冷藏车运输，要求途中保持温度－12℃（不含）以下的货物，按机械冷藏车运价率加 20%计算。

（3）自备冷藏车、隔热车（即无冷源车）和代替其他货车装运非易腐货物的铁路冷藏车，均按所装货物适用的运价率计费。

3. 运价计算公式

整车货物按重量计费　运费＝（基价 1＋基价 2×运价里程）×计费重量

或　　　　　　　　　运费＝（基价 2×运价里程）×轴数

4. 快运货物运费

按快运办理的货物的运费计算同不按快运办理的货物，但需加收快运费。快运费的费率为该批货物运价率的 30%。

【例 2－1】桂林北发往沈阳南蔬菜一批重 20t，用 B_{10BT} 车一辆装运，试计算其运费。若办理的是快速运输，快运费又是多少？

【解】查货物运价里程表可知最短径路运价里程为 2962km，运价率按该批货物适用的冷藏车运价计费，计费重量为规定计费重量 38t。

运费＝（11.5＋0.079×2962）×44＝10801.9（元）

若货物办理快运时，除核收运费外，需计算该批货物快运费

快运费＝（11.5＋0.079×2962）×44×30%＝3240.6（元）

（二）易腐货物的押运

由于易腐货物的性质特殊，在运输过程中需要加以特殊防护和照料，否则，不能保证易腐货物运输安全，因而需派押运员押运。需派人押运的情况有：

1. 需要浇水运输的鲜活植物

需要专门人员根据气温条件定时、定量的浇水、照管。

2. 需要生火加温运输的货物

需要有人照看火炉，并适时调节车内温度、湿度。

(三) 装车后票据、封套的填写

发站承运易腐货物后应在货票、封套上分别加盖红色“易腐货物”、△K（△K表示须快速挂运的货车）戳记。发站、列车编组站要将△K符号转记在“列车编组顺序表”记事栏内。

六、易腐货物车辆挂运

在鲜活货物运量集中的区段，应开行鲜活货物或以鲜活货物为主的班列、直达、快运等快速货物列车。在其他区段，应积极组织挂运快速货物列车。

承运人应根据鲜活货物季节性强、运量波动大、时间要求快的特点，加强运输组织工作，坚持优先安排运输计划、优先进货装车、优先配空、优先取送、优先编组、优先挂运。

各级调度对装有鲜活货物的列车、车辆应重点掌握，防止途中积压。对装有鲜活货物的车辆，除中间站装（卸）车可编入摘挂、小运转列车外，均应编入快运列车或直通、直达、区段列车。车辆在编组站、区段站的中转停留时间，原则上不得超过车站有关去向的货车中转停留时间。

七、易腐货物途中作业

(一) 机械冷藏车控温

机械冷藏车乘务组应按《铁路鲜活货物运输规则》“易腐货物机械冷藏车运输条件表”规定或商定的温度要求保持车内温度，对未冷却的易腐货物应在最短时间内将车内温度降到规定的范围。同时定期对车内温度状况进行监控，在装车后及运输途中，每隔 2 小时记录一次各车内的温度，每 6 小时填写一次“机械冷藏车作业单”（如表 2-8 所示）。

表 2-8　　机械冷藏车作业单

机械冷藏车温度记录

日/时分								
外温								
车内温度								
日/时分								
外温								
车内温度								

续 表

日/时分									
外温									
车内温度									

机械冷藏车机械长签字（盖章）_______列车戳____

注：①未冷却货物可不填记货物的承运温度。

②冷却及未冷却的货物以卸车时车内温度为货物交接温度。

③机械冷藏车温度记录填满时，可在本页反面画格填写。

④“机械冷藏车作业单”一式三份，一份由发站留存，一份随车递送到站保存，一份由机械冷藏车乘务组交配属单位存档。

⑤本作业单保存期为1年。

（二）通风作业

全程或部分区段需通风运输的易腐货物，或运输一段距离后需要对车内通风换气的易腐货物，应根据外界气温情况进行适当的通风。通风分为停站通风和在途通风。

机械冷藏车的通风是由专门的通风装置实现的，它可根据车内所装货物的需要随时进行。使用机械冷藏车装运水果、蔬菜和其他需要通风运输的货物时，应根据具体情况定期进行通风作业。

装运易腐货物的棚车、敞车需要通风换气时，可以将车门、车窗开启固定或侧板吊起，但必须注意安全。吊起敞车侧板时要用铁线进行加固，并用栅栏将货物挡住。开启的门窗和吊起的侧板最外处的部位从车辆纵中心线起不得超过1700mm。

（三）上水预报

需中途上水的机械冷藏车应编在列车中部，乘务组应提前拍发电报将有关情况通知前方上水站。机械冷藏车需要上水时，各车站应予以支持并免费供水。

为便于检修和管理，机械冷藏车临时备用时，应停留在有上水条件的枢纽地区或车站。

（四）货物运输合同的变更

易腐货物原则上不办理变更到站。确需变更时，可变更到站一次，且容许运输期限要大于重新计算的运到期限3天以上。

托运人要求变更易腐货物到站时，受理站应对该批货物的运到期限重新计算，只有容许运输期限仍然大于新的运到期限3天以上时方能受理。计算新的运到期限时应扣除已发生了的运输时间，托运人原提出的容许运输期限也应扣除已发生的运送日数，或由托运人另提容许运输期限。

（五）车辆滞留时的处理

装有易腐货物的车辆，在运行途中不得保留积压。遇有特殊情况需要保留时，保留站应立即向铁路局调度、货运部门报告，同时采取措施妥善处理，并在货票记事栏内记明滞留原因和时间。

装有易腐货物的车辆因技术状态不良等原因发生滞留不能继运时，滞留站应及时报告铁路局调度、货运部门，并尽量组织按原运输条件倒装。由于气温、技术条件等限制不能倒装又不宜在当地处理的货物，滞留站应通知发、到站及时联系托运人、收货人，并限时提出处理办法。超过要求时间未接到答复或因等候答复使货物造成损失时，由发生地铁路局与发送铁路局协商处理。

机械冷藏车组中的部分车辆发生故障不能继运时，乘务组应立即电告发生铁路局并抄报铁道部。发生局应尽快抢修、继运。

(六) 变质事故处理

运输途中发现易腐货物腐烂、变质、冻损、污染、生理病害、病残死亡等问题时，发现单位应立即通知车站联系托运人、收货人并妥善处理，防止货物损失扩大。

处理货物腐烂、变质情况时，应扣除运输途中的合理损耗。

八、易腐货物到达作业

(一) 卸车

车站、机械冷藏车乘务组和托运人、收货人应加强（装）卸车组织工作，缩短装卸时间。易腐货物作业车停站时间原则上不得超过该站的货车停留时间。收货人领取货物时，必须将货物的装车备品、防护用品、衬垫物品等全部搬出。

车站货运员和机械冷藏车乘务员应对装卸车作业进行指导，发现问题及时联系托运人、收货人共同解决。

(二) 交付

易腐货物运抵到站，联系不到收货人或收货人拒绝领取时，到站应自发出催领通知次日起（不能实行催领通知时，为卸车完了的次日）或收货人拒绝领取之日起，1 日内及时通知发站和托运人，征求处理意见。托运人自接到通知之日起，2 日内提出处理意见答复到站。对于超过容许运输期限仍无人领取的货物，或收货人拒领而托运人又未按规定期限提出处理意见的货物，或虽未超过上述期限，但是货物已开始腐坏、变质时，到站可按无法交付货物或依据有关规定处理。

到达货物出现腐烂、变质、冻损、污染、生理病害、病残死亡等问题时，到站应立即组织卸车并按规定编制货运记录，使用机械冷藏车的应会同乘务组组织卸车。收货人有异议的，不得拒绝卸车或中途停止卸车，否则因此造成的扩大损失由收货人承担。

1. 编制变质事故货运记录的重点要求

运单上货物的容许运输期限，货物包装堆码方式。变质货物位置及损失数量和程度。加冰冷藏车车型、车号，车内外温度，中途站加冰盐情况，冰箱内残存冰量，以及冰箱、排水管等设备的技术状态。机械冷藏车乘务员出具的普通记录证明和车站提交的冷藏车作业单记录。

2. 承运人变质事故责任的划分

在查明事故情况和原因的基础上，依据《合同法》、《铁路法》和《货规》及其引申规则、办法的有关规定，划分承运人与托运人、收货人之间的责任。

属于铁路内部各单位间需要划分责任时，根据不同情况，参照有关规章妥善处理，并依照下列各项规定划分铁路内部责任。

（1）货物质量、包装、装载方法不符合要求时，如属铁路责任由发站负责。

（2）发站违反车辆使用限制，未按规定加冰盐或未在运单上注明加冰要求，未通知加冰站以及货物装载不当，如属铁路责任时，由发站负责。

中途加冰站未按规定加冰盐或漏加以及未通知下一加冰站，分别由各违反站负责。

因误编挂车辆造成未办理加冰，由该编挂站负责。

货物运到逾期，由积压站（分局）负责；连续积压，共同负责，按积压天数比例分摊损失。

同时存在上述多种原因，除分别承担经济损失外，事故列主要责任站。

（3）机械冷藏车违反易腐货物控温规定，造成货物腐烂，由该机械冷藏车所属段负责。

（三）货车、货位清扫和除污

卸车单位负责将卸后的车辆和货位清扫干净。

被动物、动物产品等污染的车辆、货位，卸车单位要彻底洗刷除污，保证没有残留的污水、秽物。按规定需要消毒的，由收货人委托有资质的单位进行消毒。车辆洗刷除污、消毒后适当通风，晾干后再关车门。机械冷藏车洗刷除污、消毒后须经车站和乘务组检查验收，棚车、敞车洗刷除污、消毒后须经车站检查验收。

（四）冷藏车的回送与保管

卸车单位没有货车洗刷除污条件的，车站应根据调度命令填写“特殊货车及运送用具回送清单”，向铁路局指定的洗刷除污站回送。清扫、洗刷除污费用由收货人承担。清洗干净的加冰冷藏车应填写“特殊货车及运送用具回送清单”向局指定的冷藏车保管部回送，或按调度命令向装车站回送（如表 2-9 所示）。

表 2-9　　机械冷藏车作业单

到站作业记录

1. 到达车次________次，时间____月____日____分。

2. 车辆调入时间____月____日____时____分。卸车时间____月____日____时。

分起至____月____日____时____分止，其中制冷时间____月____日____

时____分开始到____月____日____分止。

3. 卸车时温度：车内温度________摄氏度，车外温度________摄氏度。

4. 货物质量：感官观察________，冻结货物温度________摄氏度。

5. 车内洗刷情况________________________。

6. 其他需说明情况：

收货人或经办人签字（盖章）______。机械冷藏车机械长签字（盖章）______。

铁路专用线（专用铁路）签字（盖章）______。到站货运员签字（盖章）______。

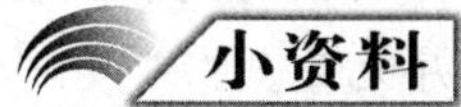

预冷方法

对于不同品种、不同产地的蔬菜，预冷的方法大体分为三种：冷风预冷、真空预冷和冷水预冷。根据冷风循环的不同方式，冷风预冷又分为强制通风预冷和差压通风预冷。

1. 强制通风预冷

强制通风预冷是利用冷风机强制冷空气在蔬菜包装箱之间循环流动，从而对箱内蔬菜进行冷却。

(1) 强制通风预冷几乎适合于所有果蔬的预冷，设备也较便宜，但冷却至需要的温度耗时较长，一般需要24小时。

(2) 差压通风预冷几乎适用于所有的蔬菜。其冷却速度较快，投资也不是很大（只比强制通风预冷多一个静压箱和一台差压风机），对于果菜尤其适用。

2. 真空预冷

真空预冷根据不同的品种可以在15～20分钟内将果蔬从二十几度降至2℃～3℃，因此非常适合于大量处理，但只限于果蔬中的茎、叶类（即体表比较小者）。几乎不能冷却水分不易蒸发的果菜，其投资费用也较高。

3. 冷水预冷

冷水预冷过的蔬菜往往带有较多的水分，微生物易繁殖，极易造成蔬菜腐烂，往往在流通中不受欢迎。

农产品冷链物流必须满足的条件

1. “三P”条件

“三P”条件即农产品原料的品质（Produce）、处理工艺（Processing）、货物包装(Package)。要求原料品质好，处理工艺质量高，包装符合货物的特性。这是农产品在进入冷链时的“早期质量”。

2. “三C”条件

“三C”条件即在整个加工与流通过程中，对农产品的爱护（Care），保持清洁卫生(Clean）的条件，以及低温（Cool）的环境。这是保证农产品“流通质量”的基本要求。

3. “三T”条件

“三T”条件即著名的“TTT”[时间（Time）、温度（Temperature）、容许变质量(或耐藏性)（Tolerance)]理论。该理论表明：①对每一种冻结食品而言，在一定的温度下，食品所发生的质量下降与所经历的时间存在着确定的关系，大多数冷冻食品的品质稳定性是随着食品温度的降低而呈指数关系增大；②冻结食品在储运过程中，因时间和温度的经历而引起的品质降低是累积的，并且是不可逆的，但与所经历的顺序无关。

4. “三 Q”条件

“三 Q”条件即冷链中设备的数量（Quantity）协调，设备的质量（Quality）标准的一致，以及快速的（Quick）作业组织。冷链中设备数量（能力）和质量标准的协调能够保证农产品总是处在适宜的环境（温度、湿度、气体成分、卫生、包装）之中，并能提高各项设备的利用率。因此，要求产销部门的预冷站、各种冷库、运输工具等，都要按照农产品物流的客观需要，互相协调发展。快速的作业组织则是指加工部门的生产过程，经营者的货源组织，运输部门的车辆准备与途中服务、换装作业的衔接，销售部门的库容准备等均应快速组织并协调配合。“三 Q”条件十分重要，并具有实际指导意义。例如，冷链中各环节的温度标准若不统一，则会导致食品品质极大地下降。这是因为在常温中暴露 1 小时的食品，其质量损失可能相当于在－20℃下储存半年的质量损失量。因此，对冷链各接口的管理与协调是非常重要的。

5. “三 M”条件

“三 M”条件即保鲜工具与手段（Means）、保鲜方法（Methods）和管理措施（Management）。在冷链中所使用的储运工具及保鲜方法要符合农产品的特性，并能保证既经济又取得最佳的保鲜效果；同时，要有相应的管理机构和行之有效的管理措施，以保证冷链协调、有序、高效地运转。

在上述条件中，属于产品特性的有原料品质和耐藏性；属于设备条件的有设备的数量、质量，低温环境和保鲜储运工具；属于处理工艺条件的有工艺水平、包装条件和清洁卫生；属于人为条件的是管理、快速作业和对食品的爱护。其中，有些因素是互相影响的，如设备条件对处理工艺、管理和作业过程均有直接影响。

学习任务二　活动物运输组织

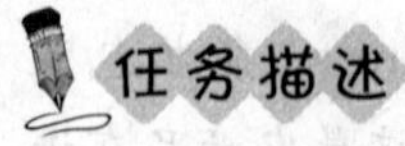

任务描述

本次任务需要学生依据案例要求完成活动物的运输作业要求。具体任务要求见任务单所示。

任　务　单

请利用本学习单元所学知识，处理以下案例。

【案例情况说明】

(1) 江西赣州某生猪厂向香港运输 500 头生猪，可以用哪种铁路货物运输方式运输？可采用何种车进行运输？

(2) 某区段站在编组 23032 次货物列车时，因车流不足，按编组计划要求，需将一辆整车1605农药车（W 5 8001368）、一辆生石灰车（C 62B 4325837）和一辆蜜蜂车（P 64 3405098）编入该次列车。针对此情况，指出列车编组、列车编组顺序表填写以及货车表示牌选择和填记的特殊要求。

（3）西安北站发深圳北外贸出口活牛一车，托运人张三，收货人李四，使用P_{64}木底棚车装运，该车2009年7月5日装车完毕，并于次日由12008次列车挂出，中途需要在郑州北站和株州北站上水。

要求：①会办理活动物运输，确定调车作业限制条件；

②明确相关运输票据上需要注明哪些特殊标记或文字；

③会拟发活动物上水预报。

【任务要求说明】请完成上述案例，并将其步骤和依据详细记录在学生工作页的“计划决策”栏内。在完成这一任务时，请注意以下问题的过程材料必须记录齐全：

1. 活动物的装车（包括活动物运输车辆的确定，车辆的调车限制、编组隔离要求）。

2. 途中作业注意事项（途中上水、押运）。

【任务实施】以小组为单位围绕这三个案例进行讨论，然后各组派代表上台汇报，阐述本组对这三个案例的讨论结果，期间其余各组成员均可提出问题，让该组成员进行解答。最后教师对这三个小组的讨论结果进行评析。

注意：每位学生最后必须上交一套填写完整的“学生工作页”和相关表格台账以供考核。

知识点五 活动物运输组织

一、活动物发送作业

（一）活动物的托运与承运

1. 活动物运输种类

活动物一般按整车运输。未装容器的活动物、蜜蜂限按整车运输。活动物可用活动物专用集装箱运输，但不能用通用集装箱运输。

2. 活动物运输证明

托运活动物时，托运人应按国家有关规定提出检疫证明，在货物运单“托运人记载事项”栏内注明检疫证明的名称和号码，并将随货同行，牢固地粘贴在运单背面。对承运的活动物，发站应在货物运单、货票、封套上注明“活动物”和“禁止溜放”字样。没有检疫证明书的活动物，发站不得承运。

蜜蜂运输时，托运人要按车填写物品清单（一式三份，一份留站存查，一份随票递送到站，一份交托运人）。物品清单要记明蜜蜂的空箱数、有蜂箱数、押运人所带的生活用品、饲养工具及蜜蜂饲料等。

3. 猛禽、猛兽商定条件运输

托运猛禽、猛兽时，托运人应与发站商定运输条件和运输防护方法，报发送铁路局批准。跨局运输时，发送铁路局应将商定的事项通知相关铁路局。托运人应在货物运单“托运人记载事项”栏内注明商定的运输条件和运输防护方法。

4. 活动物押运事宜

活动物运输的最大特点是运输过程中要同时进行饲养工作，养运难以分离。装运活动物时，托运人必须派熟悉活动物特性的押运人随车押运，并在运单“托运人记载事项”栏内注明押运人人数和押运人的姓名、证件名称及号码。

押运人的人数，每车以1～2 人为限，托运人要求增派时，须经车站承认，但增派人数一般不得超过5人。鱼苗每车押运人不得超过8人，蜜蜂每车押运人不得超过9人，租用的家畜、家禽车回空时每次准许派2人押运。

押运人携带物品必须符合安全要求，只限于途中生活用品以及途中需要的饲料和饲养工具，数量在规定期限内。

5. 活动物运输标记

对承运的活动物，发站应在运单、货票、装载清单和票据封套上注明“活动物”字样，以引起各环节运输工作人员的注意，做好沿途服务工作，及时办理运输作业，缩短在途时间。

(二) 活动物装车

1. 活动物运输车辆

装运活动物应选用专用车辆、敞车或有窗的棚车。活动物运输的车辆有如下几种：

(1) 家畜车

家畜车是运输猪、牛、羊、鸡、鸭、鹅等家畜家禽专用车。主要车型有J_1、J_2、J_3、J_4、J_5、J_6型，载重量分别为10t、15t、10t、18t、20t、16t.6t。其中J_6型为活牛专用车。

家畜车的车墙、车门设置有调节箱、端窗、通风窗等通风调温装置。车内一般分为2～3层，设有押运人员休息室和饲料用具存放架。车上安装水箱、水管等储给水设备，有的还备有饲料槽。从2008年起，家畜车基本退役，被改造成具有别种用途的车辆。

(2) 活鱼车

活鱼车是运输活鱼、鱼苗的专用车。车内设有水槽、水泵循环水流系统和贮水箱等设备。使用时，鱼、鱼苗盛放在水槽内。水槽内的水在水泵的作用下，通过水循环装置流动，经水槽上的喷雾喷入空气中再落入水槽，将氧气带入水中，不断循环，给水增氧。

(3) 棚车、敞车

棚车、敞车属通用货车。在活动物专用车不足的情况下，可有条件地选用棚敞车装运活动物。使用时，据需要增设装载装置、装车备品，并采取相应的防护措施，可用于装运马、牛、羊、猪等活动物。

(4) 动物集装箱

动物集装箱是为装运活动物而特别设计的，设有外置式食槽，能遮蔽阳光直射，具有良好的通风条件，用于装运鸡、鸭、鹅等家禽和马、牛、羊等家畜。

2. 车辆选用

装运活动物必须选用家畜车、家禽车、活鱼车以及清扫干净、未受污染的棚车、敞车，但不得使用无车窗的棚车。拨配的车辆是否适合装运活动物由托运人检查确定，并在运单“托运人记载事项”栏内记明同意使用车辆的车型、车号。托运人认为车辆不适合时，承运人应予以调换。

(1) 装运牛、马、骡、驴、骆驼等大牲畜，应使用带有㊦标记的木地板货车；因木地板货车不足而需要使用其他货车时，应采取衬垫等防滑措施。

(2) 发往深圳北的活牛不得使用敞车装运。

(3) 装运活鱼不得使用全钢棚车及车窗不能开启的棚车（采用增氧机运输的除外）。托运人随车携带增氧机时，必须配带1～2个灭火器。随车携带的动力用柴油不得超过100kg。柴油应盛装于小口塑料桶内，口盖必须拧紧，严密不漏。严禁使用汽油动力增氧机，严禁携带汽油上车。

3. 活动物装车

未装容器的活动物、蜜蜂、鱼苗，不论是在车站公共装卸场所内还是在其他场所，均由托运人或收货人负责。装车前，应认真检查车辆的货运状态、卫生条件是否适合装运活动物。装车时，应按规定的方法和要求装载。

(1) 禽、畜可单层或多层装载，每层的装载数量由托运人根据季节、运输距离、活动物的体积及选用的车种、车型等情况确定。装运活动物的车辆可开启门窗，但应采取措施防止大牲畜头部伸出。对开启的车门应捆绑牢固，并用栅栏将活动物挡住。开启的门窗最外突出部位不得超限。

(2) 棚车装活鱼、鱼苗应使用木箱、鱼篓、帆布桶、帆布槽等容器盛装。使用帆布槽盛装时，应用坚固的金属支架支撑，支架的高度不得超过1.7m，帆布应牢固、不渗水，装入鱼苗后，槽内水位不得超过1.5m。禁止托运人在车体上钻孔安装支架。

活鱼、鱼苗运输中的生存环境，与自然的生长、养殖生态环境不同。在运输中须不断补充氧气，才能提高存活率。因此，活鱼、鱼苗装载密度不宜过大，鱼与水的比例以1∶10～1∶12为宜，运输用水必须清洁卫生，发现容器中的污物、残饵、死鱼应及时清除和换水。

(3) 蜜蜂进站时，托运人必须在蜂箱巢门外安装好纱罩，防止蜜蜂飞出蜇人、遮蔽信号，影响车站作业和行车安全。蜂箱巢门未安装纱罩的，发站不得承运。

蜜蜂的装载，应纵向排列、稳固堆码，并留有足够的通风道，预留押运人休息的位置。在顶部蜂箱上不准乘坐人员，不准装载自行车和其他杂物。使用敞车装运的，高度不得超过4600mm，高出端、侧板的蜂箱要适当起脊堆码、捆绑牢固，避免超限和运行中蜂箱倒塌、坠落，保证安全。

(4) 使用棚车、敞车装运活动物时，为了通风散热，可开启门窗或吊起侧板，但应采取设置栅栏等措施防止活动物头脚伸出或坠落，避免活动物发生伤残死亡和引发行车事故。棚车开启的车门窗和敞车吊起的侧板不得超限并固定捆绑牢固，敞车上搭盖晒防雨棚应稳固不超限，以保证安全。

4. 核算运费

整车货物装车后，货运员将签收的运单移交货运室填制货票，核收运杂费。对于标重不足 30t 的家畜车，计费重量按 30t 计算，货物重量超过规定计费重量的按货物重量计算。

（三）填写“鲜活货物运量统计表”

办理活动物货物发送的车站应如实填写“鲜活货物运量统计表”（如表 2－10 所示），于每季度第一个月 10 日前将上季度报表上报铁路局，铁路局汇总后 20 日前上报铁路局。

表 2－10　　　　鲜活货物运量统计表

单位：____铁路局（车站）　　　　____年____季度

	按去南发送量（吨）						按车种发送量（车、吨）							
	哈	沈	……	乌	青	合计	机械冷藏车		棚车、敞车		其他		合计	
							车	吨	车	吨	车	吨	车	吨
速冻食品														
冻水产品														
肉类制品														
油脂类														
禽蛋类														
乳制品														
糖果类														
饮品														
鲜蔬菜														
鲜水果														
坚果类														
活动物														
其他														
合计														
备注														

注：①去向顺序为哈、沈、京、呼、郑、武、西、济、上、南、广、宁、成、昆、兰、乌、青。

②本表保存期为 3 年。

（四）活动物车辆的调车限制和编组隔离要求

1. 调车限制

活动物装车后应插挂“禁止溜放”表示牌，车站在调车作业时，严禁溜放。

2. 编组隔离要求

（1）禽、畜、鱼苗装车后，应在货物运单、票据封套、装载清单上用红色记明编组隔离标记，并转记在货车表示牌上。

（2）装载活动物的车辆原则上不得与乘坐旅客的车辆编挂在同一列车内。确需编挂在同一列车内时，应与乘坐旅客的车辆隔离 1 辆以上。

（3）装蜜蜂的车辆与装载农药的车辆原则上不得编挂在同一列车上。如因车流不足、分别挂运有困难，在本次列车运行全程内不发生列车折角转向运行的条件下，可编入同一列车内，但应将蜜蜂车挂在农药车的前部，并隔离四辆以上。

（4）蜜蜂车和生石灰车编在同一列车内时应隔离两辆以上，并将蜜蜂车挂在生石灰车的前部。

二、活动物途中作业

（一）活动物车辆的运行

装有活动物的车辆，车站应及时组织挂运，除在中间站有装卸作业的可编入摘挂列车外，其他站均应编入快运列车或直达、直通列车。在编组站、区站段中转停留的时间，原则上不得超过本站方向别的中转站停留时间。将活动物车辆编入快运货物列车、鲜活货物直达列车，更有利于压缩活动物车辆的在途时间。

（二）活动物车辆途中上水

活动物在中途上水，由铁路指定的上水站免费供应，上水站站名如表 2－11 所示。上水用具由托运人或押运人自备。车站对挂有活动物车辆的列车，应接入备有上水设备的股道。上水站上水后应按规定用电报依次向前方上水站进行预报。上水预报电文内容和代号如表 2－12：

表 2－11　上水站站名表

局别	上水站站名
哈尔滨局	哈尔滨南、三间房、南岔、牡丹江、让湖路、佳木斯、绥化、加格达奇、博克图、哈尔滨东、北安、塔河、八达沟、伊图里河、齐齐哈尔、龙镇、红兴隆、海拉尔
沈阳局	山海关、沈阳西、沈阳南、四平、长春北、通辽、梅河口、大安北、赤峰、锦州、大石桥、本溪
北京局	丰台西、南仓、石家庄、张家口南、隆化、平泉、德州、唐山北、银城铺、唐山东、蓟县、邯郸、阳泉、衡水、双桥
太原局	大同、太原北、榆次、介休、临汾、运城
呼和浩特局	包头东、集宁、乌海西、乌海、临河、呼和浩特、赛汗塔拉

续 表

局别	上水站站名
郑州局	郑州北、商丘、商丘北、新乡、安阳、月山、晋城北、长治北、三门峡西、洛阳东、洛阳北、关林、平顶山西、嘉峰
武汉局	武汉北、襄樊北
西安局	新丰镇
济南局	济南西
上海局	南翔、阜阳北、芜湖东、绩溪县
南昌局	鹰潭、向塘西
广铁（集团）公司	株洲北、江村、衡阳北、岳阳北、长沙东、郴州、韶关
南宁局	柳州南、桂林北、玉林、南宁南、黎塘、凭祥、金城江、茂名、湛江
成都局	广元、西昌南、达州
昆明局	昆明东、宣威、威舍、红果、读书铺、开远、王家营、山腰
兰州局	兰州西、武威南、迎水桥、天水、嘉峪关、惠农
乌鲁木齐局	柳园、哈密、鄯善、吐鲁番、奎屯、阿拉山口、库尔勒、阿克苏
青藏铁路公司	无

表 2－12　　上水预报电文表

内容	开车月、日	车次	车型车号	货物品名	到站	收货人
代号	(1)	(2)	(3)	(4)	(5)	(6)

注：①在电文首部冠以“上水预报”字样。

②整列运输时，代号（3）只报车型、车数、不报车号。代号（6）由最后一个上水站向到站预报。

(三) 活动物押运

活动物（包括活鱼、鱼苗、蜜蜂、家畜等）需要专门人员供应饮水和照料，因此运输活动物时，托运人必须派熟悉动物特性的押运人随车押运，负责做好动物的饲养、饮水、换水、洒水、看护和安全工作。托运人应在货物运单内注明凭证文件的名称、号码和押运人姓名。

押运人每车1～2人，托运人要求增派押运人时，须经发站承认，但合计人数不得超过7人。押运人应遵守“押运人须知”和铁路的有关规定，途中不得吸烟、生火、做饭、用明火照明。

押运人携带物品只限途中生活用品以及途中需要的饲料和饲养工具。为放蜂需要带的狗必须装在铁笼内，并交验检疫证明。押运人不得携带危险品和违反政令限制的物品。

运输过程中发现活动物染疫、疑似染疫、病死或死因不明时，押运人应及时通知车站。车站发现上述情况时，应及时向当地动物防疫部门报告并按动物防疫部门的规定妥善

处理，同时拍发电报通知发、到站和上级主管部门。严禁乱扔染疫、疑似染疫的活动物，病死或死因不明的活动物尸体。

活动物的排泄物以及垫料、包装物、容器等污染物应由押运人或收货人在铁路指定站或到站清除，并按动物防疫部门的规定处理，不得中途随意向车外抛撒，不得违规在中途站清扫和冲洗。

(四) 蜜蜂运输不办理变更到站

为保证铁路作业安全，蜜蜂在车站和运输过程中不得放蜂。蜜蜂到达到站后，要尽快办理卸车、交付手续，并及时搬出货场。

三、活动物到达作业

活动物车辆到达后，到站负责卸车的应及时组织卸车和交付，收货人负责卸车的应及时办理送卸和交接。卸车时要采取必要的措施防止活动物发生病残死亡等事故。

装过活动物、鲜鱼苗的车辆，除清扫干净外，还要有铁路负责洗刷、除污，并向收货人核收费用。装过病死动物的车辆还应进一步按规定或依照防疫部门的处理意见进行消毒。清除的秽物和洗刷消毒产生的废水，需进行无害化处理，不得污染环境。活动物车辆的洗刷除污、消毒及回送办法，参照易腐货物的相关规定办理。

直达运输和成组装车

直达列车和成组装车计划是月度货运计划的重要组成部分。

1. 直达运输

直达运输是按规定的牵引重量和长度，由装车站或编组站编成通过一个及其以上编组站（包括有作业的区段站）不进行改编的列车所进行的货物运输。

直达列车按组织地点和方式分为：装车地组织的始发直达列车和技术站组织的技术直达列车。从货运组织的角度，主要考虑装车地组织的始发直达列车。

2. 成组装车

成组装车是指一个车站装车 5 辆以上，连挂在一起，同一列车挂出，到达一个车站卸车的车组；如果条件不足，可组织通过一个以上编组站不进行改编作业到达几个卸车站的车组。

成组装车可以减少编组站改编作业，减少装卸地点取送甩挂次数，加速车辆周转和缩短摘挂列车旅行时间。

学习情境三　危险货物运输组织

知识目标

1. 危险货物装载条件的判定（包括危险货物与非危险货物的判定、办理站的判定、危险货物铁危编号及其类项主要特性的判定、车辆的选择等）。

2. 危险货物运输组织（包括承运人托运人资质的确定、包装要求、运单的填写审核、装卸作业、车辆编挂及特殊防护、押运工作、保管要求、配放方案、交付作业等）。

3. 危险货物事故应急处理（包括危险货物撒漏处理、火灾处理、事故发生原因分析与防范等）。

能力目标

1. 依据《铁路危险货物运输管理规则》（以下简称《危规》）相关规定，判定危险货物的种类、特性及承托运条件是否符合要求。

2. 依据《危规》相关规定，合理组织危险货物装卸、保管、押运、车辆编挂及交付工作。

3. 能依据《危规》相关规定，结合事故性质，正确及时处理危险货物事故，做好相关记录，做好事故分析及防范工作。

任务导入

学习任务引导书

本学习情境学生的任务是当某托运单位向铁路车站提出运输危险货物的要求时，学生能代表铁路车站针对货物特点，结合铁路设备（或自备设备）条件、铁路规定的危险货物托运条件，给出经济合理的运输方案，并向托运人提供书面方案设计规划及装卸车作业指导服务，与其他相关货运岗位的工作人员协同作业，完成危险货物运输组织工作。

对此，学生需要理论与实践的练习，在练习过程中，逐步掌握完成本学习情境中各项

任务应具备的技能，包括相关的背景知识。

为了达到真正的学习效果，并最终能独立完成任务，学生应该在准备阶段多渠道、全方位地了解相关知识，还必须学会独立查阅资料、解读《危规》等相关规章条款，善于思考问题、利用资料逐步解决问题。

在完成这一任务时，请始终遵循以下规则：

在做每一小项任务前，都要先获取有关方面的信息（信息获取的重点在"学生工作活页手册"的资讯阶段有明显提示）。这就是说，不仅学生必须学会如何正确判定危险货物的种类，选择适合装运的车辆，确定危险货物的运输条件，拟订最佳运输方案，而且还必须明确在一系列运输组织工作中你的主要依据是什么，从哪里获取这些依据，如何正确运用《危规》等规章条款为组织工作服务等。

请学生独立地处理信息并且借助相应的工作技巧，给文本作标记、记录，制作并展示学习卡片等，对于长期保存信息来说这些都是非常有效的工作策略。请学生以书面形式记录关于任务的相关信息。

另外学生在完成任务过程中，时间的把握也是非常重要的。请细心地计划完成每一阶段任务所需要的时间，必要时与指导教师讨论你的想法。

当出现不满意的结果或者错误时，学生可以和小组其他成员一起讨论出现问题的原因，找出错误、修正错误。在发现错误完善方案的过程中，你会发现你的能力又得到了提升。注意，正确对待错误、从错误中学习非常重要！

学习任务一　危险货物的判定

任务描述

本次任务需要学生依据案例背景进行危险货物的判定工作。具体任务要求见任务单所示。

任　务　单

请利用本学习单元所学知识，按案例条件与任务要求处理以下案例。

(1) 2月5日托运人××物流有限责任公司在兰州铁路局兰州西站托运硅铁一车（成分是：硅44%～48%，铝7%～12%，钙6%～8%，钡16%～20%），塑料编织袋包装，收货人为××钢铁股份有限公司，到站郑州铁路局安阳西站。

①判定这批硅铁是否属于危险货物。

②如果这批硅铁是危险货物，请确定铁危编号及类项名称。

③确定该批货物发站、到站、专用线及办理危险货物的品名是否符合《办理规定》的相关规定。

④确定这批硅铁应该使用何种车辆。

(2) 确定下列危险货物的编号、类项名称、信息化品名及使用车型。

表 3-1

序号	品名	编号	类项名称	信息化品名	使用车型
1	电引爆雷管［爆破用］				
2	环三亚甲基三硝胺［减敏的］				
3	丙烯				
4	无水氨				
5	汽油［闪点≤23℃］，航空汽油				
6	硫、熔融硫磺				
7	碳化钙				
8	苯酚［固态］				
9	硫酸				
10	氢氧化钠［固态］				

(3) 根据已知条件确定下列危险货物编号并指出应按何类、何项办理运输。

①高氯酸（浓度41%）。

②高氯酸（浓度64%）。

③硫酸氢钾（5件，每件20 kg，箱内每小件0.5 kg）。

④硝化纤维素，含氮量10%。

⑤三硝基苯酚，含水量25%。

请学生按要求认真领会题意，做好充足准备，将解题过程详细记录在“学生工作活页手册”上。课堂训练将采用角色扮演方式进行，一人扮演铁路工作人员，另一人扮演托运人，完成“危险货物的判定工作”任务的成果展示。

知识点一　铁路危险货物的判定

在铁路运输中，危险货物具有与一般货物不同的特性，它们除本身具有的主要危险性外，还兼有其他危险性，其中一些货物与其他货物在相互接触后会发生强烈的反应。为了安全地运输这些货物，在铁路运输中，必须严格执行国家和铁道部关于危险货物运输的有关规定。

一、危险货物定义

在铁路运输中，凡具有爆炸、易燃、毒害、感染、腐蚀、放射性等特性，在运输、装卸和储存保管过程中，容易造成人身伤亡和财产毁损而需要特别防护的货物，均属危险货物。

一种货物是否属于危险货物必须符合危险货物的定义。该定义的具体内容包括以下三个方面：①具有危险特性；②可能造成危害后果；③可以采取特别的防护措施。

危险货物的危险性主要取决于货物本身的理化性质，但是与外界的环境条件也密切相关。只要我们严格按章办事，以科学的态度掌握危险货物的性质和变化规律，认真做好危险货物的运输、搬运、装卸、保管、防护等各项工作，控制可能导致危险货物发生事故的外界条件，就能实现危险货物的安全运输。

二、判定危险货物的方法

危险货物的运输条件比非危险货物要求更严格、更复杂。如果把危险货物误认为普通货物，就会降低危险货物的运输条件，如不采取特殊措施，就有可能酿成事故；如果把普通货物误认为危险货物，在运输过程中就会增加不必要的防护措施，延误货物的运送，影响铁路运输效率。

危险货物的具体判定方法，可按下述步骤进行：

第一，在《铁路危险货物运输管理规则》附件“铁路危险货物品名表”（简称“品名表”，如表3-2所示）中列载的品名，均属危险货物（特殊规定可按普通货物运输条件运输的品名除外），均按危险货物运输条件运输。

表3-2　　铁路危险货物品名表（摘录）

铁危编号	品名	别名	信息化品名	主要特性	包装标志	包装类	包装方法	灭火方法	洗刷除污编号	急救措施	特殊规定	联合国及国标编号
1	2	3	4	5	6	7	8	9	10	11	12	13
41511A	萘	粗萘，精萘，萘饼，工业萘	萘（固）	无色或白色结晶或粉末，有特殊气味，比重1.16，熔点80℃，闪点79℃，易挥发	8	Ⅲ	10，11，13，21，22，24	水、沙土、泡沫、干粉、熔融萘着火不能用水	3		6，29	1334

危险货物品名表由13个栏目组成：

第1栏：铁危编号，由5位阿拉伯数字及英文大写字母组成。

第2栏：品名，为危险货物的正式运输名称及附加条件。

第3栏：别名，为危险货物正式运输名称以外的其他名称。

第4栏：信息化品名，为危险货物运输运单、货票填写以及货运管理使用名称。

第5栏：主要特性，为危险货物的主要物理、化学性质及危险性。

第6栏：包装标志，为危险货物包装标志。

第7栏：包装类，为按危险货物的危险程度划分的包装类。

第8栏：包装方法，为危险货物包装表的包装号及特定的包装方法。

第9栏：灭火方法，为推荐的灭火剂及灭火禁忌。

第10栏：洗刷除污编号，为洗刷除污方法编号及特殊洗刷除污方法。

第11栏：急救措施，为建议的临时急救措施。

第12栏：特殊规定，为该品名执行有关铁路危险货物运输特殊规定的顺序号。特殊规定的内容必须认真查看，严格执行。

第13栏：联合国及国标编号，联合国编号为联合国危险货物运输专家委员会《关于危险货物运输的建议书》中该品名的编号（仅供参考用），国标编号是GB 12268中的编号。

第二，未列入“品名表”中，但铁道部已确定并公布为危险货物的品名时，按铁道部规定办理。

第三，在“品名表”中未列载的化工原料、化工产品，可按《危规》中新产品的有关条件办理运输。

三、铁路危险货物的分类

（一）危险货物分类

经由铁路运输的危险货物品类繁多、性质复杂、要求运输条件各异。根据国家公布的《危险货物分类和品名编号》和“危险货物品名表”，结合铁路运输实际情况，铁路运输危险货物按其主要危险性和运输要求划分为九类，各类危险货物按其性质又划分为若干项，具体类项名称如表3-3所示。

表3-3　　危险货物类项名称表

类号及名称	项号及名称	铁危编号
一、爆炸品	1.1有整体爆炸危险的物质和物品 1.2有迸射危险，但无整体爆炸危险的物质和物品 1.3有燃烧危险并有局部爆炸危险或局部迸射危险或这两种危险都有，但无整体爆炸危险的物质和物品 1.4不呈现重大危险的物质和物品 1.5有整体爆炸危险的非常不敏感物质 1.6无整体爆炸危险的极端不敏感物品	11001～11148 12001～12057 13001～13061 14001～14066 15001～15005 16001

续 表

类号及名称	项号及名称	铁危编号
二、气体	2.1 易燃气体 2.2 非易燃无毒气体 2.3 毒性气体	21001～21072 22001～22069 23001～23077
三、易燃液体	3.1 一级易燃液体 3.2 二级易燃液体	31001～31319 32001～32158
四、易燃固体、易于自燃的物质、遇水放出易燃气体的物质	4.1 易燃固体（一级易燃固体） （二级易燃固体） 4.2 易于自燃的物质（一级自燃物品） （二级自燃物品） 4.3 遇水放出易燃气体的物质（一级遇水易燃物品） （二级遇水易燃物品）	41001～41074 41501～41559 42001～42052 42501～42537 43001～43057 43501～43510
五、化性物质和有机过氧化物	5.1 氧化性物质（一级氧化性物质） （二级氧化性物质） 5.2 有机过氧化物	51001～51087 51501～51530 52001～52123
六、毒性物质和感染性物质	6.1 毒性物质 一级毒性物质（剧毒品） 二级毒性物质（有毒品） 6.2 感染性物质	61001～61205 61501～61941 62001～62004
七、放射性物质	六种形式：易裂变物质、低弥散放射性物质、低比活度放射性物质、表面污染体、特殊形式放射性物质、其他形式放射性物质	71001～71030
八、腐蚀性物质	8.1 酸性腐蚀性物质（一级） （二级） 8.2 碱性腐蚀性物质（一级） （二级） 8.3 其他腐蚀性物质（一级） （二级）	81001～81135 81501～81647 82001～82041 82501～82526 83001～83030 83501～83515
九、杂项危险物质和物品	9.1 危害环境的物质 9.2 高温物质 9.3 经过基因修改的微生物或组织，不属感染性物质，但可以非正常地天然繁殖结果的方式改变动物、植物或微生物物质	91001～91021 92001、92002 93001

（二）易燃普通货物

不属于上述九类危险货物，但易引起燃烧、在铁路运输过程中需采取防火措施的货物，如棉花、麻类、牧草等，属易燃普通货物，如表3－4所示。

表3－4　　易燃普通货物品名表

序号	品　　名
1	“品名表”规定之外的籽棉，皮棉，黄棉花，废棉，飞花，破籽花
2	“品名表”规定之外的各种麻类和麻屑
3	麻袋（包括废、破麻袋），各种破布，碎布，线屑，乱线，化学纤维
4	牧草，谷草，油草，蒲草，羊草，芦苇，荻苇，玉米棒（去掉玉米的），玉黍秸，豆秸，秫秸，麦秸，蒲叶，烟秸，甘蔗渣，蒲棒，蒲棒绒，芒杆，亚麻草，烤烟叶，晒烟叶，棕叶以及其他草秸类
5	葵扇（芭蕉扇），蒲扇，草扇，棕扇，草帽辫，草席，草帘，草包，草袋，蒲包，草绳，芦席，芦苇帘子，笤帚以及其他芦苇、草秸的制品
6	干树皮，干树枝，干树条，树枝（经脱叶加工），带叶的竹枝，薪柴（劈柴除外），松明子，腐朽木材（喷涂化学防火涂料的除外）
7	刨花，木屑，锯末
8	纸屑，废纸，纸浆，柏油纸，油毡纸
9	炭黑，煤粉
10	粮谷壳，花生壳，笋壳
11	羊毛，驼毛，马毛，羽毛，猪鬃以及其他禽兽毛绒
12	麻黄，甘草

注：①用敞、平、沙石车装运易燃普通货物时，应用篷布苫盖严密，在调车或编入列车时，应进行隔离。但对干树皮，干树枝，干树条和带叶的竹枝，由于干湿程度、带叶多少不同是否应苫盖篷布，由发站根据气温和运输距离在确保运输安全的原则下负责确定。

②腐朽木材喷防火涂料或采取其他防火措施后，可不苫盖篷布。

③本表未列的品名，是否也属于易燃普通货物，由发站报铁路局确定。

④以易燃材料作包装、捆扎、填塞物，以竹席、芦席、棉被等苫盖的非易燃货物，以及用木箱、木桶、铁桶包装的易燃普通货物，均按普通货物运输。以敞车装运时，是否应苫盖篷布，由托运人根据货物的运输安全情况负责确定。并在运单托运人记事栏内注明。

四、铁路危险货物的编号和分级（简称铁危编号）

铁危编号是判断货物是否为危险货物的重要标志，是办理承运、配放、确定运输条件的主要依据，也是发生事故时判定货物性质、采取施救措施的依据。

铁危编号由5位阿拉伯数字及英文大写字母组成。第1位数字表示该危险货物的类别；第2位数字表示该危险货物的项别；后3位数字表示该危险货物品名的顺序号。其中类别和项别的号码顺序并不完全代表货物的危险程度顺序，后3位顺序号001～500为一级，501～999为二级（第三类二级除外）。

如萘铁危编号为41511A，第一个"4"表示该物品为危险货物的第四类，第二个"1"表示该物品为第四类中的第一项，"511"表示萘为该项的顺号为511。

同一品名编号具有不同运输条件时，在数字编号后用英文大写字母（如A、B、C等）表示。如：焦油（编号31292A）又称煤膏，是煤干馏过程中得到的一种黑色或黑褐色黏稠状液体，具有特殊臭味，可燃并有腐蚀性。密度通常在0.95～1.10g/cm^3，闪点100℃，是一种高芳香度的碳氢化合物。限使用钢制企业自备罐车装运或钢桶包装的可用敞车运输。

煤焦油（编号31292B）是黑色黏稠液体，有特殊臭味，相对密度小于1，闪点15.6℃～25℃。能刺激皮肤，有毒，易燃。限使用钢制企业自备罐车装运或钢桶包装的可用敞车运输。

松焦油（编号31292C）是黑色黏稠液体，有特殊臭味，相对密度小于1，闪点15.6℃～25℃。能刺激皮肤，有毒，易燃。钢桶包装的可用敞车运输。

知识点二　危险货物的性质

一、爆炸品

在国防建设、开山筑路、房屋爆破等方面我们都要大量用到爆炸品，因此，掌握爆炸品的性质，确保爆炸品的运输安全具有重要的意义。

按引起爆炸的原因可分为化学爆炸、物理爆炸和核爆炸三种。原子弹、氢弹的爆炸属于核爆炸；装有压缩气体的钢瓶受热爆炸属于物理爆炸；化学爆炸如炸药及爆炸性药品的爆炸、可燃性气体（石油液化气）与空气混合达到爆炸极限时遇明火发生的爆炸、可燃性粉末（面粉厂粉尘）与空气混合遇明火发生的爆炸等。危险货物中爆炸品的爆炸一般都属于化学爆炸。

（一）爆炸品的定义

爆炸品系指受到高热、摩擦、撞击、震动或其他外界作用，能迅速发生剧烈化学反应，瞬间产生大量气体和热量，形成巨大的压力而发生爆炸，对周围环境造成破坏的物品。

（二）爆炸品的性质

1. 爆炸性

爆炸品的爆炸具有反应速度快、释放大量热量、产生大量气体的特点。

如1kgTNT炸药完全爆炸仅需10^{-5}s，放出热量3997kJ，生成气体690L，爆速为6990m/s，气体被加热到2000℃～3000℃，压力达到10.1～40.5GPa。所以，爆炸品一旦发生爆炸，会对周围的环境造成严重破坏。

爆炸的反应速度通常用爆炸速度（简称爆速）表示，爆速一般以 8000 m/s 为界限，高于此限的为烈性炸药，低于此限的为一般炸药。

2. 敏感性

在外界能量作用下，炸药发生爆炸的难易程度，称为炸药的敏感度。由于各种炸药的成分不同，其敏感度也不一样。敏感度一般以引起炸药爆炸所需要的最小外界能量来度量，这种能量称为起爆能。炸药的起爆能越小，其敏感度越高。在铁路运输中，炸药遭受撞击、摩擦、加热、遇火、遇光都有可能引起炸药爆炸，所以在炸药的保管、列车运行、调车作业及炸药的装卸作业过程中必须按章办事，防火花、防撞击、防摩擦，同时还要防止杂质（如沙石、金属屑等物）混入炸药，以免提高炸药的敏感度。

过分敏感或反应性很强以致可能产生自发反应的爆炸性物质禁止运输。

二、气体

气体通常应以耐压的气瓶装运，部分沸点高于常温的气体，可用安瓿瓶或质量良好的玻璃、塑料、金属容器盛装，个别气体亦可采用特殊容器装运。它们在受热、撞击等作用时易引起爆炸，加之这些气体具有易燃、助燃、有毒等特性，在运输中应当引起的高度重视。

（一）气体的定义

本类气体系指符合下述两种情况之一的物质：

①在 50℃时，蒸气压大于 300 kPa 的物质。

②在 20℃及 101.3 kPa 标准压力下完全是气态的物质。

本类气体包括：压缩气体、液化气体、溶解气体、冷冻液化气体、气体与其他类别物质的蒸气的混合物、充有气体的物品和烟雾剂。

对一定量的气体，在温度不变的条件下，对其加压越大它的体积就会变得越小，利用气体的这个特性我们通常用高压的方式把气体压缩到钢瓶内储运。如果钢瓶内装有一定的气体，这个钢瓶内的气体压力会随着温度的升高而增大，当钢瓶内气体的压力增大到超过钢瓶所能承受的程度，这时就会发生钢瓶的胀裂或爆炸，这就是为什么装有气体的钢瓶严禁接触火种、热源的道理。

处于压缩状态的气体叫做压缩气体。如果对压缩气体继续施压，压缩气体就会转化为液体，这就是铁路运输中的液化气体。但是有些气体仅仅使用加压的办法并不能使其变为液体，还必须在加压的同时降低其温度。例如氧气，必须把温度降到－118.8℃，施加 5.04 MPa 的压力，才能液化。若温度未达到此值，无论施加多大的压力都不能使其液化。这个能使气体液化的最高温度叫做临界温度。不同气体，其临界温度也不相同。在临界温度时，使气体液化所需要的最小压力叫做临界压力。

（二）气体的危险性质

1. 气体受热膨胀

压缩气体和液化气体使用高压和低温压缩与液化，气体分子处于压缩状态，存在很大

动能。充装在钢瓶内的气体当其温度升高时，压力将随之增大。这种压力大至超过钢瓶所能承受的程度时，就会导致钢瓶爆炸。例如一个氧气钢瓶的爆炸威力相当于5tTNT炸药的爆炸威力。

2. 容器为压力容器

因为货物的性质盛装压缩气体和液化气体的容器为压力容器，具有很大的危险性，如爆炸则具有杀伤性。安全帽、阀门、气嘴安装、关闭不到位时易折断，造成货物外泄。

3. 货物具有易燃、毒性和窒息性

易燃气体和一些毒性气体很容易燃烧，如氢气、甲烷气、磷化氢等，遇火即能燃烧。

有些气体是剧毒气体，如氰化氢气体、氯气、氨气等，对人、牲畜都有很大的毒害性。当空气中含有0.01%～0.02%的氯化氢气体时，吸入人体内即能引起人体中毒。当充装有毒气体的钢瓶泄露时，有毒气体就会扩散到空气中，造成大面积的空气污染，由于多数有毒气体比空气重，短时间内不易扩散到高空，被污染的空气长时间与人接触，将会引起人体中毒甚至死亡。

当有大量的不燃气体（如二氧化碳）扩散到空气中时，有可能使人体因缺氧而窒息死亡。

三、易燃液体

易燃液体均为有机化合物，其中不少属于石油化工产品。该类货物除具有一般液体的性质外，还具有易燃、易爆、易挥发等性质。

（一）易燃液体的定义

易燃液体系指闭杯闪点不高于60.5℃或开杯闪点不高于65.6℃的液体或液体混合物，或在液体及悬浮液中含有固体的液体。

易燃液体在常温下易挥发，其蒸气与空气混合能形成爆炸性混合物，部分易燃液体还具有毒性或麻醉性。某些易燃液体，易自行聚合，放出热量和气体，导致容器胀裂。

易燃液体的闪点是用闪点测定仪器测定的。在盛有易燃液体的容器中，液体表面上的蒸气和空气形成的混合物与火焰接触初次发生蓝色火焰时的温度，即为该液体的闪点。根据测定仪器的不同，闪点又分为开杯闪点和闭杯闪点两种。开杯闪点是将易燃液体放在敞开的容器中加热所测定（简称开杯法）的闪点；闭杯闪点是将易燃液体放在一个特定的密闭容器中加热所测定（简称闭杯法）的闪点。

（二）易燃液体的性质

1. 高度的易燃性

易燃液体的沸点较低，如汽油、醇、苯等在常温下能不断地挥发蒸气，挥发程度随温度的升高而增大，这些蒸气一旦接触明火甚至与火焰相隔一定距离就会燃烧，甚至爆炸。易燃液体的易燃程度通常用闪点来表示，闪点越低，其液体越易燃烧，危险性越大。

2. 蒸气的易爆性

由于易燃液体都有很强的挥发性，当其挥发的蒸气和空气混合达到一定比例范围时，遇明火或火花后就会发生爆炸，这种比例范围称为该液体的爆炸极限。爆炸极限通常用蒸气在混合物中的体积百分比来表示，能引起燃烧爆炸的最低浓度，称为爆炸下限，能引起燃烧爆炸的最高浓度，称为爆炸上限。如乙醇的爆炸极限为3.3%～19%，环氧氯丙烷的爆炸极限为5.2%～17.5%等。下限越低，爆炸极限范围越大，其危险性越大。常见的易燃液体挥发的蒸气爆炸极限如表3-5所示。蒸汽的浓度低于或高于爆炸极限浓度范围，都不会发生爆炸。部分易燃液体的爆炸极限如表3-5所示。

表3-5　几种易燃液体的闪点和蒸汽的爆炸极限

液体名称	闪点（℃）	蒸汽的爆炸极限		
		下限（%）	上限（%）	爆炸范围（百分点）
乙醚	−45	1.85	36.5	34.65
二硫化碳	−30	1.3	50	48.7
苯	−11	1.3	7.1	5.8
甲醇	11.11	6.7	36	29.3
煤油	>37.78	0.7	5.0	4.3
苯乙烯	31.1	1.1	6.1	5.0

易燃液体除上述主要特性外，还具有高度的流动扩散性、较大的蒸气压、遇强酸及氧化剂等能发生剧烈反应而引起燃烧等特性。有的易燃液体还具有毒性，如甲醇、苯、二硫化碳等，人体吸入较多后能引起急性中毒。大多数易燃液体不溶于水，且比重小于1，所以在灭火中不应使用水扑救。

四、易燃固体、易于自燃的物质和遇水放出易燃气体的物质

和其他类危险货物相比，该类货物运量较小，由于易燃固体中的金属粉末燃烧时温度高，与空气混合达到爆炸极限时容易引起粉尘爆炸。易于自燃的物质，特别是黄磷，不少经办站都发生过自燃着火。遇水放出易燃气体的物质在受潮、雨淋或遇水接触过程中会带来燃烧甚至爆炸，和一般货物的性质有根本区别，所以应该引起我们足够的重视。

本类物品易于引起和促成火灾，按其燃烧特性本类物品分为易燃固体、易于自燃的物质和遇水放出易燃气体的物质三项。

（一）易燃固体

1. 易燃固体的定义

燃点低，对热、撞击、摩擦均较敏感，易被外部火源点燃，燃烧迅速，并可散发出有毒烟雾或气体的固体。

本项包括：在运输环境和条件下容易燃烧或由于摩擦可能引燃或助燃的固体；可能发生强烈放热反应的自反应物质；不充分稀释可能发生爆炸的固体退敏爆炸品。

2. 易燃固体的性质

易燃固体主要有含磷化合物、硝基化合物、易燃金属粉末等，此外，它们之中有的是含过量水分或小包装的爆炸性物品。其主要特性有：

（1）燃点低，在高热、明火、摩擦作用下易燃烧

易燃固体的着火点都比较低，一般都在300℃以下，在常温下只要有能量很小的着火源与之作用即能引起燃烧。如镁粉、铝粉只要有20 mJ的点火能即可点燃；硫磺、生松香只需15 mJ的点火能即可点燃，有些易燃固体在储存、撞击等外力作用时也能引发燃烧。例如赤磷、闪光粉等受摩擦、震动、撞击等也能起火燃烧甚至爆炸。所以易燃固体在储存、运输、装卸过程中，应当注意轻拿轻放，避免摩擦撞击等外力作用。

（2）遇酸、氧化剂易燃易爆

绝大多数易燃固体具有还原性，与酸、氧化剂接触，尤其是强氧化剂，能够立即引起着火或爆炸。如H发孔剂与酸性物质接触能立即起火，萘与发烟硫酸接触反应非常剧烈，甚至引起爆炸。红磷与氯酸钾、硫磺与过氧化钠或氯酸钾相遇，都会立即引起着火或爆炸。

（3）可分散性

固体具有可分散性，一般来讲，物质的颗粒越细，其比表面积越大，分散性就越强。当固体粒度小于0.01 mm时，可悬浮于空气中，这样能充分与空气中的氧接触，发生氧化作用。易燃固体中的金属粉末如铝粉、镁粉等，燃烧时不仅温度很高，而且粉尘极易飞扬，与空气混合达到爆炸极限时，遇明火引起粉尘爆炸。

（4）热分解性

某些易燃固体受热后不熔融，而是发生分解现象。有的受热后边熔融边分解。一般来说，热分解的温度高低直接影响危险性的大小，受热分解温度越低的物质，其火灾爆炸危险性就越大。

（5）毒害性

许多易燃固体有毒，或燃烧产物有毒，或有腐蚀性，如二硝基苯、二硝基苯酚、硫磺、五硫化二磷等。

（二）易于自燃的物质

1. 易于自燃的物质的定义

自燃点低，在空气中易于发生氧化反应，放出热量，而自行燃烧的物质。

本项包括：发火物质和自热物质。

2. 易于自燃的物质的性质

（1）极易氧化

自燃的发生是由于物质的自行发热和散热速度处于不平衡状态而使热量积蓄的结果。自燃物品多具有空气氧化、分解的性质，且燃点较低。在未发生自燃前，一般都经过缓慢

的氧化过程，同时产生一定热量，当产生的热量越来越多，积热使温度达到该物质的自燃点时，便会着火燃烧。

凡能促进氧化的一切因素均能促进自燃。空气、受热、受潮、氧化剂、强酸、金属粉末等能与自燃物品发生化学反应或对氧化反应有促进作用，它们都是促使自燃物品自燃的因素。例如油布、油纸等在常温、潮湿的环境中能缓慢氧化，并且不断放出热量，当积热不散，达到一定温度时，也会引起自燃。

(2) 易分解

某些自燃物质的化学性质很不稳定，在空气中会自行分解，积蓄的分解热也会引起自燃，如硝化纤维素胶片、赛璐珞等。

(三) 遇水放出易燃气体的物质

1. 遇水放出易燃气体的物质的定义

遇水或受潮时发生剧烈化学反应，放出大量的易燃气体和热量的物质。

本项物质与水接触或受潮可能放出易燃气体，这种气体与空气混合能够形成爆炸性混合物。这种混合物极易被引燃，所产生的冲击波和火焰可能对人和环境造成危害。

2. 遇水放出易燃气体的物质的性质

(1) 遇水易燃易爆

遇水后发生剧烈的化学反应使水分解，夺取水中的氧与之化合，放出可燃气体和热量。当可燃气体在空气中达到燃烧范围时，或接触明火，或由于反应放出的热量达到引燃温度时就会发生着火或爆炸。如金属钠等遇水反应剧烈，放出氢气多，产生热量大，能直接使氢气燃爆。

遇水后反应较为缓慢，放出的可燃气体和热量少，可燃气体接触明火时才可引起燃烧。电石、碳化铝等遇湿易燃物质盛放在密闭容器内，遇湿后放出的乙炔或甲烷及热量逸散不出来而积累，致使容器内的气体越积越多，压力越来越大，当超过了容器的强度时，就会胀裂容器以致发生化学爆炸。

(2) 遇氧化剂和酸着火爆炸

遇湿易燃物质除遇水能反应外，遇到氧化剂、酸也能发生反应，而且比遇到水反应的更加剧烈，危险性更大。有些遇水反应较为缓慢，甚至不发生反应的物质，当遇到酸或氧化剂时，也能发生剧烈反应。如锌粒在常温下放入水中并不会发生反应，但放入酸中，即使是较稀的酸，反应也非常剧烈，放出大量的氢气。这是因为遇水易燃物质都是还原性很强的物质，而氧化剂和酸类等物质都具有较强的氧化性，所以它们相遇后反应更加强烈。

(3) 毒害性和腐蚀性

有一些遇水易燃物质与水反应生成的气体是易燃有毒气体，如电石放出的乙炔气。碱金属及其氢化物类、碳化物类与水作用生成强碱，都具有很强的腐蚀性，还必须注意防腐。

五、氧化性物质和有机过氧化物

氧化性物质和有机过氧化物是化学性质比较活泼的一类物质，在工农业生产中常常用到，不少人错误的认为其危险性较爆炸品要小，所以在作业过程中，往往未能引起注意，反而成了危险货物中最容易发生事故的一类货物。因此，我们必须了解它的性质，保证该类货物的安全运输。

氧化性物质和有机过氧化物具有强氧化性，易引起燃烧、爆炸，本类物质按其组成分为氧化性物质和有机过氧化物两类。

（一）氧化性物质

1. 氧化性物质的定义

氧化性物质是指易分解并产出氧和热量的物品，其本身不一定可燃，但能导致可燃物的燃烧，与粉末状可燃物能组成爆炸性混合物，对热、震动或磨擦较敏感。

2. 氧化性物质的性质

（1）很强的氧化性

氧化剂中的无机过氧化物均含有过氧基，很不稳定，易分解放出原子氧，其余的氧化剂则分别含有高价态的氯、溴、氮、硫、锰、铬等元素，这些高价态的元素都有较强的获得电子的能力。因此，氧化剂最突出的性质是遇易燃物品、可燃物品、有机物、还原剂等会发生剧烈化学反应引起燃烧爆炸。

（2）遇热分解性

氧化剂遇高温易分解出氧和热量，极易引起燃烧爆炸。

（3）撞击、摩擦敏感性

许多氧化剂如氯酸盐类，硝酸盐类等对摩擦、撞击、振动极为敏感。储运中要轻装轻卸，以免增加其爆炸性。

（4）与酸作用分解

大多数氧化剂，特别是碱性氧化剂，遇酸反应剧烈，甚至发生爆炸。例如，过氧化钠（钾）、氯酸钾、高锰酸钾等，遇硫酸立即发生爆炸。这些氧化剂不得与酸类接触，也不可用酸碱灭火剂灭火。

（5）与水作用分解

有些氧化剂，特别是活泼金属的过氧化物，如过氧化钠（钾）等，遇水分解出氧气和热量，有助燃作用，使可燃物燃烧，甚至爆炸。这些氧化剂应防止受潮，灭火时严禁用水、酸碱、泡沫、二氧化碳灭火扑救。

（6）毒性和腐蚀

有些氧化剂具有不同程度的毒性和腐蚀性。例如铬酸酐、重铬酸盐等既有毒性，又会烧伤皮肤；活性金属的过氧化物有较强的腐蚀性。操作时应做好个人防护。

（7）强氧化剂与弱氧化剂之间的反应

有些氧化剂与其他氧化剂接触后能发生复分解反应，放出大量热而引起燃烧、爆炸。

如亚硝酸盐、次亚氯酸盐等。遇到比它强的氧化剂时显示还原性，发生剧烈反应而导致危险。因此，氧化剂也不能混储、混运。

(二) 有机过氧化物

1. 有机过氧化物的定义

有机过氧化物系指分子组成中含有过氧基（—O—O—）的有机物质，属热不稳定物质，可能发生放热自加速分解等，主要特性有：可能发生爆炸性分解；迅速燃烧；对碰撞或摩擦敏感；与其他物质起危险反应；损害眼睛。

有些有机过氧化物在常温或常温下会自行加速分解，所以必须控温运输；有的则需要加入一定的稳定剂方能运输。

如过氧化二苯甲酰干品极不稳定，受撞击易燃爆炸，运输中要求含水量不少于30％。

2. 有机过氧化物的性质

(1) 分解爆炸性

由于有机过氧化物都含有过氧基—O—O—，而—O—O—基是极不稳定的结构，对热、震动、冲击或摩擦都极为敏感，所以当受到轻微的外力作用时即分解。如过氧化二乙酰，纯品制成后存放24小时就可能发生强烈的爆炸；过氧化二苯甲酰当含水在1％以下时，稍有摩擦即能爆炸；过氧化二碳酸二异丙酯在10℃以上时不稳定，达到17.22℃时即分解爆炸；过氧乙酸（过醋酸）纯品极不稳定，在—20℃也会爆炸，浓度大于45％时就有爆炸性，作为商品制成含量为40％的溶液时，在存放过程中仍可分解出氧气，加热至110℃时即爆炸。不难看出，有机过氧化物对温度和外力作用是十分敏感的，其危险性和危害性比其他氧化剂更大。

(2) 易燃性

有机物一般都易燃而有机过氧化物更容易燃烧，如过氧化叔丁醇的闪点为26.67℃，过氧化二叔丁酯的闪点只有12℃，闪火即可燃烧。有机过氧化物受热或与杂质（如酸、重金属化合物、胺等）接触或摩擦、碰撞而发热分解，产生有害或易燃气体，当封闭受热时迅速由燃烧转为爆炸。所以扑救有机过氧化物火灾时应特别注意爆炸的危险性。

(3) 人身伤害性

过氧化物容易伤害人的眼睛，如过氧化环己酮、过氧化氢叔丁基、过氧化二乙酰等都对眼睛有伤害作用，其中某些过氧化物即使与眼睛短暂地接触，也会对眼角膜造成严重的伤害。因此，应避免眼睛接触过氧化物。

六、毒性物质和感染性物质

该类物质不仅是化工生产的重要原料与产品，而且是农业生产中不可缺少的重要物资（如农药等）。然而，毒性物质在危险货物品名中所占比例较大，也是铁路运输中造成人、畜中毒的主要物质，车辆污染的主要污染源。因而搞好毒性物质安全运输的意义重大。

本类货物分为毒性物质和感染性物质两项。

（一）毒性物质

1. 毒性物质的定义

毒性物质是指进入人体后累积达到一定的量，能与体液组织发生生物化学作用或生物物理变化，扰乱或破坏肌体的正常生理功能，引起暂时性或持久性的病理状态，甚至危及生命安全的物质和物品。

毒性物质在吞食、吸入或与皮肤接触后可能损害人类健康、造成严重损伤甚至死亡。

毒性物质毒性的大小通常用半数致死量（用 LD_{50} 表示）或半数致死浓度（用 LC_{50} 表示），其含义是指在一群实验动物中，一次染毒后引起半数动物死亡的剂量（mg/kg）或浓度（mg/L）。

毒性物质包括：急性经口毒性 $LD_{50} \leqslant 200$ mg/kg 的固体和 $LD_{50} \leqslant 500$ mg/kg 的液体；急性皮肤接触毒性 $LD_{50} \leqslant 1\,000$ mg/kg 的物质；急性吸入毒性 $LC_{50} \leqslant 10$ mg/L（蒸汽、粉尘或烟雾）的物质。

本项划分为一级毒性物质（剧毒品）和二级毒性物质（有毒品），如表 3－6 所示。

表 3－6　　毒性物质分级表

分级	经口摄取半数致死量 LD_{50}（mg/kg）	经皮肤接触 24 小时半数致死量 LD_{50}（mg/kg）	粉尘、烟雾或蒸汽吸入半数致死浓度 LC_{50}（mg/L）
一级毒性物质（剧毒品）	≤50	≤200	≤2
二级毒性物质（有毒品）	固体：50～500 液体：50～2000	200～1000	2～10

2. 毒性物质的性质

（1）毒害性

毒害性主要表现对人体及其他动物的伤害，引起人体及其他动物中毒的主要途径是呼吸道、消化道及皮肤三个方面。

呼吸道中毒：在毒害品中，挥发性液体的蒸气和固体粉尘最容易通过呼吸道进入人体，尤其在工作现场，接触毒品时间较长，很容易引起呼吸道中毒。如氢氰酸、苯胺、1605、西力生、赛力散、三氧化二砷等。进入人体后，随着血液循环还可以扩大中毒。

消化道中毒：毒害品侵入人体消化道引起的中毒。主要是在进行毒品作业后，未经漱口、洗手、更换工作服等就喝水、饮食、吸烟，或操作中误将毒品服入消化器官，进入胃肠引起中毒、溶解被人体吸收后引起人身中毒。

皮肤中毒：一些能溶解于水或脂肪的毒物接触皮肤后侵入人体内引起中毒。如 1605、1059、硝基苯等。尤其通过皮肤破裂的地方侵入人体，并随着血液循环而迅速扩散。特别是氰化物的血液中毒，导致很快死亡。此外，氯苯乙酮等对眼角膜等人体的黏膜有较大的危害。

(2) 易燃性

在毒害品中，约89%都具有火灾的危险性。无机毒害品中的金属氰化物和硒化物大都本身不燃，但都有遇水、遇湿易燃性（如氰化钠、氰化钾等），它们遇水、遇湿后放出极毒的氰化氢气体是易燃气体；锑、汞、铅等金属氧化物、硝酸铊、硝酸汞、五氧化二钒等大都本身不燃，但都有氧化性，能在500℃以下分解，当与可燃物接触时易引起着火或爆炸。

(3) 易爆性

毒害品中的叠氮化钠，芳香族含2，4位两个硝基的氯化物、苯酚，酚钠等化合物，遇热撞击等都能引起爆炸，并分解出有毒气体。如2，4—硝基氯化苯，毒性大，遇明火和受热至150℃以上即可以燃烧或爆炸。

(二) 感染性物质

含有病原体的物质，包括生物制品、诊断制品、基因突变的微生物、生物体和其他媒介，如病毒蛋白等。

感染性物质少量误服、吸入或皮肤接触后，能与体液和组织发生生物化学作用或生物物理变化，扰乱或破坏肌体正常生理功能，引起暂时性或持久性的病理状态，甚至危及生命。

七、放射性物质

(一) 放射性物质的定义

单个放射性核素大于或等于《危规》附录7放射性核素A_1、A_2相应限值或放射性核素混合物大于《危规》附录8未知放射性核素或混合物的放射性核素的基本限值相应限制的属放射性物质。

此类物质能自发地、不断地放出α、β、γ射线或中子流，具有不同的穿透能力，过量的射线照射对人体细胞有杀伤作用。有些放射性物质还具有易燃、易爆、腐蚀和毒害等危险性。

A_1、A_2是A型包装中容许装入的放射性活度限值。

(二) 射线特性

1. α射线

α射线是带正电的粒子流，带两个单位的正电荷，电离能力强；射程很短，在空气中一般不超过2～12 cm；穿透能力很弱，用一张纸、衣服或几十厘米的空气就能“挡住”。但因其电离能力强，一旦进入体内，会引起较大的伤害。

2. β射线

β射线是高速运动的电子流，由于它的速度高，所以它的能量也较大，穿透能力较强，但可被几毫米厚的铝片、塑料板“挡住”。β射线的电离能力较弱。

3. γ射线

γ射线是一种波长较短的电磁波（即光子流），不带电，而以光的速度（30 万 km/s）在空间传播。射线穿透能力很强，而电离能力很弱。

4. 中子流

中子流是不带电的中性粒子束。在自然界里，中子并不单独存在，只有在原子核分裂时才能从原子核里释放出来。中子流的穿透能力很强，容易被含有很多氢原子的物质和碳氢化合物所吸收，如水、石蜡、水泥。相反却能通过很重的物质，如铁、铅等。

几种射线的特性比较如表 3－7 所示。

表 3－7　　各种射线的特性比较

射线种类	带电性质	速度	空气中射程	穿透能力	电离能力	主要照射方式	防护材料
α射线	带正电的粒子流	2 万 km/s	10 多厘米	最弱	强	内照射	塑料、铝
β射线	带负电的粒子流	20 万 km/s	20 多米	较强	较强	外内照射	塑料、铝
γ射线	不带电的光子流	30 万 km/s	几百米	强	只能间接电离	外照射	铁、铅
中子流	不带电的粒子流	与γ射线相似	与γ射线相似	强		外照射、内照射	水、石蜡

（三）半衰期和放射性活度

1. 半衰期

放射性元素因放出射线而变成另一种新元素的有规律的核变化，称为放射性元素的衰变。放射性物质的原子数因衰变减少到原来一半所需要的时间，称为半衰期。每一种放射性元素都有一定的半衰期，如镭^{226}的半衰期是 1620 年，碘^{131}的半衰期是 8.04d，在铁路运输中，通常把半衰期少于 15d 的放射性元素称为“短寿命”放射性物品。

2. 放射性活度

放射性活度是放射性物质放出射线强弱的一种物理量，其单位为 Bq（贝可）。

在铁路货物运输中，常用“放射性比活度”表示单位物质中所含放射性的强弱。其含义是：单位重量（或单位体积）的固体物质中所具有的放射性活度，常用单位有 Bq/kg、kBq/kg。

（四）剂量当量及剂量当量率

剂量当量是人体对一切射线所吸收能量的剂量。单位为 Sv（希沃特）。

单位时间内所受到的剂量当量，称为剂量当量率，国际单位制规定为 Sv/s，常用单位为 mSv/h。

(五) 放射性物品的形式

放射性物品有下列6种形式：

(1) 低比活度放射性物质 (LSA)，此类物质放射性比活度较低，包括Ⅰ类、Ⅱ类和Ⅲ类低比放射性物质。

(2) 表面污染物体 (SCO)。包括Ⅰ类和Ⅱ类表面污染物体。

(3) 带有放射性物质的仪器或仪表等制品。

(4) 放射性同位素。

(5) 易裂变物质，包括^{235}U、^{233}U、^{238}Pu、^{239}Pu和^{241}Pu。

(6) 其他放射性物质，不包括在上述5种形式内的放射性物质。

八、腐蚀性物质

硫酸、硝酸、盐酸、烧碱等腐蚀性物质，是化工生产的基本产品，也是化学工业的重要原料。在铁路运输中与其他危险货物相比，也是运量较大的一类危险货物。

(一) 腐蚀性物质的定义

腐蚀性物质系指与完好皮肤组织接触不超过4h，在14d的观察期中发现引起皮肤全厚度损毁，或在55℃时，对S235JR+CR型或类似型号钢或无覆盖层铝的表面均匀年腐蚀率超过6.25mm/年的物质。

(二) 腐蚀性物质的性质

腐蚀品的化学性质比较活泼，能与金属、有机物及动植物机体发生化学反应，并具有毒害性及易燃性。

1. 腐蚀性

腐蚀品对人体造成灼伤。如硝酸、硫酸等对人的皮肤、眼睛及黏膜具有破坏作用；酸、碱都能与金属材料发生不同程度的反应，对金属容器、货物包装、车辆、仓库地面等造成腐蚀，如硫酸与铁发生反应，使铁质包装造成锈蚀；氢氧化钠与铅发生反应生成铅酸钠和氢气等。此外，酸、碱对棉、麻、纸张、木材等发生作用，使它们脱水碳化，从而失去使用价值。

2. 氧化性

有些酸类具有很强的氧化性。有的自身分解，释放出氧气；有的在与其他物质作用时，可以从其他物质中获得电子，将其氧化。如硝酸置于空气中，就会分解放出氧气。

3. 毒害性

腐蚀性物质中的一些强酸还具有不同程度的毒性。如发烟硝酸、发烟硫酸、氢氟酸等易挥发出有毒气体，能引起人体的局部或全身中毒。

4. 易燃性

有些有机腐蚀性物质本身易燃烧，如甲酸、乙酸等接触火源时，会立即引起燃烧。

九、杂项危险物质和物品

本类物质和物品是指第1类至第8类未包括的物质和物品。如干冰 (CO_2 固体)，按

其性质归纳在前 8 类中任何一类都是不恰当的。还有其他一些物质，如锂电池组、多卤联苯或多卤三联苯（液体和固体）和石棉类等。这些物质都是对环境有害的。随着我国和世界各国对环境保护认识的提高，各种公害事件不断发生，血的教训唤起了人们对环境的重视。为了自身的生存和发展，维持正常的生态平衡变得非常重要。因此，增设第 9 类，共列 9.1 项、9.2 项和 9.3 项，都是对生态和环境有害的物质和物品。

1. 危害环境的物质

凡是能对地球生物生存环境（如温度、大气成分、水质、土壤、声音强度）造成危害的物质，都可以称作危害环境的物质。如 CO_2 是联合国环境规划署列为全球最有害的化学品之一。在产生温室效应加剧的原因中 CO_2 占 56%，氯氟烃占 24%，CH_4 占 11%，N_2O 占 6%。

全球气候变暖所带来的后果是十分严重的，全球增温，两极冰帽融化，水因升温膨胀，海平面将上升，沿海城市和海岛将淹没，全球 1/3 的人口受到影响。气候变暖会使温度带和降水带移动，使生态环境受到影响。变暖的气候有利于病菌、霉菌和有毒物质的生长，导致食物受污染或变质，气候变暖甚至会引起全球疾病的流行，严重威胁人类的健康。

石棉的微粒是大气和室内空气非常有害的物质，吸入体内，积累后危害极大，具有强致癌作用。此外，锂电池组及多卤联苯等对水质的污染也非常严重，对环境造成很大的破坏。

2. 高温物质

这些物质是温度≥100℃的液体（包括熔融金属和熔融盐）和≥240℃的固体。高温物质出事故后会直接伤害人体和各种生物体，直接影响周围环境。如：改质的煤焦沥青，原来煤焦沥青中的有害成分已改变，软化点在 100℃以上，经鉴定不属于前八类危险货物，但超过 100℃运输时，按第九类危险货物办理。

3. 经过基因修改的微生物和组织

该项是经过基因修改的微生物或组织，能够非正常地繁殖结果的方式改变动物、植物或微生物的原有特性。这类物质会影响生物体的遗传混乱引起变异，破坏生态平衡。

知识点三 危险货物运输设备

各种危险货物具有不同的危险性质，为了完成危险货物的运输任务，应在危险货物运量较大及具备安全运输条件的地方设立危险货物办理站，并配备必要的专用仓库、车辆、装卸工具等运输设备。

一、危险货物办理站

（一）办理站种类

危险货物办理站系指站内、专用线、专用铁路办理危险货物发送、到达作业的车站。

按类型分为5种：

（1）专办站，指主要办理危险货物发到、承运、装卸、保管及交付的车站；

（2）兼办站，指主要办理普通货物运输，兼办危险货物发送和到达作业的车站；

（3）集装箱办理站，指在站内办理危险货物集装箱运输的车站；

（4）专用线接轨站，指仅在接轨的铁路专用线、专用铁路办理危险货物作业的车站；

（5）综合办理站，指包含以上两项以上的车站。

其中绝大部分办理站为专用线接轨站。目前，全路约有1700个危险货物运输办理站，其中专办危险货物的210个左右，专办危险货物集装箱的60个左右，专办剧毒品的34个左右，还有约1640个车站衔接约3250条企业专用线。这些办理站的数量是变化的，经铁道部批准可以新开办增加或关闭停用。取得办理资质的车站、专用线（专用铁路）将在《铁路危险货物办理站（专用线、专用铁路）办理规定》（以下简称《办理规定》）上公布。

（二）办理规定

危险货物的到发作业应在危险货物办理站之间进行。危险货物的办理站刊登在《办理规定》上，主要内容为：

（1）危险货物办理站站名表（如表3－8所示），规定站内办理危险货物的发到品类。

表3－8　全路危险货物办理站名表（摘录）

局别	序号	站名	类别类型	发送品名	到达品名	备注
哈尔滨铁路局	1	冯屯	一类		鞭炮	
	2	哈尔滨	五类	漂白粉		
			六类	敌敌畏		
			八类	消毒剂		
	3	海拉尔	一类		炸弹	
			八类		烧碱	
	4	拉古	一类		鞭炮	

（2）危险货物集装箱办理站站名表（如表3－9所示），规定站内办理危险货物集装箱发到站名及允许的箱型。

表3－9　全路危险货物集装箱办理站名表（摘录）

局别	序号	站名	箱型类型	发送品名	到达品名	备注
上海铁路局	1	无锡南	非标箱	黄磷	黄磷	

（3）剧毒品办理站站名表（如表 3－10 所示），规定站内、专用线剧毒品发到的品名。

表 3－10　　全路剧毒品办理站名表（摘录）

局别	序号	站名	顺号	专用线	共用单位	发送品名			到达品名			轨道衡		起重条件	
						灌装	非灌装	集装箱	灌装	非灌装	集装箱	动态	静态	起重能力	设备类型
郑州铁路局	1	长治	1	站内			氰化钠								
	2	郑州东	1	沙隆达郑州农药有限公司专用线			氧乐果			氧乐果					

（4）专用线、专用铁路办理规定一览表（如表 3－11 所示），规定铁路罐车、集装箱、整车装运危险货物发到的品名，与车站衔接的专用线、专用铁路产权单位名称、共用单位名称，轨道衡计量以及集装箱（罐）作业条件（起重能力、起重设备类型）等。

表 3－11　　铁路危险货物运输办理站（专用线、专用铁路）办理规定（摘录）

序号	办理站名称	顺号	专用线（专用铁路）名称	共用单位名称	发送品名			到达品名			轨道衡		起重条件	
					灌装	非灌装	集装箱（罐）	灌装	非灌装	集装箱（罐）	动态	静态	起重能力	设备类型
1	2	3	4	5	6			7			8		9	
33	哈尔滨东	58	哈尔滨市液化石油气公司		甲醇			甲醇、液化石油气						
		67	松江罐头厂专用线					盐酸、氢氧化钠溶液						

二、危险货物场库设备

(一) 危险货物办理站

危险货物办理站和装卸场所应设在安全地点，并且相对集中。危险货物专办站应远离市区和人口稠密的居民点。铁路新建危险货物专办站时，应与发展危险货物集装箱运输配套考虑，同时应与省、自治区、直辖市人民政府商定合乎安全要求的危险货物办理地点，并根据运量大小和实际需要设立危险货物作业场所。

经常办理危险货物的车站应建造具备通风、报警、消防、防爆、避雷、消除静电等安全设施的专门仓库。危险货物专门仓库、站台、雨棚要与所办理的危险货物品类和运量相适应。

(二) 危险货物专用线

专用线（专用铁路）运输时应与设计时办理危险货物运输内容一致，装运和接卸危险货物运输品类，要有专门附属设施和安全防护设备等。铁路危险货物运输常见主要装卸设备为装卸作业线、起重装载设备、栈桥、鹤管、输送管道、轨道衡、消防设施、安全检查及报警设备、防雷防静电设备等。

1. 装卸设备

液体类、气体类危险货物的装卸，常见的设备设施有栈桥、鹤管、移动泵及输送管道。此类设施作为专用线主要附属设备设施，生产、安装、施工必须由具备国家相关资质的单位承担，装卸机具必须具有防爆功能，接地良好，日常要加强设备设施的维护检修工作，装卸作业前必须检查设施的完好性，并在装卸作业区及储存区增设可燃气体检测报警仪、火灾报警仪等。

气体类危险货物的装卸，在充装前必须对空车进行检衡，充装后对重车进行复检，办理气体类危险货物的运输单位必须配置轨道衡，轨道衡必须经过国家轨道衡计量站检验合格后方可投入使用。

2. 消防、安全设施

专用线应配置与办理危险货物性质相符合的消防、安全防护设施和器材，并设有安全防护标志。消防设备设施应经当地公安消防部门验收合格并出具验收意见书，消防通道应保持通畅。运输单位应根据危险货物的运量、品类等，配备如具备防静电功能的防护服、防护手套、防毒面具等防护用品，以及必要的应急救援药品和器材。

3. 专用线库房、栈桥等设施

专用线库房、栈桥等设施，应安装防雷保护装置，并经当地气象部门验收，验收合格并出具合格证书，每年进行复检。

三、危险货物运输车辆及集装箱

危险货物在运输过程中，根据货物的性质不同，选用不同的运输车辆，除棚车以外，使用数量最大的是铁路罐车。在积极推进铁路危险货物现代科技手段的开发和应用之际，

同时应大力发展危险货物集装箱运输。

（一）危险货物运输车辆

装运危险货物的车辆有罐车、棚车、敞车、平车、矿石车及其他特种车等。但由于危险货物的货物特性要求，在铁路运输中，除袋装、箱装、桶装等危险货物使用铁路棚车、敞车外，危险货物绝大多数使用的是罐车，而且多数使用的是企业自备罐车。

1. 罐车

罐车主要是用来装载液态、气态及粉末状货物的，其中一部分属于普通货物，另一部分属于危险货物。危险罐装货物主要包括易燃液体（如汽油、煤油、苯等）、毒害性及腐蚀性液体（如浓硝酸、浓硫酸等）和气体（如液氯、液氨）。

危险货物罐车按用途可分为轻油类罐车（用来运送汽油、煤油等黏度较小的石油产品及其他液体货物）、黏油类罐车（用来运送石油、润滑油等黏度较大的货物）、酸碱类罐车、液化气体罐车。

铁路产权罐车允许装运的品名为：原油、汽油、煤油、柴油、石脑油及非危险货物的重油、润滑油。

企业自备罐车装运液体危险货物时，应符合“品名表”第12栏特殊规定，运输时由铁路局批准，未作规定的报铁道部批准。

企业自备货车一般在车辆中部涂有“×××企业自备车”字样及过轨站站名而无铁路路徽。其中企业自备罐车的罐体标识，如表3－12所示。

表3－12　　危险货物自备罐车罐体标识表

<table>
<tr><td colspan="2">罐体本底色</td><td colspan="2">罐体两侧纵向中部涂刷一条宽300mm表示货物重要特性的水平环形色带</td></tr>
<tr><td rowspan="5">一般</td><td rowspan="5">银灰色</td><td>易燃性为红色</td><td>氧化性为绿色</td></tr>
<tr><td>毒性为黄色</td><td>腐蚀性为黑色</td></tr>
<tr><td colspan="2">环带300 mm为全蓝色时表示非易燃无毒气体</td></tr>
<tr><td colspan="2">环带上层200mm宽涂蓝色，下层100 mm宽涂红色表示易燃气体</td></tr>
<tr><td colspan="2">环带上层200mm宽涂蓝色，下层100mm宽涂黄色表示毒性气体</td></tr>
<tr><td rowspan="3">特殊</td><td>装运酸、碱类（全黄色）</td><td colspan="2">黑色</td></tr>
<tr><td>装运煤焦油、焦油（全黑色）</td><td colspan="2">红色</td></tr>
<tr><td>装运黄磷（银灰色）</td><td colspan="2">不涂打环形色带，在罐体中部喷涂9号自燃物品标志和13号剧毒品标志注</td></tr>
</table>

注：①环形色带中部（有扶梯时在扶梯右侧）以分子、分母形式书写货物名称及其危险性，如苯：苯/易燃、有毒。对遇水会剧烈反应，还应在分母内喷涂“禁水”二字，如硫酸：硫酸/腐蚀、禁水。

②在罐体两端头两侧环形色带下方喷涂相应危险货物包装标志，规格：400 mm×400 mm。

2. 其他车辆及使用要求

危险货物限使用棚车装运，但“品名表”第 12 栏内有特殊规定除外。部分装运危险货物的车辆如表 3－13 所示。

表 3－13　　部分装运危险货物的车辆

车辆种类	危险货物品名	备注
必须使用毒品专用车	整车发送的毒性物质和放射性矿石、矿砂	
P_{64*} 型竹底棚车或木底棚车装运	爆炸品、硝酸钠、氯酸钠、氯酸钾、黄磷和铁桶包装的一级易燃液体	如使用铁底棚车时，须经铁路局批准
限用“停止制动作用”的棚车	爆炸品中 14 个品名	见“危险货物品名表”和特殊规定 4
禁用棚车	整车沥青及沥青的制品	
可使用敞车	1. 塑料沥青 2. 油布、绸、漆布、动植物纤维［含动植物油］、油纸及其制品、油棉纱、油麻丝、氧化钙 3. 氨溶液、硫化钠、硫化钾、氢氧化钠、氢氧化钾、焦油、煤焦油、松焦油 4. 含油金属屑 5. 混胺—02、发烟硝酸	1. 可使用敞车 2. 经路局批准，可用敞车苫盖篷布运输 3. 钢桶包装的可以使用敞车 4. 散装运输时，须使用全钢敞车，车内必须干燥 5. 经路局批准，可以使用规定的铝罐装敞车。铝罐封口应气密不漏并稳固地装入敞车内
P_{64}、P_{64A}、P_{64AK}、P_{64AT} 型棚车装运	硝酸铵	使用敞车运输时，须采取安全措施，并经过铁路局主管部门批准，应采取随货押运措施
其他	“危险货物品名表”第 12 栏特殊规定	

（二）危险货物集装箱

危险货物集装箱运输是货运工作的一项重大改革，是危险货物运输的发展方向。用集装箱运输危险货物，能减少作业环节，改善工作条件，加快货物的接取送达，提高工作效率，避免了人工直接搬运危险所带来的不安全因素，有利于提高危险货物运输安全的整体管理水平。

危险货物的到发作业应在危险货物集装箱办理站之间进行，并符合《办理规定》的要求。

危货箱办理站应设置专用场地，并按货物性质和类项划分区域；场地须具备消防、报警和避雷等必要的安全设施；配备必要的防爆机具和检测仪器。

危险货物集装箱办理站办理的危险货物品名：

1. 铁路通用箱

二级易燃固体（41501～41559）。

二级氧化性物质（51501A～51530）。

二级无机酸性腐蚀性物质（81501～81535）。

二级有机酸性腐蚀性物质（81601A～81647）。

二级碱性腐蚀性物质（82501～82526）。

二级其他腐蚀性物质（83501～83515）。

2. 自备危货箱

铁路通用箱中所列品名。

毒性物质（编号为61501～61940）。

危险货物集装箱仅限装运同一品名的危险货物。

其他危险品运输工具

一、毒品运输车

毒品运输车又可称为毒品车，用来运输有毒农药，放射性矿石以及矿砂等危险物料。

在我国铁路发展初期，有毒物品的运输是使用通用的棚车或敞车来进行的。在运输过程中由于包装或装运不当，经常发生毒品漏撒的现象，从而引起车体的污染，虽然车辆用后要经过冲洗，但往往不易洗刷干净。当车辆再次投入使用时，则会引起其他货物的污染。如货运部门就曾出现过食品、粮食被污染及牲畜被毒死的情况。

为了解决这一问题，铁路部门从1980年11月起，开始从一批旧型棚车（主要是P_1、P_2型）中选出2000辆作为运送毒品的专用车辆，即当时的P_{D3}、P_{D4}型毒品专用车。当时的毒品专用车车辆内部为木地板、木墙板或铆接结构，因此板缝中极易残留毒物，而且不易洗刷干净，当车辆进行检修时，特别是高温作业的情况下（如用乙炔切割），残留的毒物极易挥发，对人体产生危害。另外，这些毒品车的结构都尚欠合理，如车门较小、地板面过高、车内死角过多、车内无排水口等，给运用部门增加了困难。铁道部为了彻底解决毒品运输中的上述问题，责成齐齐哈尔制造厂设计试制新型的毒品专用车辆，以满足毒品运输的需要。

齐齐哈尔制造厂选用了P_{62}型棚车的结构形式作为毒品车的基本结构，在其基础上进行改进，研制并投产使用了新型毒品专用车P_{D5}。P_{D5}是全钢焊接结构单层墙板的4轴车，载重量50t，其结构设计有利于毒害品的运输和清洗。

近年来，铁道部重新规定了货车主要车种基本记号，毒品车的基本标记是W，原来的

P_{D5}标记为了W_5。目前，毒品车主要有5个车型：W_5、W_{5A}、W_6、W_{5s}、W_{6S}。最新生产的是W_6型毒品车，可装运农药及危规中第6类毒性物质，载重60 t，容积126 m^3，构造速度达到120 km/h。W_{5s}和W_{6S}是W_5和W_6的派生产品，增加了押运室（即守车功能）"S"是"守"的拼音声母的简写。为显示醒目，毒品车车厢上标有毒品专用车字样，一般车厢颜色为黄色。

二、罐式集装箱

罐式集装箱是专用以装运油类（如动植物油）、液体食品以及化学品等液体货物的集装箱。还可以装运酒类及其他液体的危险货物。

罐箱的罐体采用不锈钢制成，嵌于低碳钢框架内，并配以蒸气和电加热系统以用于运输热敏感产品，容量由14000 L到25000 L不等。罐箱通常用于危险液体货物及食品类液体货物的全球化运输，也可用来运输压缩气体。目前，我国市场上流行两种型号罐箱：1CC和1D。

罐箱是液体化学品的最佳运输工具。与罐装、桶箱相比，使用罐箱运输，损耗降低，使用方便，货物在途安全性提高，可减少包装费用和包装物处理费用，有利于环境保护，因而在液体货物运输中推广很快。

罐式集装箱主要由罐体和箱体框架两部分构件组成。框架一般用高强度钢制成，其强度及尺寸应符合国际标准的要求，角柱上也装有国际标准角件，装卸时与国际标准集装箱相同；罐体的材料有钢和不锈钢两种，视所装货物的需要而定。如罐体全部采用不锈钢，则价格昂贵。目前，有的在钢板上包一层不锈钢，或在罐内壁涂一层环氧树脂。为了防止罐内货物残留于壁面上，罐体的内壁最好进行研磨抛光。罐体外壁采用保温材料，形成双层结构，使罐内液体与外界充分隔热。对装载随外界温度变化而增加黏度的货物，装卸时需要加温，故在罐体下部设有加热器。在运输途中为了能从外面随时观察罐内的货温，罐上还装有温度计。

罐体顶部设有入孔（即装货口），用于货物装卸，装货口的盖子必须水密，罐底设有排出阀。罐的结构应便于拆卸和容易清扫。此外，罐上还应设有安全阀和梯子，罐顶最好有踏脚板，便于人员在顶上操作。下面介绍几种常见罐式集装箱。

J24A型集装箱为上装上卸式液体式集装箱，为1CC型国际标准箱，长×宽×高＝6058mm×2438mm×2591mm。罐体材料可为低合金钢或不锈钢，自重为4.17t，总容积为24.86m^3，最大载重为26t。该产品应用面广，可用于国内或国际间水路，铁路，公路联运，运输及吊装方式与干货集装箱相同。罐体上设有内径为Φ500mm的入孔一个，液位观察计一个，聚液窝一个，呼吸式安全阀一个，并配有端梯和操作台。入孔开启方便，无须使用扳手以及其他工具；液位计操作简单，站在箱体的任意一侧，均可观察液面的上升情况，安全阀的工作压力可根据装载液体的性质而设置。

J8黄磷罐式集装箱为装运黄磷的的非标专用集装箱，用于铁路、水路、公路运输。罐体内径2000mm，上装上卸，罐内黄磷水封后再氮封。罐体外部下半部设有用于装卸作业时，加热封水或黄磷的蒸汽加温套。

1CC 液化石油气罐式集装箱为 20 英尺国际标准箱，适用于装运液化气体类介质，可用于公路、铁路、水路之间的联运。该罐箱由框架和罐体通过连接板组焊而成。框架由角件、立柱、边梁、端梁组成。罐体一端封头上设加排装置及安全附件，其外围设保护罩；罐体顶部设有入孔及安全阀，罐内设有内梯及防波板。框架端部设端梯，上部设走台。

学习任务二　易燃易爆品运输组织

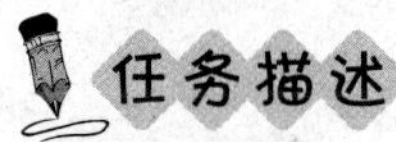

任务描述

本次任务需要学生依据案例背景完成易燃易爆品的运输组织工作，以发送作业为重点训练内容。具体任务要求见任务单所示。

任　务　单

请利用本学习单元所学知识，按案例条件与任务要求处理以下案例。

【案例情况说明】托运人湖南外运醴陵市公司，在南昌铁路局醴陵东站托运非罐装烟花一车，收货人为加格达奇物资再生利用公司，到站哈尔滨铁路局加格达奇站。（其他未尽事宜自行假设）

【任务要求说明】请按上述案例情况结合《危规》等货运规章的相关规定办理这批烟花的铁路运输工作，并将其步骤和依据详细记录在学生工作页的“计划决策”栏内，再按货物发送作业各工作步骤模拟演练，并将实施情况简要记录在学生工作页“实施检查”栏内。在完成这一任务时，请试图解决以下问题：

1. 根据货物品名，确定货物的类项及其主要特性；
2. 对承运人及托运人资质进行审查；
3. 按《办理规定》的要求确定装卸车地点；
4. 告知托运人应提交哪些相关资料，并进行审查；
5. 填写运单相关内容及加盖特殊标记；
6. 装车作业注意事项（包括车辆选择、装车前后的检查、装载方案和注意事项）；
7. 需要完成的交接检查工作有哪些；
8. 核算制票承运工作，及时正确签认“危险货物发送作业程序签认单”。

另外，以学习小组为单位确定观察者一名负责本组成员任务实施情况的汇报，每组派代表从教师处领取学习资料及操作工具，模拟工作情境完成运输案例所示的易燃易爆品运输组织工作。

注意：每位同学最后必须上交一份填写完整的“学生工作活页手册”以供考核。

课堂训练将采用小组讨论、头脑风暴法实施教学，任务完成情况的核定主要依据个人工作治页手册完成情况，及小组成员、各组长及教师对你的综合评价来判断。

危险货物具有爆炸性、易燃性、腐蚀性、毒害性、放射性等危险性，为了确保运输安全，除应满足一般运输条件外，还必须根据货物的性质，采取相应的特殊运输措施，加强运输组织工作。只有这样才能化“危险”为“安全”，在保证安全的基础上，提高运输效率。

知识点四　托运和承运

一、承运人和托运人资质

(一) 承运人资质

铁路危险货物承运人是指办理危险货物运输的铁路运输企业，如铁路车站。

1. 资质申请

(1) 申请铁路危险货物承运人资质的，应当具备下列条件：

① 危险货物办理站的储运仓库、作业站台、专用雨棚等专用设施、设备要与所办理危险货物的品类和运量相适应。耐火等级、防火、防爆、防雷、防静电、污水排放和污物处理等应符合国家有关规定及技术标准。

② 危险货物专用线（专用铁路）办理的地点、场所应配备有关检测设备和报警装置；作业人员应配备相应的防护用品；装卸设备应具备防爆、防静电功能；装卸能力、计量方式、消防设施、安全作业防护应符合规定要求；专用线、专用铁路接轨方式、线路作业条件等铁路运输安全基本设施、设备，必须符合铁道部的规定。

③ 货运人员、技术管理人员、装卸及驾驶人员应经过铁路危险货物运输业务知识培训，熟悉本岗位的相关危险货物知识，掌握铁路危险货物运输规定。

④ 建立健全危险货物受理、承运、装卸、储存保管、消防、劳动安全防护等安全作业规程及管理制度。

⑤ 有铁路危险货物运输事故处理应急预案，配备应急救援人员和必要的救援器材和设备。

(2) 应当提交下列材料：

① 行政许可申请书。

② 国家安全生产监督管理部门认定的安全评价机构对专用线、专用铁路及其附属装置和设施作出的安全评价报告。

③ 申请人所在地设区的市级人民政府安全生产监督管理部门审查的意见。

④ 铁道部认定的培训机构对货运人员、技术管理人员、装卸及驾驶人员进行铁路危险货物运输培训的合格证明。

⑤ 铁道部认定的专业技术机构对危险货物办理站（专用线、专用铁路）作出的运输

安全综合分析报告。

⑥ 危险货物运输事故处理应急预案。

行政许可申请书应采用格式文本。格式文本由铁路管理机构提供。

2. 资质审查

铁路管理机构收到全部材料后，应及时对申请人提交的材料进行审查，必要时可组织专家评审。

铁路管理机构对材料齐全、符合法定形式的申请，应在 20 日内（专家评审时间不计，但应将所需时间书面通知申请人）作出批准或者不予批准的决定。批准的，自作出决定之日起 10 日内颁发"铁路危险货物承运人资质证书"。不予批准的，书面通知申请人并说明理由。

铁路管理机构应将已批准的危险货物承运人资质许可证明文件及时抄报铁道部备案。由铁道部统一公布取得资质许可的危险货物承运人名录及相关内容。

被许可人应按照铁道部的规定，严格细化安全管理措施，严格执行《铁路危险货物运输管理规则》及有关规章文件规定。

3. 资质监督检查

铁路管理机构应加强对被许可人行为的监督检查。实施监督检查时，被许可人应如实反映情况并提供相关材料。

铁路管理机构监督检查时，发现有下列情形之一的，应责令承运人暂停办理危险货物运输业务，并限期整改：

(1) 设施设备存在安全隐患的；

(2) 相关从业人员配备不齐或未取得培训合格证明的；

(3) 危险货物运输管理制度不健全、不完善，存在严重漏洞的；

(4) 事故处理应急预案不完备的。

发现有下列情形之一的，铁路管理机构可撤销危险货物承运人资质：

(1) 涂改、倒卖、出租、出借"铁路危险货物承运人资质证书"，或以其他形式非法转让"铁路危险货物承运人资质证书"的；

(2) 弄虚作假或违反规定承运危险货物、造成严重后果的；

(3) 设施、设备不符合危险货物运输安全要求的；

(4) 存在重大安全隐患，要求限期整改未整改或整改后仍不合格的；

(5) 造成危险货物运输安全重大责任事故的；

(6) 法律法规、规章规定的其他违法行为。

(二) 托运人资质

铁路危险货物托运人，是指经国家有关部门认定，取得危险货物生产、储存、使用、经营资格，从事铁路危险货物运输托运业务的单位。

1. 资质申请

(1) 申请铁路危险货物托运人资质的运输企业或单位，应向有管辖权的铁路管理机构

（铁路安全监督管理办公室）申请取得资质许可。应当具备下列条件：

① 具有国家规定的危险物品生产、储存、使用、经营的资格。

② 危险货物自备货（罐）车、集装箱等运输工具的设计、制造、使用、充装、检修等符合铁道部的安全管理规定。

③ 危险货物容器及包装物的生产符合国家规定的定点生产条件并取得产品合格证书。

④ 需加固运输的危险货物，应按《铁路货物装载加固规则》制定加固技术方案。

⑤ 装运压缩气体和液化气体的，应按国家规定安装轨道衡等安全计量设备。

⑥ 办理危险货物作业场所的消防、防雷、防静电、安全检测、防护、装卸、充装等安全设施、设备应符合国家有关规定。储存仓库的耐火等级、防火间距应符合《建筑设计防火规范》等有关国家标准。

⑦ 相关专业技术人员、运输经办人员和押运人员应经过铁路危险货物运输业务知识培训，熟悉本岗位的相关危险货物知识，掌握铁路危险货物运输规定。

⑧ 有铁路危险货物运输事故处理应急预案，配备应急救援人员和必要的救援器材及设备。

（2）应当提交下列材料：

① 行政许可申请书。

② 申请办理危险化学品、爆炸品、放射性物品托运人资质的，提供相应生产许可证或经营许可证。

③ 营业执照（副本）。

④ 铁道部或铁路管理机构认定的培训机构对专业技术人员、运输经办人员、押运人员进行培训的合格证明；申请办理压缩气体和液化气体托运人资质的，还需提交轨道衡年检合格证。

⑤ 危险货物运输事故处理应急预案。

行政许可申请书应当采用格式文本。格式文本由铁路管理机构提供。

2. 资质审查

铁路管理机构监督检查时，发现有下列情形之一的，应责令托运人暂停办理危险货物托运业务，并限期整改：

（1）设施设备存在安全隐患的；

（2）有关专业技术人员、运输经办人员、押运人员配备不齐或未取得培训合格证的；

（3）危险货物托运业务安全管理制度不健全、不完善，存在严重漏洞的；

（4）事故处理应急预案不完备的。

发现有下列情形之一的，铁路管理机构可撤销危险货物托运人资质：

（1）涂改、倒卖、出租、出借“铁路危险货物托运人资质证书”（以下简称“托运人资质证书”），或以其他形式非法转让“托运人资质证书”的；

（2）弄虚作假或违反规定办理危险货物托运，造成严重后果的；

（3）设施、设备不符合危险货物运输安全要求的；

(4) 存在重大安全隐患，要求限期整改而未整改，或整改后仍不合格的；

(5) 造成危险货物运输安全重大责任事故的；

(6) 法律、法规、规章规定的其他违法行为。

(三) 资质证书的编号、内容及形式

"铁路危险货物承运人资质证书"(以下简称"承运人资质证书"，编号由5位阿拉伯数字组成，前两位代表铁路局编号，后3位代表车站分配号码。

铁路局编号：哈尔滨23、沈阳21、北京11、太原14、呼和浩特15、郑州41、武汉42、西安61、济南37、上海31、南昌36、广州44、柳州45、成都51、昆明53、兰州62、乌鲁木齐65、青藏63。

车站分配三位数001～999，如北京铁路局×××站为：11001。其他车站顺序分配号码。

"托运人资质证书"编号由八位数字组成，其中前两位代表铁路局编号，中间3位代表车站分配号码，后3位代表托运人分配号码。

证书内容分4部分：说明和要求、批准栏、年检栏、违反规定记录。

证书分正本和副本两种，证书正面右上角印有"正本"、"副本"字样以示区别，正、副本具有同等效力。副本数量可根据需要确定。

"承运人资质证书"和"托运人资质证书"有效期5年，每年需进行年检，加盖铁路安全监督管理办公室印章有效。

二、托运受理工作

正确办理危险货物的托运和受理，是保证危险货物运输安全的重要环节。危险货物仅办理整车和10t以上集装箱运输。国内运输危险货物严禁代理。

(一) 托运人主要工作

1. 对货物进行符合运输需求的包装

为了保证货物的运输安全，充分利用货车的载重量和容积，便于货物的装卸作业，托运人托运货物时，应根据货物的性质、重量、运输种类、运输距离、气候状况以及货车装载等条件，使用符合运输要求的包装。

2. 备齐必要的证明文件

托运人托运需凭证明文件运输的货物，必须在托运货物前备齐相应的证明文件。如托运爆炸品时，托运人须出具到达地县级人民政府公安部门批准的"民用爆炸物品运输许可证"，托运烟花爆竹时须出具"烟花爆竹道路运输许可证"，并注明许可证名称和号码。

3. 向车站提交填写正确的货物运单

托运人托运货物，应向车站按批提出货物运单一份。托运危险货物时，运单填写的主要注意事项如下：

(1) 货物名称栏

"货物名称栏"，应填写"危险货物品名索引表"内列载的品名和相应的铁危编号。

“危险货物品名索引表”内列载具体名称的，应填写具体名称，如氢化铝、43021；具体名称附有别名的，品名可填写其中之一，如硝铵炸药（或铵梯炸药）、11084；属于概括名称的，先填写具体名称，再注明所属概括名称，如氰化钾（氰化物）、61001；填报的危险货物品名必须符合托运人资质证书规定的范围；发到范围须与《办理规定》的范围一致。

（2）特殊标记

托运人托运危险货物时，必须在运单右上角用红色戳记标明类项名称。如托运硝铵炸药时，应加盖 1.1 整体爆炸品 字样的红色戳记。危险货物类项名称戳记样式，均应按《危规》格式 27“危险货物类项名称戳记”（如图 3－1 所示）制作。

托运爆炸品应在运单右上角用红色戳记标明“爆炸品”或“烟花爆竹”字样。

（3）托运人记载事项栏

填记需要由托运人声明的事项，与危险货物运输有关的事项有：

① 托运危险货物：托运人资质证书、经办人身份证、培训合格证号码。

② 托运需要押运的货物：托运人资质证书、经办人身份证、培训合格证号码；押运员姓名、身份证号码和“押运员证”或“培训合格证”号码。

③ 托运爆炸品：还需要出具到达地县级人民政府公安部门批准的“民用爆炸物品运输许可证”，托运烟花爆竹时须出具“烟花爆竹道路运输许可证”，并注明许可证名称和号码。

④ 危险货物按普通货物运输：注明“货物品名×××，按普通货物运输”，如：豆粕，可按普通货物运输。

⑤ 新品名试运或改变包装：注明“比照铁危编号×××××新品名试运，批准号×××”字样或“试运包装，批准号×××”字。

⑥ 整车货物：应注明要求使用的车种、吨位，是否需要苫盖篷布。在专用线卸车的，应记明“在××专用线卸车”。

⑦ 使用自备货车或租用铁路货车在营业线上运输货物：应记明“过轨运输许可证、企业自备铁路货车过轨技术检查合格证号”。使用托运人或收货人自备篷布时，应记明“自备篷布××块”。

⑧ 托运“短寿命”放射性物品：填写“容许运输期限×天”。

⑨ 国外进口危险货物，按原包装托运：应注明“进口原包装”。

⑩ 其他按规定需要由托运人在记载事项栏内注明的事项。

第一类　爆炸品　　　还有两个戳

1.1 整体爆炸品

1.2 迸射爆炸品

1.3 燃烧爆炸品

1.4 无重大危险爆炸品

1.4 整体爆炸不敏感物质

1.6 极端不敏感爆炸品

第二类　气体

2.1 易燃气体

2.2 非易燃无毒气体

2.3 毒性气体

第三类　易燃液体

3.1 一级易燃液体

3.2 二级易燃液体

第四类　易燃固体、易于自燃的物质、遇水放出易燃气体的物质

4.1 易燃固体

4.2 易于自燃物质

4.3 遇水易燃物质

第五类　氧化性物质和有机过氧化物

5.1 氧化性物质

5.2 有机过氧化物

第六类　毒性物质和感染性物质

6.1 毒性物质

6.2 感染性物质

第七类　放射性物质

7 放射性物质

第八类　腐蚀性物质

8.1 酸性腐蚀性物质

8.2 碱性腐蚀性物质

8.3 其他腐蚀性物质

第九类　杂项危险物质和物品

9.1 危害环境物质

9.2 高温物质

9.3 基因修改微生物或组织

图 3-1　危险货物类项名称戳记

注：戳记字体采用 2 号黑体字，宽度 1.5cm，长度根据字体数量确定。

(二) 承运人主要工作

发站对托运人提出的货物运单，经审查符合运输规定后，在货物运单“货物指定于×月×日搬入”栏内，填写搬入或装车日期，为受理。受理工作是承运人在发送作业环节应做的主要工作之一，具体包括以下内容。

1. 审查托运人提交的相关资料是否符合要求

危险货物运输审查的主要内容有：

(1) 审查资质

受理货运员根据铁道部近期公布的“资质一览表”确认托运人资质，审查经办人、押运人的身份证、“培训合格证”和“押运员证”，确保“托运人资质证书”、经办人身份证和“培训合格证”与运单记载一致，证件不齐或不符合规定不得办理运输。

(2) 审查办理站

根据铁道部《办理规定》审查到站的营业办理限制和起重能力，包括到站、专用线（专用铁路）、收货人名称及办理品名等是否符合规定。

(3) 审查品名

货物名称关系着货物运输条件、安全和运费的计算。

审查填报的危险货物品名是否符合发到站办理的品名范围；审查运单记载的品名、类项、编号等内容与“品名表”的规定是否一致；核查“品名表”第12栏内有无特殊规定，确定所运货物的运输条件。

特别注意，运单记载的品名与“托运人资质证书”规定的范围、“品名表”、《办理规定》中列载的发到站品名必须一致。

(4) 审查包装及车辆

审查危险货物的运输包装和内包装是否符合“品名表”和《危规》附件3“铁路危险货物包装表”的规定，是否具有危险货物运输包装检测合格证明，不符合时是否按“试运包装”办理。

使用企业自备车时，审查车辆的使用是否符合“四个统一”的要求。

① 气体类危险货物：罐车产权单位为托运人的，“铁路危险货物托运人资质证书”的单位名称必须与“危货车安全合格证”、“押运员证”、“培训合格证”的单位名称相统一；罐车产权单位为收货人的，罐车产权单位名称必须与“危货车安全合格证”、“押运员证”、“培训合格证”的单位名称相统一；货物品名、托运人、收货人、发到站、专用线（专用铁路）等须与“办理规定”中公布的相统一；货物品名须与“危货车安全合格证”中的品名及罐体标记品名相统一。

② 非气体类液体危险货物：非气体类液体危险货物运输时比照气体类规定办理，但不审核“押运员证”，有押运规定的，须审核“培训合格证”。

(5) 审查托运人记载事项栏内内容

需要凭证明文件运输的危险货物，证明文件中的品种、数量、运入地、货主及收货人是否相符，证件是否齐全有效。

派有押运员的货物，审查押运人员的身份证、“培训合格证”或“押运员证”是否有效。

托运“短寿命”放射性物质时，其容许运输期限至少须大于货物运到期限 3 天。

(6) 审查运单右上角内容

审查托运人在运单右上角是否用红色戳记标明类项名称。

2. 填写运单相关内容

针对危险货物运输，承运人应重点填写运单右上角的以下内容：

(1) 针对货物查《危规》附件 1：危险货物特殊规定第 12 栏中规定停止制动作用的货车，在运单右上角用红色记明“停止制动作用”的字样；

(2) 针对货物查《危规》附件 7：铁路车辆禁止溜放和限速连挂表，在运单右上角用红色戳记标明“禁止溜放”或“限速连挂”的字样；

(3) 针对货物查《危规》附件 6：铁路车辆编组隔离表，在运单右上角用红色戳记标明规定的三角标记；

(4) 派有押运人的成组危险货物车辆，运单右上角注明“成组连挂，不得拆解”。

3. 受理完毕，在铁路危险货物发送作业签认单（表 3－14）上签字

表 3－14　　　　**铁路危险货物发送作业签认单**

<table>
<tr><td>托运人名称</td><td colspan="4"></td><td colspan="2">托运人资质证书编号</td><td></td></tr>
<tr><td>品　名</td><td></td><td>铁危编号</td><td></td><td>重　量</td><td></td><td>件　数</td><td></td></tr>
<tr><td>规定包装方法</td><td colspan="3"></td><td colspan="2">实际包装方法</td><td colspan="2"></td></tr>
<tr><td>到　站</td><td></td><td>车（箱）号</td><td colspan="5"></td></tr>
<tr><td>作业项目</td><td colspan="4">作　业　要　求</td><td colspan="3">作　业　签　认</td></tr>
<tr><td>受　理</td><td colspan="4">1. 审查托运人、押运员资质（不需押运的除外）等，进出口运输审查代理人资格确认件
2. 审查发到站、品名及编号是否符合《办理规定》，确认填写正确，不得写概括名称
3. 审查填写的包装方法
4. 其他规定要求</td><td colspan="3">受理货运员
签　认：
年　月　日</td></tr>
<tr><td>装车前准备</td><td colspan="4">1. 对照运单，核对品名、包装、包装标志和储运标志，包装方法和状态，件数等
2. 验货发现匿报品名应立即通知车站处理
3. 验货后，与货区货运员现场交接签认
4. 其他规定要求</td><td colspan="3">外勤货运员
签　认：
年　月　日</td></tr>
</table>

续 表

<table>
<tr><td rowspan="2">站内装车</td><td>保管</td><td>1. 按规定单库存放或按配放表等规定存放
2. 库门外或货位前挂货物到发信息和安全运输卡，库门完好并加锁
3. 库内存放堆码整齐稳固，留有通道，不得倒置，货物有撒漏应妥善处理，发现丢失短少立即汇报
4. 其他规定要求</td><td>货区外勤货运员
签　认：
年　月　日</td></tr>
<tr><td>装车</td><td>1. 确认车辆使用符合规定，技术状态良好
2. 对货物品名、包装与运单记载不一致，包装有破漏、损坏、变形，包装标志不清，不全等严禁装车
3. 向装卸作业班组传达安全作业注意事项
4. 妥善处理和保管残漏货件，编制有关记录和进行货票交接签收工作
5. 其他规定要求</td><td>装车货运员
签　认：
年　月　日
押运员签认（不需押运的除外）：
年　月　日</td></tr>
<tr><td colspan="2">专用线（专用铁路）装　车</td><td>1. 确认车辆使用符合规定，技术状态良好
2. 对货物品名、包装与运单记载不一致，包装有破漏、损坏、变形，包装标志不清，不全等严禁装车
3. 妥善处理和保管残漏货件，编制有关记录和进行货票交接签收工作
4. 其他规定要求</td><td>企业运输员
签　认：
年　月　日
专用线货运员
签　认：
年　月　日
押运员签认（不需押运的除外）：
年　月　日</td></tr>
<tr><td colspan="2">货　调</td><td>1. 车数和有关车号：
2. 挂运日期：
3. 挂运车次：</td><td>货运调度员（货运值班员）
签　认：
年　月　日</td></tr>
<tr><td colspan="2">备　注</td><td colspan="2"></td></tr>
</table>

三、危险货物运输包装

根据包装的主要目的，包装可分为运输包装（也称外包装）和销售包装（也称为内包装）。运输包装是指以满足运输储存要求为主要目的的包装，它具有保障产品的运输安全，方便装卸、加速交接、点验等作用。销售包装是指以促进销售为主要目的的包装，这种包装的特点是外形美观，有必要的装潢，包装单位适于顾客的购买量以及商店的陈设要求。本章的包装要求，主要以运输包装为主。

（一）危险货物包装

1. 包装的作用

危险货物的运输包装除了具有一般货物包装的作用以外，还具有以下特殊作用。

（1）能防止被包装的危险货物因接触雨雪、阳光、潮湿空气和杂质而变质，或产生剧烈的化学反应而造成事故。

（2）可以减少货物在运输过程中所受到的碰撞、震动、摩擦和挤压，使危险货物在包装的保护下保持相对稳定状态，从而保证运输安全。

（3）可防止因货物洒漏、挥发以及与性质相悖的货物直接接触而发生事故，或污染运输设备、其他货物。

（4）便于储运工程中的堆垛、搬动、保管，提高运载效率和工作效率，提高操作的安全性。

2. 包装的分类

货物包装的分类按照不同的分类方法可以分成不同的类别，例如按用途分类，按目的分类，而危险货物的运输包装本身已指明了包装货物的种类和包装的目的，因此分类方法主要有四种，按危险货物的种类分类、按包装材料分类、按包装类型分类、按包装结构强度分类。

（1）按危险货物的种类分类

① 通用包装：适用于第三、第四、第五、第六类危险货物和第一、第八类中的某些货物。

② 专用包装：常见的有两种。一种是爆炸品专用包装，因为不同的爆炸品其物理、化学性质各不相同，这类包装甚至在爆炸品之间都不能通用；另一种是一些特殊的危险货物，由于某种特殊性质而需采用专门包装。例如：双氧水专用包装、二硫化碳专用包装、黄磷专用包装、碱金属专用包装、电石专用包装等。

③ 气瓶包装：这是第二类危险货物的专用包装。此类包装物最显著的特点是能承受一定的内压力，所以又称压力容器。

④ 抗辐射包装：由于放射性物品本身的放射性污染和广泛的辐射作用，包装材料和结构应具有封严、抗压、抗腐蚀和抗辐射线穿透（即屏蔽作用）的化学和物理性能。

⑤ 腐蚀包装：腐蚀性物品由于其对材料的腐蚀性，需用不同的耐腐蚀材料来包装各种腐蚀品。

（2）按包装材料分类

① 按制作包装的材料可以分为：木制包装、金属制包装、塑料制包装、编制材料包装、玻璃陶瓷包装和棉麻织品包装等。在进行危险货物的包装时，应根据危险货物的性质，选择合适的包装材料，确保危险货物的安全运输。

② 塑料的主要成分是树脂，是一种可塑性高分子材料，是近代发展起来的新型材料。由于塑料具有质量轻、耐腐蚀、机械性能好，易于加工、易于着色和美观的特点，所以被广泛运用于各类产品的包装。塑料制成的各种包装容器已逐步取代金属包装容器、陶瓷包装容器。

(3) 按包装类型分类

危险货物按包装的类型分为桶、箱、袋三大类。桶类包装通常使用的有铁桶、铝桶、铁塑复合桶、木板桶、胶合板桶、纤维板桶、厚纸板桶、塑料桶等，主要用来运输液态的危险货物；箱类包括集装箱、铁皮箱、危险货物保险箱、密木箱、胶合板箱、纤维板箱、刨花板箱、瓦楞纸箱、钙塑箱、条板花格木箱、编制箱等；袋类包括棉布袋、麻袋、乳胶布袋、塑料袋、纸袋、集装袋等，此类包装物一般用来做外包装或衬里用。

瓦楞纸箱具有质量轻，透气性、隔热性、化学稳定性、耐冲击性能好以及折叠组装灵活和成本低等优点。

(4) 按包装结构强度分类

危险货物在国际运输中，按照包装的结构强度和防护性能及内装物的危险程度将其分为三个等级。

① Ⅰ类包装：货物具有较大危险性，包装强度要求高。

② Ⅱ类包装：货物具有中等危险性，包装强度要求较高。

③ Ⅲ类包装：货物具有的危险性小，包装强度要求一般。

3. 适用包装的确定

为了托运、承运使用方便，根据运输包装设计及试验要求而编制的“铁路危险货物包装表”（《危规》附件 3）列载了各种包装的编号、内外包装的要求以及每种包装的重量限制等内容。包装编号分为 26 个，1 号为钢质气瓶，2～9 号为各种材质的桶类包装，10～11号为袋类包装，12～23 号为箱类包装，24～25 号为纸箱包装，26 号为放射性物品包装，经由铁路运输的危险货物包装必须符合包装规定的要求及“铁路危险货物品名表”内特定的要求。各类危险货物适用包装号，在“铁路危险货物品名表”内均有列载，托运人可根据危险货物品名方便地确定其适用的包装。

4. 试运包装

托运人拟使用的包装未按照该货物品名在“品名表”中确定的包装号及“铁路危险货物包装表”中该包装号对应的包装运输，则必须按改变运输包装办理。托运人提出改变包装时，应填写“改变运输包装申请表”（如表 3－15 所示）及《铁路危险货物运输技术说明书》（如表 3－16 所示），经铁道部认定的包装检测机构进行包装性能实验，出具运输安全综合分析报告，铁路局批准后，进行试运，试运期两年；改变氯酸盐、高氯酸盐、高氯酸、黄磷等包装需经铁道部批准；铁路运输危险货物需要改变包装时，《危规》有明确规定，总结起来，主要需要准备以下资料：

①改变运输包装单位的申请报告。

②“改变运输包装申请表”（一式四份）。

③铁道部认定的包装检测机构出具的包装检测试验合格证明和运输安全综合分析报告。

④承运人、托运人双方签订的安全运输协议。

改变包装企业向发站提出申请后，车站上报所在铁路局，经所属铁路局批准后，可在指

定的时间和区段内进行试运。跨局试运时由主管铁路局以电报形式通知有关铁路局和车站。

危险性较大的货物，应进行可行性研究或论证后，经过性能试验，方可试运。

试运前，承运人、托运人双方应协定安全运输协议。

试运时，托运人应在货物运单托运人记载事项栏内注明“试运包装”字样。试运时间两年。试运结束时车站应会同托运人将试运结果报主管铁路局。铁路局对试运结果进行研究后，提出试运报告报铁道部。铁道部根据试运报告进行必要的复验，达到要求后正式批准。未经批准或超过试运期间未总结上报的，必须立即中止试运。

表 3－15　　改变运输包装申请表

<table>
<tr><td rowspan="14">申请单位填写</td><td rowspan="2">货物名称</td><td rowspan="2" colspan="2"></td><td>铁危编号</td><td></td></tr>
<tr><td>联合国编号</td><td></td></tr>
<tr><td>拟装货物主要理化性质</td><td colspan="4"></td></tr>
<tr><td>《危规》规定的包装类、包装方法或包装号</td><td colspan="4"></td></tr>
<tr><td colspan="5">拟　用　包　装　状　况</td></tr>
<tr><td>包装生产企业</td><td colspan="2"></td><td>包装出厂日期</td><td>年　月　日</td></tr>
<tr><td>包装生产许可证签发单位①</td><td colspan="2"></td><td>生产许可证号码</td><td></td></tr>
<tr><td>包装检验合格证签发单位②</td><td colspan="2"></td><td>包装检验合格证号码</td><td></td></tr>
<tr><td rowspan="2">外包装③</td><td>名　称</td><td>材　质</td><td>规　格</td><td>单位重量</td></tr>
<tr><td></td><td></td><td></td><td></td></tr>
<tr><td>内包装③</td><td></td><td></td><td></td><td></td></tr>
<tr><td>衬垫材料及衬垫方法③</td><td colspan="4"></td></tr>
<tr><td>封口方法③</td><td colspan="4"></td></tr>
<tr><td>申请改变包装单位</td><td colspan="4">单位名称　（公章）
地址　邮编</td></tr>
<tr><td rowspan="4">检验单位填写</td><td>检验日期</td><td colspan="4"></td></tr>
<tr><td>检验项目</td><td colspan="3">量　值</td><td>合格与否</td></tr>
<tr><td>检验单位意见</td><td colspan="4"></td></tr>
<tr><td>检验单位及检验人</td><td colspan="4">检验单位名称　（公章）
地址　邮编　年　月　日
检验人（签章）　电话</td></tr>
</table>

续 表

装车站意见	（公章） 年 月 日
直属站、车务段意见	（公章） 年 月 日
铁路局主管部门意见	（公章） 年 月 日

注：①为取得国家质检部门生产许可的生产单位；

②为国家指定的包装检验检测单位；

③应附内、外包装照片及资料。

表 3－16　　铁路危险货物运输技术说明书

<table>
<tr><td rowspan="10">申请鉴定单位填写</td><td colspan="4">申请单位声明
本单位对所填数据的真实性负责，保证送鉴样品与所托运货物一致。否则，所造成的一切损失由本单位承担经济、法律责任。
申请单位（盖章）：
经办人（签字）：
年 月 日</td></tr>
<tr><td>品 名</td><td></td><td>别 名</td><td></td></tr>
<tr><td>外 文 名 称</td><td></td><td>分子式（结构式）</td><td></td></tr>
<tr><td colspan="2">成分及百分含量</td><td colspan="2"></td></tr>
<tr><td rowspan="5">货物主要理化性质</td><td colspan="3">颜色：；状态：；气味：；相对密度：；水中溶解度：g/100ml</td></tr>
<tr><td colspan="3">熔点：℃；沸点：℃；闪点：℃（闭杯）；燃点℃；黏度：</td></tr>
<tr><td colspan="3">分解温度：℃；聚合温度：℃；控温温度：℃；应急温度：℃</td></tr>
<tr><td colspan="3">与酸、碱及水反应情况：</td></tr>
<tr><td colspan="3">其他有关化学性质：</td></tr>
<tr><td rowspan="4">拟用包装</td><td colspan="3">内包装（材质、规格、封口）：</td></tr>
<tr><td rowspan="3">申请鉴定</td><td colspan="3">衬垫（材质、方法）：</td></tr>
<tr><td colspan="3">外包装（材质、规格、封口、捆扎）：</td></tr>
<tr><td colspan="3">单位重量：kg；总重：kg；包装标志：；包装类：</td></tr>
</table>

续　表

<table>
<tr><td rowspan="5">单位填写</td><td rowspan="5">防护及应急措施</td><td colspan="2">作业注意事项</td></tr>
<tr><td colspan="2">容器破损及撒漏处理方法：</td></tr>
<tr><td colspan="2">灭火方法：　　　　；灭火禁忌：</td></tr>
<tr><td colspan="2">中毒急救措施：</td></tr>
<tr><td colspan="2">存放注意事项　　　　；洗刷除污方法：</td></tr>
<tr><td rowspan="15">鉴定单位填写</td><td rowspan="10">货物的主要危险性</td><td>爆炸性</td><td>爆发点：　℃；爆速：　m/s；撞击（摩擦）感度：</td></tr>
<tr><td>气体特性</td><td>临界温度：　℃；50℃时蒸气压：　kPa；充装压力：　kPa</td></tr>
<tr><td>易燃性</td><td>闪点：　℃（闭杯）；爆炸极限：　；燃点：　℃；
燃烧产物：</td></tr>
<tr><td>自燃性</td><td>自燃点：　℃；</td></tr>
<tr><td>遇水易燃性</td><td>与水反应产物：　；反应速度：　；放热量：</td></tr>
<tr><td>氧化性</td><td>与可燃物粉末混合后燃烧、摩擦、撞击情况：</td></tr>
<tr><td>毒害性</td><td>经口或皮肤接触半数致死量：LD_{50} =　　mg/kg；
吸入蒸汽：LC_{50} =　　mg/m^3；
感染性：</td></tr>
<tr><td>放射性</td><td>比活度：　Bq/kg；总活度：　Bq；半衰期：　；
射线类型：</td></tr>
<tr><td>腐蚀性</td><td>与皮肤、碳钢、纤维等作用情况：</td></tr>
<tr><td>其他危险性</td><td>水生急毒性：　；恶臭：　；其他影响运输的性质：</td></tr>
<tr><td rowspan="4">鉴定单位意见</td><td colspan="2">该货物属于：危险货物（　　）；非危险货物（　　）</td></tr>
<tr><td>危险货物</td><td>非危险货物</td></tr>
<tr><td>该货物应属危险货物第____类，第____项，
比照编号……………………，
比照品名……………………，
比照《危规》第……………… 包装。
包装标志：…………；包装类：……。</td><td></td></tr>
<tr><td colspan="2">建议：</td></tr>
<tr><td>鉴定单位及鉴定人</td><td colspan="2">鉴定单位（公章）　　　　鉴定人（签章）
年　月　日　　　　年　月　日</td></tr>
<tr><td colspan="2">装车站意见</td><td colspan="2">（公章）　年　月　日</td></tr>
<tr><td colspan="2">直属站、车务段意见</td><td colspan="2">（公章）　年　月　日</td></tr>
</table>

续 表

铁路局主管部门意见	（公章） 年 月 日
产品生产及托运单位	产品生产单位： 电话： 地址： 邮编： 产品托运单位： 电话： 地址： 邮编： 托运单位（公章） 联系人（签章） 年 月 日

5. 其他包装规定

（1）使用旧包装：危险货物的包装一般不得使用旧包装。如需使用旧包装，例如钢瓶等按有关规定办理。

（2）使用集合包装：采用集装化运输的危险货物集合包装必须有足够的强度，能够承受堆码和多次搬运，并便于机械装卸。集合包装中的单件应符合《危规》危险货物包装表中的规定。

（二）危险货物包装标志

为了迅速明确危险货物的性质，保证装卸、搬运、储存、保管、送达的安全，保证一旦发生事故能尽快判定危险货物的性质，采取相应的施救方法，托运人应根据危险货物的特性，在每件货物包装上牢固、清晰地标明危险货物包装标志（GB 190－90，如表 3 - 17）和包装储运图示标志。必要时再加以文字说明，并附上与货物运单相同的危险货物品名。

1. 包装标志图样

危险货物包装标志有 9 类 21 个。每种危险货物包装件应按其类别粘贴相应的标志。

表 3 - 17　　危险货物运输包装标志

 包装标志 1 爆炸品标志（符号：黑色，底色：橙红色）	 包装标志 2 爆炸品标志（符号：黑色，底色：橙红色）	 包装标志 3 爆炸品标志（符号：黑色，底色：橙红色）	 包装标志 4 易燃气体标志（符号：黑色或白色，底色：正红色）

续 表

 包装标志 5 不燃气体标志（符号：黑色或白色，底色：绿色）	 包装标志 6 有毒气体标志（符号：黑色，底色：白色）	 包装标志 7 易燃液体标志（符号：黑色或白色，底色：正红色）	 包装标志 8 易燃固体标志（符号：黑色，底色：白色红条）
 包装标志 9 自燃物品标志（符号：黑色，底色：上白下红）	 包装标志 10 遇湿易燃物品标志符号：黑色或白色，底色：蓝色）	 包装标志 11 氧化剂标志（符号：黑色，底色：柠檬黄色）	 包装标志 12 有机过氧化物标志（符号：黑色，底色：柠檬黄色）
 包装标志 13 剧毒品标志（符号：黑色，底色：白色）	 包装标志 14 有毒品标志（符号：黑色，底色：白色）	 包装标志 15 有害品（远离食品）标志（符号：黑色，底色：白色）	 包装标志 16 感染性物品（符号：黑色，底色：白色）
 包装标志 17 一级放射性物品标志（符号：黑色，底色：白色，附一条红竖条）	 包装标志 18 二级放射性物品标志（符号：黑色，底色：上黄下白，附二条红竖条）	 包装标志 19 三级放射性物品标志（符号：黑色，底色：上黄下白，附三条红竖条）	 包装标志 20 腐蚀品标志（符号：上黑下白，底色：上白黑下）
 包装标志 21 杂类标志（符号：黑色，底色：白色）			

注：标志尺寸分为四种：50 mm×50 mm，100 mm×100 mm，150 mm×150 mm，250 mm ×250 mm 。如遇特大或特小的运输包装件，标志的尺寸可适当扩大或缩小。

2. 包装标志的使用方法

(1) 标志的标打，可采用粘贴、钉附及喷涂等方法。

(2) 标志的位置规定如下：

箱状包装：位于包装端面或侧面的明显处；

袋、捆包装：位于包装明显处；

桶形包装：位于桶身或桶盖；

集装箱、成组货物：粘贴四个侧面。

(3) 每种危险品包装件应按其类别粘贴相应的标志。但如果某种物质或物品还有属于其他类别的危险性质，包装上除了粘贴该类标志作为主标志以外，还应粘贴表明其他危险性的标志作为副标志，副标志图形的下角不应标有危险货物的类项号。

(4) 储运的各种危险货物性质的区分及其应标打的标志，应按 GB 6944、GB 12268 及有关国家运输主管部门规定的危险货物安全运输管理的具体办法执行，出口货物的标志应按我国执行的有关国际公约（规则）办理。

(5) 标志应清晰，并保证在货物储运期内不脱落。

(6) 标志应由生产单位在货物出厂前标打，出厂后如改换包装，其标志由改换包装单位标打。

3. 危险货物集装箱包装标志的规定

使用集装箱运输危险货物时，托运人应根据危险货物类别在箱体上拴挂相应危险货物包装标志。拴挂位置：箱门把手处各 1 枚，箱角吊装孔各 1 枚，共计 6 枚，需拴挂牢固，不得脱落。标志采用塑料双面彩色印刷，规格为：100mm×100mm。

四、站内验收保管工作

(一) 站内验收工作

货物搬入指定地点（货位）后，货运员按照运单的记载认真检查现货。进货验收是为了保证货物运输安全、完整以及划清承运人与托运人之间责任。

危险货物品名繁多，性质不一，仅“品名表”所列的“铁危编号”就有 2000 多个，且新的化工品名不断出现，为了防止匿报品名等事项的发生，对托运人第一次来站托运的货物或无法判明货物性质的，车站应要求托运人进行货物性质鉴定，根据鉴定情况按相应的规定运输。对有些危险货物和普通货物外形等差别不大的货物，为防止企业谎报品名运输，车站应建立抽验制度，杜绝违法运输的发生。

核对现货与运单记载的品名、件数是否相符；货物的状态是否良好；核对包装是否符合《危规》的规定要求。

验货后，企业运输员与货区货运员现场交接签认。

(二) 保管工作

1. 危险货物保管总要求

危险货物应按其性质和要求存放在指定的仓库、雨棚等场地。遇潮或受阳光照射容易

燃烧或产生易燃、易爆、有毒气体的危险货物不得在雨棚和露天存放。存放保管危险货物时，应符合“铁路危险货物配放表”（以下简称“配放表”，如表3-18所示）的要求。编号不同的爆炸品不得同库存放。放射性物质需建专用仓库，并与爆炸品仓库保持20m以上的安全距离。

堆放危险货物的仓库、雨棚等场地必须清洁干燥、通风良好，配备充足有效的消防设施。货场应设置明显的安全警示标志，须建立健全值班巡守制度。仓库作业完毕后应及时锁闭，剧毒品须加双锁，做到双人收发、双人保管。进入货场的机动车辆必须安装防火帽（罩）。

2. 危险货物保管的具体要求

①第1类：爆炸品。

必须存放于专库内，库房应有避雷装置、防爆灯及低压防爆开关。仓库应由专人负责保管。库内应保持清洁，并隔绝热源与火源，在温度40℃以上时，要采取通风和降温措施。爆炸品的堆垛间及堆垛与库墙间应有0.5 m以上的间隔。要避免日光直晒。

②第2类：气体。

应存放于阴凉通风场所，防止日晒、油污，隔绝热源与火种，当库内温度超过40℃时，应采取通风降温措施。气瓶平卧放置时，堆垛不得超过5层，瓶头要朝向同一方，瓶身要填塞妥实，防止滚动；立放时要放置稳固，防止倒塌。

③第3类：易燃液体。

存放于阴凉通风场所，避免日晒，隔绝热源和火种。堆放要稳固，严禁倒置。库内温度超过40℃时，应采取通风降温措施。容器受热膨胀时，应浇洒冷水冷却，必要时应移至安全通风处放气处理。

④第4类：易燃固体、易于自燃的物质、遇水放出易燃气体的物质。

应存放于阴凉、通风、干燥场所，防止日晒，隔绝热源和火种，与酸类、氧化剂必须隔离存放。严禁露天存放遇水易燃物质。

⑤第5类：氧化性物质和有机过氧化物。

应存放于阴凉通风场所，防止日晒、受潮，远离酸类和可燃物，特别要远离硫磺、硝化棉、金属粉等还原性物质。亚硝酸盐类与其他氧化性物质应分库或隔离存放。堆垛不宜过高、过大，注意通风散热。库内货位应保持清洁，对搬出后的货位应清扫干净。

⑥第7类：放射性物质。

必须专库专用，仓库应通风良好、干燥、地面平坦，应有专人管理，按规定码放。遇到燃烧、爆炸可能危及放射性物质安全时，应迅速转移至安全处，并派专人看管。

3. 危险货物配放表

危险货物存放时要求按类、项区别专库专用，如不同类项的危险货物确需同库混合存放，须符合“配放表”（如表3-18所示）的规定。

表3－18 铁路危险货物配放表

危险货物的种类和品名				品名编号	配放号	1	2	3	4	5	6	7	8	9	10	11	12	13
危险货物	气体	易燃气体		21001～21061，21063～21064	1	1												
		非易燃无毒气体	氧、空气、一氧化二氮（氧及氧气空钢瓶不得与油脂在同配放）	22001，22003，22017	2	△	2											
			其他非易燃无毒气体	22005～22016，22018～22055	3			3										
		有毒气体（液氯及液氨不得在同库配放）		23001～23052，23053	4				4									
	易燃液体			31001～31055，31101～31302，32001～32150	5		×		×	5								
	易燃固体、易于自燃的物质、遇水放出易燃气体的物质	易燃固体（发孔剂H不得与酸性腐蚀性物质及有毒或易燃酯类危险物品配放）		41001～41062，41501～41553	6		×		×		6							
		易于自燃的物质	一级易于自燃的物质	42001～42040	7	×	×		×	×	×	7						
			二级易于自燃的物质	42501～42526	8	△	△		×	△			8					
		遇水放出易燃气体的物质（不得与含水液体货物在同库配放）		43001～43051，43501～43510	9	△	△		△			×		9				
	氧化性物质和有机过氧化物	氧化性物质	过氧化氢	51001，51501	10					×		△	△	×	10			
			亚硝酸盐、亚氯酸盐、次亚氯酸盐（注2）（注5）	51043，51046，51071～51074，51509，51525	11	△			×	×	△	△		△		11		
			其他氧化性物质（配放号15所列品名除外）	51002～51042，51044，51045，51047～51067，51069，51070，51080～51083，51502～51508，51510～51524，51526，51527	12	△			×	×	△	△		△		×	12	
		硝酸胍、高氯酸醋酐溶液、过氧化氢尿素、二氯异氰尿酸、三氯异氰尿酸、四硝基甲烷等有机过氧化物		51068，51075～51079，52001～52103	13	×			×	×	×	×		△	△	×	×	13

说明：

一、配放符号

1. 无配放符号表示可以配放
2. △表示可以配放，堆放时至少隔离两米
3. ×表示不可以配放
4. 有“注1”、“注2”……等注释时按注释规定办理

二、注　释

1. 除硝酸盐（如硝酸钠、硝酸钾或硝酸铵等）与硝酸、发烟硝酸可以混存外，其他情况皆不得混存
2. 氧化性物质不得与松软的粉状可燃物（如煤粉、焦粉、炭黑、糖、淀粉、锯末等）混存
3. 饮食品、粮食、饲料、药品、药材类、食用油脂及活动物不得与贴有6号、13号、14号、15号、16号包装标志的物品，及有恶臭能使货物污染异味的物品，以及畜禽产品中的生皮张、生毛皮（包括碎皮）、畜禽毛、骨、蹄、角、鬃等物品混存
4. 饮食品、粮食、饲料、药材类、食用油脂与按普通货物运输的化工原料、化学试剂、香精、香料应隔离1米以上
5. 漂白粉与过氧化氢、易燃物品、非食用油脂应隔离2米以上；与饮食品、粮食、饲料、药品、药材类、食用油脂、活动物不得混存
6. 贴有7号包装标志的液态农药不得与氧化性物质和有机过氧化物混存

续 表

危险货物	毒性物质		氰化物	61001～61005	14										×				14						
危险货物	毒性物质		其他毒性物质（注6）	61006～61034，61051～61139，61501～61520，61551～61924	15										△					15					
危险货物	腐蚀性物质	酸性腐蚀性物质	溴	81021	16	△				△		×	△	△				×	×	△	16				
危险货物	腐蚀性物质	酸性腐蚀性物质	发烟硝酸、硝酸、硝化酸混合物、废硝酸、废硝化混合酸、发烟硫酸、硫酸、含铬硫酸、废硫酸、淤渣硫酸、氯磺酸	81001～81004，81006～81009，81023	17	×	△	△	×	△	△	×	×	△	△	×	注1	×	×	△	△	17			
危险货物	腐蚀性物质	酸性腐蚀性物质	其他酸性腐蚀性物质	81005，81010～81020，81022，81024～81067，81101～81135，81501～81531，81601～81647，81532～81534	18	△			△			△		△	△	△	△	△	×	△		△	18		
危险货物	腐蚀性物质		碱性腐蚀性物质（水合肼、氨水不得与氧化性物质和有机过氧化物配放）其他腐蚀性物质	82001～82033，82501～82524 83001～83021，83501～83514	19									△								×		19	
普通货物	易燃普通货物				20	×			×						△			△			△	×			20
普通货物	饮食品、粮食、饲料、药品、药材类、食用油脂（注3）（注4）				21	△			×	△	△	×		×	△				×	×	×	×	×	△	21
普通货物	非食用油脂				22										△						×	×			22
普通货物	活动物（注3）				23	×			×	△	△	×		×	×	△	△	△	×	×	×	×	×	×	23
普通货物	其他（注3）（注4）				24																				24
配放号						1	2	3	4	5	6	7	8	9	10	11	12	13	14	15	16	17	18	19	

危险货物配装表的使用

（1）画梯形表；

（2）确定某一货物是危险货物还是普通货物，并确定危险货物的品名编号；

（3）查配放号；

（4）确定配放符号；

（5）确定配放方法。

【例 3－1】判定亚氯酸钠、硝酸、硫酸、氨水（氨≤35%）能否配放？

【解】查危险货物配放表可知：亚氯酸钠与氨水可同库配放；硝酸与硫酸可同库配放如表 3－19 所示。

表 3－19　　货物品名及配放号

货物品名	品名编号	配放号				
亚氯酸钠	51046	11	11			
硝酸	81002	17	×	17		
硫酸	81007	17	×		17	
氨水（氨≤35%）	82503	19		×	×	19

五、制票承运工作

整车危险货物在装车完毕后，集装箱危险货物在验收完毕后，托运人应向车站货运室交付运输费用，并办理制票和承运作业。

（一）制票

根据运单填记货票，核收运费。并将运单上的有关内容转记到货票上。在记事栏内需选择“危险品”或“危险品加成××%”。

整车货物按重量计费　　运费＝（基价 1＋基价 2×运价里程）×计费重量

集装箱货物　　　　　　运费＝（基价 1＋基价 2×运价里程）×箱数

爆炸品、一级易燃液体（代码表 02 石油类除外）、一级易燃固体、一级易于自燃的物质、一级遇水发出易燃气体的物质、一级氧化性物质和有机过氧化物、二级毒性物质、感染性物质、放射性物质按运价率加 50%。罐式集装箱按“铁路货物运价率表”中规定的运价率加 30%计算。装运爆炸品、气体、一级易燃液体（代码表 02 石油类除外）、一级易燃固体、一级易于自燃的物质、一级遇水发出易燃气体的物质、一级氧化性物质和有机过氧化物、放射性物质的集装箱按“铁路货物运价率表”中规定的运价率加 50%计算。装运危险货物的集装箱适用两种加成率时，只适用其中较大的一种加成率。

（二）承运

发站在货物运单上加盖承运日期戳记。

作业完毕，在“危险货物（罐车）发送作业程序签认单”签认（如表 3 - 14 所示）。

(三) 签认制度

危险货物运输管理工作要求高，安全责任重大，必须认真落实领导负责制、专业负责制、岗位负责制、逐级负责制。实行危险货物运输作业签认制度，是确保危险货物安全运输的一项举措。危险货物运输作业过程应按规定的程序和作业标准由责任人进行签认，以对作业过程内容的完整性和真实性负责，严禁漏签、补签和代签。

爆炸品、剧毒品（非罐装、有特殊规定 67 号）、气体类和其他另有规定的危险货物运输作业实行签认制度。危险货物作业签认单包括铁路危险货物运输作业签认单（销酸铵、爆炸品等袋装危险货物）；铁路剧毒品运输作业签认单（非罐装，需跟踪管理的剧毒品货物）；危险货物罐车作业签认单（气体类货物）。签认单保存期半年

知识点五　装卸作业

一、装卸车基本要求

(1) 装运危险货物应快装、快卸、快取、快送、优先编组、优先挂运。

(2) 托运人、收货人有专用铁路、专用线的，整车危险货物的装车和卸车必须在专用线、专用铁路办理；托运人、收货人提出专用铁路、专用线共用时，需经铁路局批准。

车站应同各专用铁路、专用线所有人签订运输协议，商定货车交接地点、货车取送、货车装卸、货物和备品交接等有关事项，并报主管铁路局备案。由托运人或收货人组织装车或卸车的货车，车站应在货车调到前，将调到时间通知托运人或收货人。托运人或收货人在装卸车作业结束，应将装车结束或卸车结束的时间通知车站。

(3) 站内停放危险货物车辆时，要采取安全防护措施；对重点危险货物，由车站通知公安部门派人看护巡守，并要合理组织劳动力和装卸机械。

(4) 危险货物装卸作业使用的照明设备及装卸机具必须具有防爆性能，并能防止由于装卸作业摩擦、碰撞产生火花。

装卸作业前，应对车辆和仓库进行必要的通风和检查，向装卸工组说明货物品名、性质、作业安全事项并准备好消防器材和安全防护用品。作业时要轻拿轻放，堆码整齐稳固，防止倒塌，严禁倒放、卧装（钢瓶等特殊容器除外）。

二、装卸车作业要求

(一) 装车作业检查

1. 检查车辆

检查车种车型与规定装运货物相符，查看门窗状态、进行透光检查，确认车辆检修是否过期。

2. 检查货物

检查货物品名、包装、件数与运单填写是否一致，以及货物包装是否符合规定。

3. 装车作业

传达安全注意事项及装载方案，检查消防器材和安全防护用品。装载货物（含国际联运换装）不得超过车辆（含集装箱、罐式箱）标记载重量及罐车允许充装量，严禁增载和超装超载。

4. 装车后工作

检查堆码及装载状态，查验门窗是否关闭良好，做好施封加锁及装车台账登记工作等。

（二）卸车作业检查

1. 检查车辆

车辆状态及施封检查，核对票据与现车，确定卸车及堆码方法。

2. 卸车作业

传达安全作业注意事项及卸车方案，检查消防器材和安全防护用品。

3. 卸车后工作

填记卸货登记簿。对受到污染的车辆，及时送回洗刷所洗刷除污。清理车辆残存废弃物交由收货人负责处理。因污染、腐蚀造成车辆损坏的，要按规定索赔。

（三）气体类危险货物罐车装卸要求

1. 充装前

（1）充装单位技术人员和押运人员应共同负责对车辆进行检查。

（2）按规定对罐体外表面（颜色、标记、外观等）进行检查，发现表面腐蚀严重，标记不清等，严禁使用。

（3）检查车辆的安全附件，附件不全、损坏或者失灵，发生跑、冒、滴、漏等不符合安全附件使用规定的，应及时处理维修，若处理不了，不得使用。

（4）罐内没有余压，且无法判明罐内残留介质品种、重量的不能充装。

（5）罐体内含氧量超过3%的，不能进行充装。否则，充装时流速很大，如果接地不好，静电火花可能引起罐内的混合气体发生爆炸。

（6）罐车密封性能不良或各密封件有泄漏的，不能使用。液态二氧化硫罐车应用含水量小于或等于100PPm干燥空气进行气密性试验（压力为罐车设计压力的0.9倍），检查合格后，须将罐内气体排净方可充装。

（7）罐体密封性能、罐体余压等进行检查，不具备充装条件的罐车严禁充装；并且在充装前须对空车进行检衡。

2. 充装时

（1）充装时应注意检查一切充装设备管路、阀门、轨道衡等是否能正常使用；充装时介质流速不得超过900L/min；充装完毕后，充装人员和押运人员共同对罐车各密封面进行泄漏检查，封车压力不得超过罐内介质温度下的饱和蒸气压力，确认后方可封车。

（2）充装量严格按计算公式计算，但不得大于标记载重量；计算的充装量大于标记载

重量时，充装量以标记载重量为准。（计算公式参照《危规》第九十八条）

3. 充装后

需用轨道衡再对重车进行计量，严禁超装，并且充装单位应会同押运员复检充装量，检查各密封件和封车压力状况，认真详细填记《充装记录》，符合规定时，方可申请办理托运手续。

气体类危险货物罐车卸后罐体内须留有不低于 0.05MPa 的余压。

（四）危险货物集装箱装卸要求

车站办理危货箱时，应对品名、包装、标志、标记等进行核查，防止匿报、谎报危险货物或在危货箱中夹带违禁物品。严禁在站内办理危货箱的装箱和掏箱作业。

危货箱装卸车作业前，货运员须向装卸工组说明货物性质及作业安全事项，作业时应做到轻起轻放，不得冲撞、拖拉、刮碰。

三、装卸与搬运注意事项

（一）第 1 类：爆炸品

开关车门、车窗不得使用铁撬棍、铁钩等铁质工具，必须使用时，应采取防火花涂层等防护措施。装卸搬运时，不准穿铁钉鞋，使用铁轮、铁铲头推车和叉车，应有防火花措施。禁止使用可能发生火花的机具设备。照明应使用防爆灯具。作业时应轻拿轻放，不得摔碰、撞击、拖拉、翻滚。第 1.1 项和 1.2 项爆炸品的装载和堆码高度不得超过 1.8m。车、库内不得残留酸、碱、油脂等物质。发现跌落破损的货件不得装车，应另行放置，妥善处理。

（二）第 2 类：气体

作业时，应使用抬架或搬运车，防止撞击、拖拉、摔落、滚动。防止气瓶安全帽脱落及损坏瓶嘴。装卸机械工具应有防止产生火花的措施。气瓶装车时应平卧横放。装卸搬运时，气瓶阀不要对准人身。装卸搬运工具、工作服及手套不得沾有油脂。装卸有毒气体时，应配备防护用品，必要时使用供氧式防毒面具。

（三）第 3 类：易燃液体

装卸前应先通风，开关车门、车窗时不要使用铁制工具猛力敲打，必须使用时应采取防止产生火花的防护措施。作业人员不准穿铁钉鞋。装卸搬运中，不能撞击、摩擦、拖拉、翻滚。装卸机具应有防止产生火花的措施。装载钢桶包装的易燃液体，要采取防磨措施，不得倒放和卧放。

（四）第 4 类：易燃固体、易自燃的物质、遇水放出易燃气体的物质

作业时不得摔碰、撞击、拖拉、翻滚，防止容器破损。装卸搬运机具，应有防止产生火花的措施。雨雪天无防雨设备时，不能装卸遇水易燃物质。

（五）第 5 类：氧化性物质和有机过氧化物

装车前，车内应打扫干净，保持干燥，不得残留有酸类和粉状可燃物。卸车前，应先通风后作业。装卸搬运中不能摔碰、拖拉、翻滚、摩擦和剧烈震动。搬运工具上不得残留

或沾有杂质。托盘和手推车尽量专用，装卸机具应有防止发生火花的防护装置。

（六）第6类：放射性物质

装卸车前应先行通风，严禁肩扛、背负，不得撞击、翻滚货件。作业时间应按表3-20的要求控制。堆码时应将辐射水平低的放射性包装件放在辐射水平高的包装件周围。在搬运Ⅲ级放射性包装件时，应在搬运机械的适当位置上安放屏蔽物或穿护围裙，以减少人员受照剂量。装卸、搬运放射性矿石、矿砂时，作业场所应喷水防止飞尘，作业人员应穿工作服、工作鞋，戴口罩和手套，作业完毕应全身清洗。

表3-20　装卸放射性物质容许作业时间表

包装件运输等级	包装件表面辐射水平 mSv/h	运输指数 TI	徒手作业	简单工具（距包装件表面约0.5m）	半机械化操作（距包装件表面1m）	机械化操作（距包装件表面1.5m）
Ⅰ级	≤0.005	0（注1）	6h	—（注2）	—	—
Ⅱ级	0.01	0	4h	6h	—	—
	0.05	0	1.5h	6h	—	—
	0.1	0.1	40min	3h	—	—
	0.2	0.3	20min	2h	6h	—
	0.3	0.6	15min	1.5h	6h	—
	0.4	0.8	10min	1h	5h	—
	0.5	1.0	7min	40min	5h	—
Ⅲ级	0.6	1.5	×（注3）	40min	5h	—
	0.8	2.0	×	25min	3.5h	6h
	1.0	3.0	×	20min	2.5h	4h
	1.2	4.0	×	15min	1.7h	3h
	1.4	5.0	×	12min	1.5h	2h
	1.8	7.0	×	10min	1h	1.5h
	2.0	10.0	×	8min	30min	1h

注：①对于TI≤0.05（即0.0005mSv/h）的货包，其运输指数均认为0；
②"—"表示不必限制；
③"×"表示不容许。

知识点六　途中作业

一、车辆的编挂要求及特殊防护事项

根据危险货物特殊性质，在调车作业和运输编组隔离、车辆技术检查、整备、检修等技术作业中须采取特殊防护事项，要有明确规定，并须书面通知有关单位和人员。

(一) 车辆编组隔离的确定

由于挂有危险货物的车辆的列车在运行中接触的外界条件复杂，编入同一列车的危险货物性质也各不相同，列车中除了货物以外还有乘务人员。为保证人身、货物安全以及发生事故易于施救，因此，危险货物车辆在编入列车时需用普通货物车辆进行隔离。为了指导编组、调车作业，在车辆编组时，应认真按“铁路车辆编组隔离表”（表 3－21）中的规定执行。

(二) 几个重要概念

1. 停止制动

铁路车辆的制动是通过闸瓦与车辆轮箍的摩擦产生的摩擦力来阻止车辆的运行，车辆制动因摩擦冒出的火星产生高温，严重时可将轮箍烧红，烧坏车地板。有些危险货物对火和热非常敏感，为保证货物完整和行车安全，在特殊规定第 4 条中，规定装有电引爆雷管、导爆索、三硝基甲苯等有整体爆炸危险的物质和物品，限使用停止制动作用的棚车。在特殊规定第 26 条中，规定含氮量≤12.6％，含水或其他润湿剂＜32％的硝化纤维素，限按整车办理，并仅限使用停止制动作用的棚车装运。全列车中停止制动的货车辆数比重不得大于 6％。

装运需停止制动作用的货车时，车站应书面通知车辆部门，由货车车辆段派就近的列检作业场人员到站确定后关闭截断塞门并施封；到站卸车后，应通知车辆部门派人员到站检查拆封，开启截断塞门。车站及车辆部门应认真登记并做好记录。

2. 禁止溜放和限速连挂

调车作业是铁路运输过程中一个重要环节。调车连挂速度的高低，冲击力大小对货物安全有密切关系，装有危险货物的车辆尤为重要，若把所有装有危险货物的车辆一律禁止溜放或限速连挂，就会大大降低作业效率，延缓货物的送达。

“铁路车辆禁止溜放和限速连挂表”（表 3－22），详细规定了禁止溜放品类、品名、限速连挂的物质和物品。

表 3－21　　铁路车辆编组隔离表

货物种类(品名编号) ＼ 隔离标记 ＼ 最少隔离辆数 ＼ 隔离对象	隔离标记	距牵引的内燃机、电力机车,推进运行或后部补机及使用火炉的车辆	距乘坐旅客的车辆	距装载雷管及导爆索车辆(11001,11002,11007,11008)△7	除雷管及导爆索以外的爆炸品△8	距敞车、平车装载的易燃普通货物	距装载高出车帮易窜动的货物	备注
气体(含空罐车)：易燃气体(21001～21072) 非易燃无毒气体(22001～22069) 毒性气体(23001～23077)	△1	4	4	4	4	2	2	运输气体类危险货物重、空罐车时,每列编挂不得超过3组。每组间的隔离车不得少于10辆
一级易燃液体(31001～31085,31101～31302) 一级易燃固体(41001～41074) 一级易自燃的物质(42001～42052) 一级氧化性物质(51001～51086) 有机过氧化物(52001～52123) 一级毒性物质(剧毒品)(61001～61204) 一级酸性腐蚀性物质(81001～81067,81101～81135) 一级碱性腐蚀性物质(82001～82041) 一级其他腐蚀性物质(83001～83029)	△2	2	3	3	4	2		运输原油时,与机车及使用火炉的车辆可不隔离。运输硝酸铵时,与机车及使用火炉的车辆隔离不少于4辆
放射性物质(矿石、矿砂除外)	△3	2	4	×	×	2	1	×标记表示不能编入同一列车
七〇七　一　级	△4	4	4	4	4	4	2	一级与二级编入同一列车时,相互隔离2辆以上,停放车站时相互隔离10m以上,严禁明火靠近
七〇七　二　级	△5	4	4	4	4	4	2	

续 表

货物种类(品名编号) \ 隔离标记 \ 最少隔离辆数 \ 隔离对象		隔离标记	距牵引的内燃机、电力机车，推进运行或后部补机及使用火炉的车辆	距乘坐旅客的车辆	距装载雷管及导爆索车辆（11001，11002，11007，11008）△7	除雷管及导爆索以外的爆炸品△8	距敞车、平车装载的易燃普通货物	距装载高出车帮易窜动的货物	备注
敞、平车装载的易燃普通货物及敞车装载的散装硫磺		△6	2	2	2	2			装载未涂防火剂的腐朽木材的车辆，运行在规定的区段和季节须与牵引机车隔离 10 辆，如隔离有困难时，各铁路局与邻局协商规定隔离办法
爆炸品	雷管及导爆索(11001，11002，11007，11008)	△7	4	4		4	2	2	
	除雷管及导爆索以外的爆炸品	△8	4	4	4		2	2	

注：①小运转列车及调车隔离规定，由铁路局自行制定；

②有△主标记的车辆与装载蜜蜂的车辆运输时按有关规定办理；

③空罐车可不隔离(气体类危险货物除外)。

表 3-22　　铁路车辆禁止溜放和限速连挂表

序号	种　类	禁止溜放（调动这些车辆时，禁止溜放和由驼峰上解体）	限速连挂（溜放或由驼峰上解体调车，车辆连挂速度不得超过 2km/h）
1	爆炸品	有整体爆炸危险的物质和物品；有迸射危险，但无整体爆炸危险的物质和物品；有燃烧危险并有局部爆炸危险或局部迸射危险或这两种危险都有，但无整体爆炸危险的物质和物品	不呈现重大危险的物质和物品； 有整体爆炸危险的非常不敏感物质； 无整体爆炸危险的极端不敏感物品
2	气体	罐车（含空罐车）和钢质气瓶装载的易燃气体、毒性气体	①非易燃无毒气体 ②钢质气瓶以外其他包装装载的气体类危险货物
3	易燃液体	乙醚，二硫化碳，石油醚，苯，丙酮，甲醇，乙醇，甲苯	①除禁止溜放栏内规定以外的装入玻璃或陶瓷容器的易燃液体 ②汽油
4	易燃固体、易自燃的物质、遇水放出易燃气体的物质	硝化纤维素，黄磷，硝化纤维胶片	三硝基苯酚［含水≥30%］，六硝基二苯胺［含水＞75%］，三乙基铅，浸没在煤油或密封于石蜡中的金属钠、钾、铯、锂、铷、硼氢化物
5	氧化性物质和有机过氧化物	过氧化氢，过氧化钠，过氧化钾，氯酸钠，氯酸钾，氯酸铵，高氯酸钠、高氯酸钾、高氯酸铵，硝酸胍，漂粉精和有机过氧化物	除禁止溜放栏内规定以外的装入玻璃容器的氧化性物质和有机过氧化物
6	毒性物质和感染性物质	玻璃瓶装的氯化苦、硫酸二甲酯、四乙基铅（包括溶液）、一级（剧毒）有机磷液态农药、一级（剧毒）有机锡类、磷酸三甲苯酯、硫代膦酰氯	①禁止溜放栏内的货物装入铁桶包装时 ②除禁止溜放栏内规定以外的装入玻璃或陶瓷容器的毒害性物质
7	放射性物质	二级、三级运输包装或气体的放射性货物	
8	腐蚀性物质	罐车装载以及玻璃或陶瓷容器盛装的发烟硝酸、硝酸、发烟硫酸、硫酸、三氧化硫、氯磺酸、氯化亚砜、三氯化磷、五氯化磷、氧氯化磷、氢氟酸、氯化硫酰、高氯酸、氢溴酸、溴	除禁止溜放栏内规定以外的装入玻璃或陶瓷容器的腐蚀性物质

续　表

序号	种　类	禁止溜放（调动这些车辆时禁止溜放和由驼峰上解体）	限速连挂（溜放或由驼峰上解体调车，车辆连挂速度不得超过 2km/h）
9	特种车辆	非工作机车，轨道起重机，机械冷藏车，大型的凹型和落下孔车，空客车及特种用途车（发电车、无线电车、轨道检查车、钢轨探伤车、电务试验车、通信车），检衡车	
10	特种货物	按规定“禁止溜放”的军用危险货物和军用特种货物	
11	其他车辆	搭乘旅客的车辆，铁道部临时指定的货物车辆	乘有押运人员的货车
12	贵重、精密货物	由发站和托运人共同确定的贵重的以及高级的精密机械、仪器仪表	电子管、收音机、电视机以及装有电子管的机械
13	易碎货物	易碎的历史文物，易碎的展览品，外贸出口的易碎工艺美术品，易碎的涉外物质（指各国驻华使、领馆公用或个人用物品，外交用品，国际礼品，展品，外侨及归国华侨的搬家货物）	鲜蛋类，生铁制品，陶瓷制品，缸砂制品，玻璃制品以及用玻璃、陶瓷、缸砂容器盛装的液体货物

注：除序号 1、2、9、10、11“禁止溜放”外，其他“禁止溜放”的货物车辆可向空线溜放

禁止溜放和限速连挂的原则：

①货物的性质对机械冲击比较敏感，经撞击、摩擦能引起燃烧、爆炸的货物，如雷管等。

②经撞击能使容器破漏，造成严重伤亡事故，且不易施救的货物，如液氨、放射性同位素等。

③受冲击后容器破损造成脱水，从而引起危险货物自燃或溢出的液体遇火星立即燃烧的货物，如黄磷、乙醚、甲苯等，以及具有强烈腐蚀性，极易伤害人体的货物，如硝酸、硫酸等。

④按组级代号办理的特殊货物。

⑤有些危险货物由于较稳定或包装比较坚固，调车时允许溜放，但连挂时限速在2km/h以下。

⑥除爆炸品、气体、特种车辆、特种货物或搭乘旅客的车辆，其他“禁止溜放”的货车可向空线溜放。

(三) 特殊防护事项

对运送有调车作业限制、编组隔离限制和需要停止制动作用的货车，应按特殊防护事项表（表 3-23）的规定办理。

表 3-23　　特殊防护事项

特别防护事项	货车上的表示	运输票据上的表示
规定禁止溜放或溜放时限速连挂的车辆	在货车两侧插挂"禁止溜放"或"限速连挂"的货车表示牌	在运单右上角、票据封套上用红色记明"禁止溜放"或"限速连挂"字样
规定编组需要隔离的货车	在货车表示牌上记明规定的三角标记。未限定"禁止溜放"或"限速连挂"的货车可用货车牌背面记明三角标记；并插于货车两侧	在运单右上角、票据封套上用红色记明规定的三角标记
规定停止制动作用的货车	在货车表示牌上记明"停止制动作用"的字样	在运单右上角、票据封套上用红色记明"停止制动作用"的字样

(四) 危险货物车辆的挂运

危险货物车辆，在始发站或编组站必须以最近车次挂出。货运员或车站货调应及时向站调报告危险货物的车种、车号、装完时间、存放地点，以便站调对危险货物车辆重点掌握，安排最近车次挂出。各中间站装完的车辆，则由车站值班员报告列调，由列调掌握最近车次挂出。

二、危险货物押运

铁路在承运性质特殊的货物时，为了使货物完整、安全地到达目的地，并确保铁路运输安全，按《铁路货物运输规程》和《危规》规定，托运人必须派遣押运人员，保证货物在运输途中的安全。

(一) 押运基本要求

运输爆炸品（烟花爆竹除外）、硝酸铵施行全程随货押运。剧毒品、罐车装运气体类（含空车）危险货物实行全程随车押运。装运剧毒品的罐车和罐式箱不需押运。

其他危险货物需要押运时按有关规定办理，可根据货物的性质，由铁路局按规定确定。如有些铁路局棚车装运的黄磷就规定派有押运人员随货押运。

(二) 押运员要求

1. 押运员的基本条件

由于从事铁路押运工作比较辛苦，而且需要较强的责任心。因此，企业在派押运员时，原则上应满足以下基本条件：

（1）押运员应为身体健康的男性公民，具有初中及以上文化程度，无犯罪不良记录，工作责任心强，热爱押运工作。

（2）有押运员的企业，要认真审查押运人条件，建立押运人安全审查登记表，健全押运人技术档案，对押运人进行统一管理。

（3）加强押运员管理，对押运人进行专业培训，建立考核机制，押运人必须熟悉所押运货物性能，具备应急处理能力。

（4）押运员必须取得“培训合格证”。运输气体类的危险货物时，押运员还须取得“押运员证”。凡符合押运条件和范围的押运人员，必须经过铁路运输专业培训，考试合格后持证上岗。

2. 押运员工作职责

（1）押运员须知

由铁路对押运人员上岗前进行与押运有关的安全教育。押运员必须认真学习、熟悉和掌握“须知”中各项规定内容，并在押运中严格遵守。

押运员须知内容如下：

①押运人应熟悉所押运货物的特性，负责所押运货物的安全。不得擅离职守，不得擅自登乘未经车长或站长许可的车辆。

②要注意乘车安全。横过线路要一站、二看、三通过，不得跳、钻车辆，亦不得在列车、车辆移动时抓车或跳车。严禁在货车下乘凉避雨，不得蹬坐车帮和探身车外，不准在货车顶部或货垛的高处坐卧、走动或停留，也不准在易于窜动货物的空隙间乘坐。在电气化区段内，押运人禁止坐在车顶上或敞车、平车装载的货物上，禁止在带电的接触网下翻越敞车端侧墙上下货车，严防触电。

③严禁携带危险品，不准在货车内吸烟、生火（押运需要生火加温运输的货物除外）。

④发现危及货物、人身、行车安全的情况，要立即通知车长、车站协助处理。

（2）押运员岗位职责

①押运员在押运危险货物时，须持有铁路局核发的铁路危险货物运输业务“培训合格证”，运输气体类的危险货物时，押运员必须取得液化气体铁路罐车“押运员证”。

②押运员应了解所押运货物的特征，押运时应携带所需的通信、防护、消防、检测、施救等工具以及生活必需品。

③押运员对所押运的车辆构造及附件性能应有所了解，发生故障时能及时处理，并对所押运货物的数量、件数、包装、装载方案和运输安全负责。

④押运员必须乘坐所押运的车辆（专运、军事运输及有特殊要求的除外），不得乘坐其他车辆。

⑤押运员在押运过程中应按规定穿着印有红色“押运”字样的黄色马甲，遵守铁路运输各项安全规定，不得擅离职守，不得擅自登乘未经车站或运转车长许可的车辆。

⑥运输过程中发生货物异常时，应积极主动处理，以免事态扩大，如果处理不了应立即报告铁路有关部门，以便妥善处理。

⑦押运员应与车站货检员配合，做好所押运车辆状态的签认制度。

⑧在始发站，押运员在押运货物前要认真检查货物状态、包装、件数、装载情况，做到心中有数。在中途站，应及时瞭望和检查，中间站停留时间较长时，注意监视好货物；货物到站后，应与车站货检员办理交接手续，做好“危险货物到达作业签认单”的签认后方可离车返回。

（3）液化气体铁路罐车押运员的特殊规定

液化气体铁路罐车押运员与其他货物押运员的工作职责和承担的任务有所区别。液化气体铁路罐车押运员的工作与所挂运的列车运输安全紧密相关，押运员的业务水平和工作责任心，不仅关系所押运的液化气体铁路罐车能否安全运输到站，还直接涉及挂运的全列车的运输安全。因此，对液化气体押运员有特殊规定。

①具有一定的业务知识。了解铁路有关知识和铁路罐车构造，掌握罐体安全附件构造作用和罐体盛装介质的理化特性。熟练掌握处理安全附件泄漏的技术技能，确保铁路罐车运输安全。

②携带必备的用品和专用工具及证件资料（如表3－24所示）。

表3－24　气体类罐车押运员应携带的工具备品及证件资料目录

分类	名称	数量	备注
证件和资料	1. 身份证		本人
	2. 培训合格证		本人
	3. 押运员证		本人
	4. 全程押运签认登记表		
	5. 液化气罐车运行记录		
	6. 小修记录		
	7. 液化气罐车途中突发事件应急预案		本单位
	8. 押运员须知		
	9. 气体类罐车押运员应携带的工具备品及证件资料清单	每人1份	
防护用品	1. 按规定穿着黄色马甲	每人1套	
	2. 防护手套	每人1副	
	3. 防毒面具（带过滤罐）	每人1套	
	4. 护目镜	每人1套	
	5. 防护服	每人1套	
消防用品	1. 手提式干粉灭火器	1个	
通信工具	1. 手机（限在安全条件下使用）	1～2部	

续　表

分类	名称	数量	备注
检修工具	1. 防爆手电筒	每人1把	
	2. 防爆活扳手（规格：300mm×36mm）	每人1把	
	3. 防爆梅花扳手（规格：22～24mm、24～27mm）	每人1把	
	4. 防爆开口扳手（规格：22～24mm、24～27mm）	每人1把	
	5. 防爆管钳	每人1把	
	6. 防爆克丝钳	每人1把	
检修工具	7. 防爆螺丝刀	每人1把	
	8. 防爆剪刀	每人1把	
检修备品	1. 备用压力表	每人1只	
	2. 生料带	每人1卷	
	3. 角阀接头盲板及连接垫和堵头	各4～5个	
	4. 石棉绳填料、石棉片	5m	液氨车用
	5. 气（液）相阀门盲板	各1个	
	6. 气（液）相阀四氟垫圈	各4～5个	
	7. 温度计堵头及连接垫	各1个	
	8. 嵌入式木楔	5～6个	

③押运前罐车安全检查。每次充装前罐体均须小修，由使用单位承担。自备车辆多的单位每次充装前都有专职人员按小修范围进行检查修理，而自备车台数少的单位没有专职人员检查修理，小修一般由押运员自己承担。尽管有专职人员检查修理，但押运员在接到押运任务后，也必须要对所押运的罐车按小修范围检查一遍。

④罐体小修检查和修理的主要内容：

检查罐体外观情况。检查罐体油漆有无脱落；检查罐体有无腐蚀（腐蚀深度超过1.5mm时，应由修理单位来确定修程）；检查介质名称、技术参数、检验日期等标记是否清晰；检查罐体是否有机械损伤（损伤深度在2mm左右，应请有资格的修理单位来确定修程）；检查罐体有无凸凹缺陷，直径100mm凸凹量为4mm时，应由有资格的修理单位做调平或切换；检查罐体附件是否齐全牢固。

检查安全附件状况。检查安全附件的零部件是否齐全牢固，性能是否良好，是否有规定的铭牌，压力表是否超过有效期（6个月）；检查各密封面是否有泄漏；检查罐体余压是否为0.1MPa；盛装液化石油气和液氨罐车，新出厂或大、中修后首次充装罐内含氧量应小于3%；盛装液氯和液态二氧化硫的罐车，每次充装前应对罐体用干燥空气或氮气作罐体设计压力0.9倍的密封试验，其干燥空气或氮气含水量不大于100mg/L（100PPm）；

检查罐体和走行装置总成定期检验，检修是否到期；监督充装；计算罐车的允许最大充装重量；检查实际充装量；充装后上轨道衡复检充装量时，须记录轨道衡电子显示重量；审查“罐车充装记录”和“罐车运输交接单”所填写的充装吨数是否符合该罐车允许最大充装量。

⑤充装后交接检查。

罐车充装后，充装单位与押运员作交接检查。押运员须对下列部位进行检查：关闭紧急切断阀、球阀、各角阀、液位计及紧固保护罩，并检查有无泄漏；检查各密封面（安全阀、人孔盖、人孔盖上各阀件的安装面）有无泄漏；气、液相阀门加盲板垫紧固盲板；检查记录封车压力（不得超过罐内介质要求温度下的饱和蒸气压力），并关闭压力表座阀（液氯和液态二氧化硫车例外）。

⑥运输途中安全附件泄漏事故的处理。

以下情况发生泄漏，押运员必须及时消除泄漏。安全阀开启泄漏，主要原因：一是超装造成安全阀开启泄漏；二是安全阀弹簧疲劳或腐蚀严重而产生折损，造成安全阀开启并不回座。压力表失灵或损坏：若途中压力表损坏或失灵，必须取出备用表在关闭针阀条件下进行更换，若无备用压力表进行更换，罐车不能继续运行。温度计座帽处泄漏：用备用的温度计高压石棉堵垫 4 个放进温度计座孔内，再戴紧温度计座帽。紧急切断阀泄漏：保护盖或阀门盲板泄漏，主要原因是充装后球阀或截止阀未关严或充装时有异物垫住球阀或截止阀。处理时检查是否关严，若关严仍泄漏，反复开关或更换保护盖用备用保护盖垫或盲板垫。角阀泄漏：角阀阀瓣关闭不严时，先卸下角阀排放管接头螺帽，用备用的紫铜盲板装在接头螺帽内，再把接头螺帽戴在角阀上。若角阀中的压力表阀，高低位检查阀泄漏，外装式可先卸开填料压盖，加石棉绳填料戴紧填料压盖便可；内装式，只能通过紧固填料压套螺母来解决。

以下原因的泄漏，不属于押运员处理范围，必须扣车通知检修单位：

罐体安全附件各密封面（安全阀与罐体、人孔盖与人孔颈部、人孔盖上各阀件的安装面）发生泄漏、气液相阀阀体产生泄漏。因为这些地方在厂修和中修后，均须保修一年，而且与罐体连接部件产生泄漏，罐体有一定的压力，禁止带压坚固螺栓。

（三）押运管理

1. 危险货物押运管理工作实行区段签认负责制

货检人员须与押运员在所押运的车辆前签认“全程押运签认登记表”。托运人再次办理运输时须出具此登记表，并由车站保留 3 个月。对未做到全程押运的，再次办理货物托运时车站不予受理。

2. 押运员及备品管理

严格“培训合格证”和“押运员证”的发放，承运爆炸品、硝酸铵、剧毒品、气体等须押运的危险货物时，必须对押运员资质进行认真审查，切实做到持证押运；托运单位必须按规定配齐押运工具、备品和必要的防护用品，发站要对押运工具、备品、防护用品以及押运间清洁状态等进行严格检查，不符合要求的禁止运输；押运间仅限押运员乘坐，不

允许闲杂人员随乘，执行押运任务期间，严禁吸烟、饮酒及做其他与押运工作无关的事情；要加大对押运员应急处理知识和能力的培训，定期组织押运员开展安全教育、业务培训、施救演练及职业道德教育，切实提高应急处理能力和履行岗位职责的自觉性。

3. 押运间管理

应当对押运间进行日常维护保养，破损严重的要及时向车辆部门报修，对门窗玻璃损坏等能自行修复的，必须及时修复；押运间内必须保持清洁，严禁存放易燃易爆物品及其他与押运无关的物品；对未乘坐押运员的押运间应使用明锁锁闭，车辆在沿途作业站停留时，押运员必须对不用的押运间进行巡检，发现问题，及时处理。

4. 押运途中管理

押运员要严格执行全程押运制度，认真按照《危规》“全程押运签认登记表”要求进行签认，严禁擅自离岗、脱岗；严禁押运员在区间或站内向押运间外投掷杂物。运行时，押运间的门不得开启。对押运期间产生的垃圾要收集装袋，到沿途有关站后，可放置在车站垃圾存放点集中处理；货检人员在技术作业站除与押运人员进行签认外，还需对押运备品及押运间的状态进行检查，不符合要求的要甩车处理。

5. 押运间检修

罐车检修单位在进行车辆临修、辅修、段修、厂修时，要严格按有关规程加强对押运间的检查、修理。在接到使用部门的故障报告后要及时修理；气体危险货物罐车检修完毕出厂前，罐车产权单位应主动到检修单位，按规程标准对押运间检修质量进行交接签认，并做好记录，确保气体危险货物罐车押运间状态良好。

6. 押运货物审查

车站受理派有押运员的货物时，要认真审查押运员条件，与押运员技术档案进行核对，检查押运员有关证件是否齐全有效。符合押运条件的，由托运人在货物运单记事栏中记载押运员姓名、身份证号码、培训证、押运证号码等内容及押运员登乘押运货车的起点、终点，以及是否有铁道部规定的黄色棉布马甲式防护服等。车站承运时一并在货票记事栏内转记；派有押运员的成组危险货物车辆，途中要成组连挂，不得拆解；发站必须在该组车辆每一张运单、货票上注明“成组连挂，不得拆解”，并将该组票据单独装入封套，封套上注明“成组连挂，不得拆解”，并应在封套上标明押运员押运信息。

7. 押运方式（同一托运人、同一到站）、车辆及人数的确定

气体类 6 辆重（空）罐车（含带押运间车辆）以内编为 1 组。1～6 车押运员不得少于 2 人，7～12 车押运员不得少于 4 人，13～18 车押运员不得少于 6 人；剧毒品 4 辆（含带押运间车辆）以内编为 1 组，每组 2 人押运；2 组以上押运人数由铁路局确定；硝酸铵 4 辆以内编为 1 组，每组 2 人押运；2 组以上押运人数由铁路局确定；爆炸品（烟花爆竹除外）每车 2 人押运；新造出厂的和洗罐站洗刷后送检修地点的及检修后首次返空的气体类危险货物罐车不需押运，但须在运单、货票注明“新造车出厂”、“洗刷后送检修”或“检修后返空”字样。

8. 押运途中事故的处理

押运途中发生伤害，比照《旅客意外伤害强制保险条例》赔偿；如果押运员途中漏乘，应及时与所在车站和发站联系，说明漏乘原因。发站应及时联系漏乘车站，安排押运员如何追赶漏乘车辆，押运员最好不要盲目自行追赶车辆。

三、货物的途中作业

货物在运输途中需要进行货物的交接、检查、换装整理和运输签认，可能还涉及货物运输变更或运输阻碍等问题的处理。

(一) 货物运输合同的变更处理

气体类危险货物罐车运输不允许办理运输变更或重新托运，如遇特殊情况需要变更或重新托运时，需经铁路局批准。

特殊情况时，如在铁路运输中，经常遇到危险货物重车因车辆故障，不能继续运行，需要途中变更卸车站。确因车辆故障等特殊原因需要办理危险货物运输变更时，车站应审核变更到站和收货人是否符合《办理规定》；以电报抄报相关铁路局货运处、运输处、调度所、车辆处等，跨局运输时，需请示铁道部运输局，经审核同意后，由铁路局调度所下达变更命令。根据现行铁道部《货运日常工作组织办法》中的规定，遇特殊情况货物需变更卸车站时，必须遵守下列规定：

(1) 必须由托运人或收货人提出书面申请；

(2) 必须和原到站在同一径路上；

(3) 因自然灾害影响变更卸车地点时，应及时通知收货人；

(4) 局管内变更卸车站，以铁路局调度命令为准；

(5) 跨铁路局变更卸车站原则上不办理，确须变更时以铁道部调度命令为准。

各级货运调度人员负责电传、接收“停限装请求报告”。铁路局经运输处货工科长批准、铁道部经运输局调度部货工处长批准，发布停限装调度命令。

(二) 途中危险货物的签认

危险货物作业签认单又分为发送作业签认单、途中作业签认单和到达作业签认单。需要进行途中签认的车站应在“途中作业签认单”相应栏内签认。

途中签认的车站指《铁路货运检查管理规则》中确定的路网性货检站和区域性货检站；无改编作业时，货检站根据车辆在站停留时间，若进行货检作业，则按规定应进行签认；派有押运员的，车辆有异状的，增轴或补轴的车辆，必须进行单独签认；货检作业分到、发场作业时，可以各场分别使用签认单签认，分别保管；各货检站必须认真按照规定进行检查，不得简化作业程序，对检查有问题的车辆必须按车签认，做好记录。

货检站无改编作业时，由各铁路局结合实际情况确定签认方式。

知识点七　到达作业

对到达的危险货物要及时取送车辆，及时组织卸车，及时通知收货人。

一、专用线卸车

专用线、专用铁路负担着95%的罐车和65%非罐车的装卸任务，组织好专用线、专用铁路的危险货物的装卸工作，具有重要意义。

托运人、收货人自行装卸的货物，除派有押运员以外，承运人、托运人或收货人之间应进行交接。目的是确认货物状况，分清责任。

（一）交接凭证

由企业在专用线、专用铁路上交接货物时，使用的交接凭证为“货车调送单”。

（二）交接方法

①施封的货车、集装箱，凭封印交接；

②不施封的货车、集装箱凭门窗关闭状态，敞车、砂石车不苫盖篷布的凭货物装载状态和规定标记交接，苫盖篷布的凭篷布现状交接。

（三）交接地点

①专用线的交接地点在货物的装卸地点；

②专用铁路的交接地点在双方协议中指定的交接地点。

二、货物的交付

到站向运单内所记载的收货人进行交付货物，是承运人履行货运合同的重要义务，货物交付包括票据交付和现货交付。

（一）内交付（票据交付）

收货人持领货凭证和规定的证件到货运室办理货物领取手续，在支付费用和在货票的丁联上盖章（签字）后，留下领货凭证。到站在运单和货票上加盖到站交付日期戳，然后将运单交给收货人，凭此领取货物。

（二）外交付（现货交付）

现货交付即承运人向收货人点交货物。收货人持货运室交回的运单到货物存放地点领取货物，货运员向收货人点交货物完毕后，在运单上加盖“货物交讫”戳记，并记明交付完毕的时间，然后将运单还给收货人。

由收货人在专用线、专用铁路组织卸车时，将货物送到专用线、专用铁路的交接地点即可。

作业完毕后，按规定签认危险货物作业签认单。

三、货位、货车的清理

（一）货位清理

车站对清空后的货位，须及时清扫、洗刷干净。对撒漏的危险货物及废弃物，应及时通知收货人进行处理。对危险性大、撒漏严重的，要会同卫生防疫、环保和消防等部门共同处理。

（二）车辆的洗刷除污

装过危险货物的货车，卸后必须清扫干净。下列情况必须进行洗刷除污：

①装过剧毒品的毒品车；

②发生过撒漏、受到污染（包括有刺激异味）的货车；

③送回检修运输危险货物的货车；

④未经洗刷除污的货车严禁使用或排空。

（三）危险品集装箱的洗刷除污

收货人应负责危货箱的洗刷除污，并负责撤除危险货物标志。无洗刷能力时，可委托铁路部门洗刷，费用由收货人负担。洗刷除污不符合规定要求的不得再次使用。

四、临时停限装处理

车站应按照“货物运价里程表”规定的营业范围办理货运业务。遇有特殊情况（施工、设备大修、改建）等原因需要临时加以限制时，应提前一个月办理手续，报请铁道部运输局营运部有关部门批准。同时，车站应在营业场所对外通告。

由于重车积压卸车困难，短时间（原则上不超过一个月）要求发站必须停装或限装时，由车站逐级上报铁道部运输局调度部有关部门批准。具体流程如下：

①卸车站要求发站停装和限装时，应说明原因和要求停限装的具体时间，并标明是否为“五定”班列或大宗货物直达列车的卸车站，以“停限装请求报告”逐级上报；铁路局报铁道部的“停限装请求报告”，须由货工科长或调度所主任批准。

②各级货运调度收到“停限装请求报告”后，有关人员应及时处理。

③发站、到站为同一铁路局管内的停限装由铁路局批准；跨局的由铁道部批准；国际联运和出口的货物必须经铁道部批准。

④“五定”班列、口岸站进口物资原则上不准停装，特殊情况必须停装时，须报铁道部批准。

⑤停装或限装必须以调度命令批准，逐级下达。车站接到停装或限装命令后，要及时将停限装的原因和具体时间通知发货单位。

⑥对已到达卸车站收货人拒卸的重车，车站应查明原因协调解决，未经铁道部批准，任何单位不得原车退回发站。

知识点八　易燃易爆品运输案例

一、电引爆雷管发送案例

【例3－2】电引爆雷管发送实例

货物品名：电引爆雷管［爆破用］（11001）

数量：1车

发站：窑村（西安铁路局）

托运人：西安庆华电器（集团）有限责任公司

装车地点：西安庆华电器（集团）有限责任公司专用线

到站：倮果（成都铁路局）

收货人：攀钢集团矿业公司 846 厂

卸车地点：攀钢集团矿业公司 846 厂专用线

雷管分为电引爆雷管和非电引爆雷管。电引爆雷管主要特性：纸、塑料或金属管，内装起爆药和烈性炸药。对明火、电火花、震动、撞击，均很敏感，是极不安全的起爆器材，易爆炸。押运员武装押运。

发送过程如下。

1. 计划受理

计划受理的重点内容为填记运单、标记，核查凭证文件，审查办理规定，确定装载方案。

①查“铁路危险货物托运人资质一览表”，确定西安庆华电器（集团）有限责任公司具有托运人资质。审核经办人员的身份证、培训合格证、委托书、押运员的培训合格证、到达地公安部门出具的民用爆炸品运输通行证证件内容。

②查《办理规定》，确定西安庆华电器（集团）有限责任公司专用线办理电引爆雷管的发送。

③查《办理规定》，确定收货人攀钢集团矿业公司 846 厂可以在倮果站攀钢集团矿业公司 846 厂专用线内办理电引爆雷管到达。

④查“品名表”，确定电引爆雷管的品名编号为 11001。

⑤查“品名表”，确定电引爆雷管采用的包装：雷管用纸盒或塑料筒等盛装，塞紧，再放入木箱中塞紧，以雷管不发生摇动为准，木箱上、下部各有握柄。箱板厚度应为 15mm。托运人采用的包装符合要求。

⑥审查货物运单填记及加盖特殊标记。

除按普通货物运单规定填记外，托运人在货物运单品名栏内填写“电引爆雷管，11001”；“托运人记载事项”栏内填写托运人资质证书、经办人员身份证、培训合格证、押运员（不少于 2 人）的姓名、证件及到达地公安部门出具的民用爆炸品运输通行证证件名称和号码；运单右上角用红色戳记标明“爆炸品”。

承运人在运单右上角用红色戳记标明“禁止溜放”、“停止制动作用”字样及隔离标记“△”。

2. 装车作业

①车辆选择。电引爆雷管应选用木底棚车或 P_{64}、P_{64A} 型车装运。确认车辆技术状态良好，定检不过期。车内清扫干净，不得留有酸、碱和有机物、粉状可燃物，对清扫的残留物要送检。托运人使用 P_{64A} 型棚车装运。

列检对所用车辆进行检查，确认技术状态良好后，关闭制动机，登记并做好记录。

②确认货物品名、包装与运单记载一致，包装标志符合规定，确认包装无破损。

③装车前企业运输员应向装卸作业班组传达安全作业注意事项，部署装车方案。对车内进行覆盖，车门处使用橡胶垫覆盖。

④按方案装车，装载稳固、均匀，车内装载高度不得超过1.8m，装载数量不超过民用爆炸品通行证准运数量。车门固定。作业时严禁火花发生，装卸机具的负荷应适当降低，注意防滑。

装车后，企业运输员须填写货物装载加固质量签认卡。

3. 交接检查

①专用线货运员检查车内覆盖情况。

②专用线货运员检查货物的装载状态，装载是否稳妥，有无超高、超量情况。

③检查符合要求时，专用线货运员与企业运输员再交接线凭货车调送单办理货车交接。

4. 承运

①按照受理审查程序，审查办理规定。

②根据运单填记货票，核收运费，在货票右上角用红色戳记标明“爆炸品”、“禁止溜放”、“停止制动作用”和隔离标记“△7”。审核填记托运人资质证、经办人身份证、培训合格证、押运员培训合格证、身份证及民用爆炸品运输通行证证件名称和号码。

上述每项作业（受理、装车、承运、交接检查）审核无误后，均应在危险货物发送作业程序签认单上签字。

5. 挂运

①窑村车站值班员及时报告列车调度员，由列车调度员掌握以最近车次挂出。

②外勤值班员检查押运员人数、着装，没有押运员、押运员不足或押运员未穿押运员防护服（黄色棉布马甲），不准挂运。

6. 特殊情况的处理

作业中和运输途中雷管发生撒漏时，应通知车站和公安或专用线有关部门及时处理。发生火灾和爆炸时，及时疏散人员，同时立即启动危险化学品事故应急预案。施救时可用水，禁用酸碱灭火器或沙土。

二、液化石油气、丙烯运输案例

【例3-3】液化石油气、丙烯运输案例

1. 主要特性

（1）液化石油气的主要特性

品名：液化石油气。

别名：石油气［液化的］。

信息化品名：液化石油气。

铁危编号：21053。

包装标志：标志 4、6，如图 3－2 所示。

（符号：黑色或白色，底色：正红色）
包装标志4

（符号：黑色，底色：白色）
包装标志6

图 3－2 包装标志

主要特性：浅黄色易液化气体，有特殊臭味，气态质量是空气质量的 1.5～2 倍，比空气重，液态比水轻，不溶于水。主要成分为丙烷、丁烷、丙烯、丁烯。易燃、易爆。与空气混合能形成爆炸性混合物，爆炸极限为 2.25%～9.65%，闪点－74℃，与氟、氯等接触会发生剧烈的化学反应。

液化石油气是石油在提炼汽油、煤油、柴油、重油等油品过程中剩下的一种石油尾气，通过一定程序，对石油尾气加以回收利用，采取加压的措施，使其变成液体，装在受压容器内，液化气的名称即由此而来。它在气瓶内呈液态状，一旦流出会汽化成比原体积大约 250 倍的可燃气体，并极易扩散，遇到明火就会燃烧或爆炸，并具有麻醉作用。

（2）液化石油气的主要危险及危害性

①极度易燃，受热、遇火或火花可引起燃烧。

②遇空气能形成爆炸性混合物。

③液化气的蒸汽比空气重，可沿地面扩散，并在低洼处聚集，遇火源可引起回燃。

④容器受热可发生爆炸。

⑤液态溅到人的皮肤上，因在汽化过程中吸收大量热而造成冻伤。

⑥液化石油气燃烧时，火焰温度可高达 1900℃～2000℃，而且火焰传播速度很快，造成的危害极大。

（3）丙烯的主要特性

品名：丙烯。

信息化品名：丙烯。

铁危编号：21018。

包装标志：标志 4。

主要特性：无色气体，具有烃类特有臭味，气体相对密度 1.45，液体相对密度 0.58，沸点－47.4℃，溶于水。易燃烧爆炸，爆炸极限 2%～11%；麻醉性极强；易造成急性中毒；长期接触可引起头昏、乏力、全身不适、思维不集中；对环境有危害，对水体、土壤和大气可造成污染。

2. 液化石油气和丙烯相同的运输要求

包装类：Ⅱ，铁路罐车为二类压力容器，最大设计压强 2.2Mpa。

包装方法：限使用耐压液化气企业自备罐车装运，主要车型有 GY60、GY70、GY70S、GY95、GY95K、GY95S、GY95SK、GY95A、GY100S、GY100SK。

运单填写要求：运单右上角用红色戳记标明“2.1 易燃气体”、“禁止溜放”、“成组连挂，不得拆解”及隔离标记“△1”。在“托运人记载事项”栏填写“托运人资质证书”、经办人身份证和“培训合格证”号码，押运员姓名、身份证号码、“培训合格证”及“押运证”号码有关内容信息，并注明“自备车”。

编组隔离要求：如表 3-25 所示。

表 3-25 编组隔离要求

隔离对象 / 最少隔离辆数 / 隔离标记	距牵引的内燃机、电力机车，推进运行或后部补机及使用火炉的车辆	距乘坐旅客的车辆	距装载雷管及导爆索车辆（11001，11002，11007，11008）△7	除雷管及导爆索以外的爆炸品△8	距敞车、平车装载的易燃普通货物	距装载高出车帮易窜动的货物
△1	4	4	4	4	2	2

注：运输气体类危险货物重、空罐车时，每列编挂不得超过 3 组。每组间的隔离车不得少于 10 辆。

调车要求：禁止溜放。

洗刷除污编号：1；洗刷除污剂：水。

3. 其他运输要求

①施行全程随车押运。

②承运前应检查押运备品及罐车小修记录等。

③特殊规定第 15 条要求：生活用液化气钢瓶禁止运输。

灭火方法：

液化石油气：雾状水（降温，打散聚集的气体）、泡沫、二氧化碳、干粉。

丙烯：雾状水（降温，打散聚集的气体）、泡沫、二氧化碳。

4. 运输费用计费规定

①运输品类大类代码“15”（化工品—压缩气体和液化气体），5 号运价率加成 50% 计费；

②GY95s、GY95、GY40、GY95 的液化气罐车按 65t 计费；

③GY100s、GY100、GY100-Ⅰ（Ⅱ）的液化气罐车按 70t 计费；

④若使用自备货车，所装货物运价率减 20%计费，并核收自备车管理费。

5. 液化石油气的安全措施

①液化石油气在空气中着火，火势较大时，应用氮气、惰性气体（氦、氖、氩、氪、氙、氡）、沙子，局部可用干粉和二氧化碳灭火器来灭火。不能用水来灭火，因为液化石油气燃烧放出大量热量，其火焰温度能达到 1900℃，而水在 800℃时能分解为氢、氧形成混合爆炸气体，是非常危险的；如火焰温度未达到水分解温度时，因水比液化石油气重会沉到它下面使火焰蔓延成灾。

泄漏时，尽可能切断气源，若不能切断气源，则不允许熄灭泄漏处的火焰；喷水冷却容器，可能的话将容器从火场移至空旷处；用工业覆盖层或吸附/吸收剂盖住泄漏点附近的下水道等地方，防止气体进入；合理通风，加速扩散；喷雾状水稀释、溶解；构筑围堤或挖坑收容产生的大量废水。

②静电对液化石油气充装、押运及罐体检修人员是不可忽视的问题。液化石油气是易燃易爆介质，在管道中流动时液层之间及液层与管壁之间的摩擦会产生静电，液化石油气流过滤网、运输中在罐中连续颠簸等也会产生静电。可采用专用装置消除静电。

人们穿绝缘性较好的橡胶鞋底、塑料鞋底走动和工作时会产生静电，尤其穿化纤和尼龙布料衣服更会产生大量的静电。要求从事充装、押运及罐体检修人员穿纯棉布制作的工作服，禁穿混纺、化纤、尼龙服装；工作场所不准随便更衣，脱换工作服应在指定的更衣室。

三、汽油运输案例

【例 3-4】 汽油运输案例

1. 汽油的特性

汽油（闪点＜－18℃）为无色或淡黄色透明液体，有特殊臭味，易挥发。相对密度 0.67～0.74，沸点 40℃～200℃，闪点－50℃，爆炸极限 1.3%～6.0%。有低毒，长时间吸入蒸汽能引起中毒。

汽油为复杂烃类的混合物。汽油标号指汽油辛烷值指标，有 90 号、93 号、97 号、98 号。例如：97 号汽油，就是 97%的异辛烷，3%的正庚烷。

2. 汽油的运输要求

品名：汽油［闪点≤23℃］，航空汽油。

别名：车用汽油。

信息化品名：汽油。

铁危编号：31001。

包装标志：标志 7，如图 3-3 所示。

包装类：Ⅱ。

包装方法：限使用钢制企业自备罐车装运，也可使用铁路产权罐车装运，主要车型有 G17D、G60、G70、GQ70 等。

运单填写要求：运单右上角用红色戳记标明“3.1 一级易燃液体”、“限速连挂”字样及隔离标记“△2”。在“托运人记载事项”栏填写“托运人资质证书”、经办人身份证和“培训合格证”号码。使用自备罐车时，需注明“自备车”。

编组隔离要求：如表3-26所示。

调车要求：限速连挂。

灭火方法：沙土、1211灭火剂、泡沫、干粉、二氧化碳，不宜用水。

泄漏时，迅速组织人员撤离泄漏污染区至安全区，并进行隔离，严格限制出入。切断火源。尽可能切断泄漏源。防止进入下水道、排洪沟等限制性空间。小量泄漏：用沙土、蛭石或其他惰性材料吸收。或在保证安全的情况下，就地焚烧。大量泄漏：构筑围堤或挖坑收容；用泡沫覆盖，降低蒸汽灾害。应急处理人员戴自给正压式呼吸器，穿消防防护服。

（符号：黑色或白色，底色：正红色）
包装标志7

图3-3 汽油包装标志

表3-26 **编组隔离要求**

隔离对象 / 最少隔离辆数 / 隔离标记	距牵引的内燃机、电力机车，推进运行或后部补机及使用火炉的车辆	距乘坐旅客的车辆	距装载雷管及导爆索车辆（11001，11002，11007，11008）△7	除雷管及导爆索以外的爆炸品△8	距敞车、平车装载的易燃普通货物
△2	2	3	3	4	2

洗刷除污编号：3；洗刷除污剂：碱水（烧碱或纯碱用50倍水溶解）。

急救措施：将中毒者移至新鲜空气处，松解患者衣服，给予氧气。

3. 运输费用计费规定

①运输品类大类代码为“02”（石油—汽油），运价号6号运价计费（不加成）。

②若使用自备货车，按运价率减成20%，并核收自备车管理费。

四、硫磺运输案例

【例3-5】硫磺运输案例

1. 硫磺的特性

黄色粉末或硬块，粉状相对密度1.96，块状相对密度2.05，燃点232℃，不溶于水。易燃，燃烧时放出有毒和刺激性气体，长期吸入硫磺粉尘后，易疲劳、头痛、眩晕、多汗、失眠、心区疼痛和不适、消化不良。粉尘漂浮在空气中能产生粉尘爆炸，最高容许浓度为2mg/m^3。与氧化剂能组成敏感度高的爆炸性混合物。

作为易燃固体，硫磺主要用于制造染料、农药、火柴、火药、橡胶、人造丝等。硫磺

属低毒危化品，但其蒸汽及硫磺燃烧后产生的二氧化硫对人体有剧毒。它与卤素、金属粉末等接触后会发生剧烈反应。硫磺为不良导体，在储运过程中易产生静电荷，可导致硫尘起火。燃烧时呈蓝色火焰。

粉状硫磺储存在通风、干燥的库房内。块状、粒状和片状可储存在露天或室内仓库。堆垛间应留有不小于0.75m宽的通道，远离热源和火种，不可与木炭、酸类及氧化剂等共储，硫磺粉切忌受潮，装卸时要轻拿轻放，防止因包装破损而受潮。

2. 运输要求

品名：硫，熔融硫磺。

别名：硫磺。

信息化品名：硫磺。

铁危编号：41501（二级易燃固体）。

包装标志：标志8，如图3-4所示。

包装类：Ⅲ。

（符号：黑色，底色：白色红条）
包装标志8

图3-4　硫磺包装标志

包装方法：按包装号10（外麻袋或塑料编织袋或乳胶布袋，内两层塑料袋或一层塑料袋），11（外复合塑料编织袋，内塑料袋），21（外普通木箱，内螺纹口玻璃瓶或铁盖压口玻璃瓶或塑料瓶或金属桶（罐）），22（外满低板花格箱或纤维板箱、胶合板箱，内螺纹口玻璃瓶或塑料瓶或镀锡薄钢板桶（罐））执行。

袋装货物可使用棚车、集装箱，装运散装货物使用集装箱非标箱装运时，需进行运输安全综合分析，并经铁道部批准。

包装须经铁道部认定的机构做包装性能试验，特殊规定第6条要求麻袋、塑料编织袋、复合塑料编织袋的强度应符合国家标准。集装箱装运时，必须在集装箱办理站办理，使用自备集装箱，必须办理“危货箱安全合格证”。

目前原则上不允许敞车装运散装硫磺，但特殊规定第27条要求进口散装硫磺须经铁路局批准后可用敞车运输，但车内四周及车地板须衬垫并苫盖自备篷布。

运单填写要求：运单右上角用红色戳记标明“4.1易燃固体”，敞车装载的散装硫磺并标有隔离标记“△6”。

编组隔离要求：如表3-27所示。

表3-27　编组隔离要求

隔离对象 / 最少隔离辆数 / 隔离标记	距牵引的内燃机、电力机车，推进运行或后部补机及使用火炉的车辆	距乘坐旅客的车辆	距装载雷管及导爆索车辆（11001，11002，11007，11008）△7	除雷管及导爆索以外的爆炸品△8
△6	2	2	2	2

灭火方法：水、沙土、泡沫。

洗刷除污编号：2；洗测除污剂：稀盐酸（浓盐酸用水稀释 20 倍）。

3. 运输费用计费规定

①运输品类大类代码“15”（化工品—其他杂项化工品），运价号 5 号；

②使用集装箱装运时，通用集装箱按使用的箱数和不同箱型的运价率计算；使用非标箱时，按对应的箱型加成 20%计算；使用“30480”20ft 箱时，加成 20%计算。

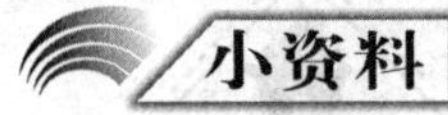

危险货物的特殊运输条件

一、按普通货物运输的条件

（1）对于有些浓度较低，含水量较高而危险性较低的危险货物，或单个包装数量较少且包装较好的危险货物可按普通货物条件运输的有：

以容量不超过 2L 的安瓿瓶盛装的气体；含氨 12%以下、相对密度 0.88 的氨溶液，内包装每瓶 0.5kg 及以下，每箱净重不超过 20kg；医药用安瓿瓶包装，每盒 5×0.2mL，每箱 300 盒；动、植物油含量在 3%以下；含量≤3%的双氧水；含有效氯＜10%的次氯酸钙混合物；含有效氯＜5%的亚氯酸盐或次氯酸盐水溶液；医药用的四氯乙烯；含量＜3.5%的溴水，内包装≤1kg，每箱净重≤20kg；含碘小于 50%的稀碘酒，每瓶 20mL，10 瓶装一纸盒，外包装可使用瓦楞纸箱，每箱不超过 16kg；涂油蜡的篷布；成套货物部分配件或货物的部分材料属危险货物；放射性物质的包装件外表面最大辐射水平不超过 0.005mSv/h，包装件外表面放射性污染不超过包装件放射性污染最大限值和包装件的放射性活度相关限值。

（2）经铁路局批准的下列货物可按普通货物运输：

41552 棉花等，42521 活性碳，42522 碳，42523 废氧化铁，42524 椰肉，42525 种子油（粕）饼等，42526 鱼粉等，91006 石棉，91008 蓖麻籽、蓖麻粉、蓖麻油渣、蓖麻片，81507 氯铂酸，81509 硫酸氢钾等，81513 三氯化铁等，82502 铝酸钠，83504 氯化锌等，83506 镓，91005 模塑化合物（呈现揉塑团、薄片或挤压出的绳索状，会放出易燃气体），91011 救生设备（自动膨胀式，装备中含有危险物品），91012 非自动膨胀式救生设备（装备中含有危险物品），91017 化学品箱、急救箱等，91018 熏蒸过的装置，91019 机器和仪器中的危险品等。

其中：①鱼粉或鱼屑如在装载时温度超过 35℃或者比周围温度高出 5℃（以较高者为准），不得运输。鱼粉或鱼屑在托运时必须至少含有万分之一的抗氧化剂（乙氧基醌）。

②根据豆粕以及菜籽、棉籽、尼日尔草籽、大豆、花生、玉米、米糖、椰子、亚麻

仁、棕榈仁等植物籽榨油后产生的粕饼类货物，以及酒糟等货物特性，这些货物禁止采用冷藏车和集装箱运输。

(3) 包装必须是一次性的，装车前必须对车辆进行清扫，车内需保持干燥，不得残留氧化剂、锯末、碳屑等有机可燃物；货物必须冷却在40℃以下才能装车。

(4) 豆粕类货物若使用敞车运输，必须由托运人自愿提出申请，并经铁路局批准。除按以上规定执行外，装车时严格按《铁路货物运输装载加固规则》规定装载加固，并按规定苫盖篷布及篷布绳网，确保货物运输安全。

(5) 按普通货物条件运输的危险货物，限使用棚车装运，装车后货物距车顶部须留有适当空间，防止积热。符合《危规》一百零六条规定的可使用集装箱装运，其包装、标志须符合《危规》关于危险货物运输包装的相应规定。

(6) 经铁路局批准可在非危险货物办理站、专用线（专用铁路）发运，托运人在货物运单“托运人记载事项”栏内注明“×××（铁危编号），可按普通货物运输”（如“石棉(91006)，可按普通货物运输”），托运人可不办理“托运人资质证书”。

二、限制及禁止铁路运输的危险货物

(1) 禁止运输国家禁止生产的危险物品。

(2) 禁止运输《危规》未确定运输条件的过度敏感或能自发反应而引起危险的物品，如叠氮铵、无水雷汞、4—亚硝基苯酚、浓度超过72%的高氯酸、无机高锰酸盐中的高锰酸铵、无机亚硝酸盐类中的亚硝酸铵、铵盐和无机亚硝酸盐混合物、冷冻液态氢、冷冻液态甲烷及甲烷含量高的冷冻天然气。

(3) 有些危险货物运输与外界温度有关，如硝化甘油混合炸药，发站、到站及沿途气温低于10℃时，不予承运；耐冻的硝化甘油混合炸药，发站、到站及沿途气温低于−20℃时，不予承运。

(4) 对易发生爆炸性分解反应或需控温运输等危险性大的货物，须由铁道部专门确定运输条件。如：乙酰过氧化磺酰环己烷、过氧重碳酸二仲丁酯等。

(5) 凡性质不稳定或由于聚合、分解在运输中能引起剧烈反应的危险货物，托运人应采用加入稳定剂或抑制剂等方法，保证运输安全。如乙烯基甲醚、乙酰乙烯酮、丙烯醛、丙烯酸、醋酸乙烯、甲基丙烯酸甲脂等。禁止运输未加稳定剂的氯丙酮。

三、易燃普通货物的运输

易燃普通货物也是易燃的，也有造成火灾的危险性，但在危险程度上达不到易燃危险的程度而列为普通货物，在运输上就不受易燃危险货物运输条件的限制，按普通货物运输。

(1) 敞车、平车装载的易燃普通货物按△6确定编组隔离条件。装载未涂防火剂的腐朽木材的车辆，运行在规定的区段和季节须与牵引机车隔离10辆，如隔离有困难时，各铁路局与邻局协商规定隔离办法。

（2）用敞车、平车、砂石车装运易燃普通货物时，应用篷布苫盖严密，在调车或编入列车时，应进行隔离。但对干树皮、干树枝、干树条和带叶的竹枝，由于干湿程度、带叶多少不同，应否苫盖篷布，由发站根据气温和运输距离在确保运输安全的原则下负责确定。

（3）腐朽木材喷防火涂料或采取其他防火措施后，可不苫盖篷布。

（4）易燃普通货物品名见下表，对于表中未列的品名，是否属于易燃普通货物，由发站报铁路局确定。

易燃普通货物品名表

序 号	品 名
1	"品名表"规定之外的籽棉，皮棉，黄棉花，废棉，飞花，破籽花
2	"品名表"规定之外的各种麻类和麻屑
3	麻袋（包括废、破麻袋），各种破布，碎布，线屑，乱线，化学纤维
4	牧草，谷草，油草，蒲草，羊草，芦苇，荻苇，玉米棒（去掉玉米的），玉蜀黍秸，豆秸，秫秸，麦秸，蒲叶，烟秸，甘蔗渣，蒲棒，蒲棒绒，芒杆，亚麻草，烤烟叶，晒烟叶，棕叶以及其他草秸类
5	葵扇（芭蕉扇），蒲扇，草扇，棕扇，草帽辫，草席，草帘，草包，草袋，蒲包，草绳，芦席，芦苇帘子，笤帚以及其他芦苇、草秸的制品
6	干树皮，干树枝，干树条，树枝（经脱叶加工），带叶的竹枝，薪柴（劈柴除外），松明子，腐朽木材（喷涂化学防火涂料的除外）
7	刨花，木屑，锯末
8	纸屑，废纸，纸浆，柏油纸，油毡纸
9	炭黑，煤粉
10	粮谷壳，花生壳，笋壳
11	羊毛，驼毛，马毛，羽毛，猪鬃以及其他禽兽毛绒
12	麻黄，甘草

（5）以易燃材料做包装、捆扎、填塞物，以竹席、芦席、棉被等苫盖的非易燃货物，以及用木箱、木桶、铁桶包装的易燃普通货物，均按普通货物运输。以敞车装运时，是否应苫盖篷布，由托运人根据货物的运输安全情况负责确定。并在运单托运人记事栏内注明。

（6）由于棉花在铁路运输中常常发生火灾，为解决这个问题，铁道部在调研的基础上，下发了《关于加强棉花铁路运输安全管理工作的通知》，对棉花装运试点提出了要求，采取的措施主要有：

①检测棉花回潮率。为防止由于棉花回潮率超过允许标准导致棉花自燃，在试点的棉花装车站配备便携式棉花回潮率测定仪，对承运的棉花回潮率进行抽检，防止由于气候原因等导致的棉花回潮率超标。

抽检标准：棉花回潮率不得大于10.0%。

棉花回潮率测定仪统一使用“XJ101D型原棉回潮率测定仪”。

每车必须抽查，抽检率为每车不少于3包。

装车站要建立装车数、车型、车号、到站、抽查人、抽查率、包装类型等统计台账。

取样方法：采取随机抽检。在棉包腰部中间部位10～15cm处，抽取约100g棉花，放在密封塑料袋中，以备检测使用。取样后，要将棉包复型，并采取措施确保棉包不露花。

②装运车型选用。为防止棉花内部积热不散导致自燃，要求车内通风良好，同时，需能够防止外来火源进入。尽量选择具有防盗窗的P_{62}系列车辆装载棉花。

③棉包类型选择。一是选用目前使用最多的棉布套袋外部用钢丝捆扎的包装方法，二是采用棉布套袋外部用塑钢带捆扎的包装方法。

④改变棉花装车衬垫方法。对于无防火板、门窗变形或关闭不严、车地板有超限裂缝等状况不良车辆禁止装车。对于车内有突起、裂缝及车门缝隙处须采取衬垫木质胶合板等措施；装车前，使用双瓦楞纸对车底进行衬垫，并取消对车门窗使用塑料布以及沙袋等进行严密封堵的做法，确保满足车辆通风和防止外部火源进入的要求。

⑤棉花在车内装载方案。227kg包型装载方法：第一层车辆两端各顺向侧立装5行，每行4件，车门处横向侧立装2行，每行8件；第二层横向平装2行（钢丝扣朝上），每行21～22件；第三层顺向立装5行，每行17～18件。装后，棉包与车辆两侧墙留有50～80mm间隙。因包型不整齐，装载件数可在180～182件。

⑥强化棉花运输消防措施：

装车站要严格棉花运输、装卸作业及人员消防管理制度，防止发生外来火源引起棉花着火事故；装车前，必须对车厢内进行彻底清扫，车内不得留有易燃杂物、金属粉末等垃圾，车地板上不得有油渍；禁止车站、专用线汽车与火车对装棉花。对车站货运人员、装卸作业人员及企业运输员进行棉花运输安全及消防培训。

四、新品名运输

“危险货物品名索引表”中未列载的品名办理运输时须进行性质鉴定，属于危险货物时，按危险货物新品名试运要求办理运输。

托运人提交品名鉴定前，需填写《铁路危险货物运输技术说明书》一式四份。托运人对填写内容和送检样品真实性承担法律责任。送检样品须经铁道部认定的专业技术机构进行鉴定。危险货物新品名试运由铁路局批准。经批准后，发站、铁路局、托运人各留存一份《铁路危险货物运输技术说明书》。

新品名试运须在指定的时间和区段内进行。跨铁路局试运时，由批准单位以电报形式通知有关铁路局。

试运前承运人、托运人双方应签订安全运输协议。

试运时，由托运人在运单“托运人记载事项”栏内注明“比照铁危编号×××新品名试运，批准号×××”字样。试运时间2年。试运结束时，托运人应会同车站将试运结果报主管铁路局。铁路局对试运结果进行研究后，提出试运报告报铁道部。铁道部根据试运报告指定有关部门进行复验，达到要求后正式批准运输。未经批准或超过试运期未上报试运报告的，须停止试运。

鉴定为普通货物时，不需进行试运。

未列入“品名表”中的危险货物品名，经过试运后，需要纳入到“品名表”中的，由铁道部确定并公布。

学习任务三　腐蚀品运输组织

任务描述

本次任务需要学生依据案例背景完成腐蚀品的运输组织工作，在巩固前次任务所学基础上，以运输作业全过程作为训练内容。具体任务要求见任务单所示。

任　务　单

请利用本学习单元所学知识，按案例条件与任务要求处理以下案例。

【案例情况说明】托运人山东鲁光化工厂，在济南铁路局临沂站托运灌装硝酸一车，收货人为哈尔滨化工轻工材料总公司储运分公司，到站哈尔滨铁路局哈尔滨东站。

（其他未尽事宜自行假设）

【任务要求说明】请按上述案例情况结合《危规》等货运规章的相关规定办理这批硝酸（非发烟）的铁路运输工作，并将其步骤和依据详细记录在学生工作页的“计划决策”栏内，再按货物运输全过程各工作步骤模拟演练，并将实施过程简要记录在学生工作页“实施”栏内。在完成这一任务时，请试图解决以下问题：

1. 发送作业各工作环节注意事项

根据货物品名，确定货物的类项及其主要特性；对承运人及托运人资质进行审查；确定装卸车地点是否符合《办理规定》的要求；审查托运人提交的相关资料是否符合要求；填写运单相关内容及加盖特殊标记；装车作业注意事项（包括车辆选择、装车前后的检查、装载方案和注意事项）；需要完成的交接检查工作有哪些；核算制票承运工作，及时正确签认“危险货物发送作业程序签认单”。

2. 途中作业各工作环节注意事项

车辆编挂要求及特殊防护；该车是否需要押运，有何具体要求；是否需要途中签认，在哪签认，由哪些人员参与。

3. 到达作业各工作环节注意事项

到达卸车交接凭证、交接方法和交接地点；货物交付程序及要求；车辆的洗刷除污。

另外，以学习小组为单位确定观察者一名负责本组成员任务实施情况的汇报，每组派代表从教师处领取学习资料及操作工具，模拟工作情境完成运输案例所示的腐蚀品运输组织工作。注意：每位学生最后都必须上交一份填写完整的“学生工作活页手册”以供考核。

课堂训练将采用小组分工、角色扮演法实施教学，任务完成情况的核定主要依据个人工作页完成情况、小组展示个人表现来判断。

知识点九 腐蚀品运输组织

腐蚀性物质分为酸性腐蚀性物质、碱性腐蚀性物质和其他腐蚀性物质三项，每项又分设两级，铁危编号从81001～83999。

腐蚀性物质可通过化学作用使生物组织接触时造成严重损伤，在渗透时会严重损害甚至毁坏其他货物和运载工具。有些腐蚀性物质挥发出的蒸汽能刺激眼睛、黏膜，吸入后会中毒；有些腐蚀性物质受热或遇水会形成有毒烟雾；有些无机酸性腐蚀性物质具有较强氧化性，接触可燃物易引起燃烧；有些有机腐蚀性物质具有易燃性。

一、腐蚀品的包装及标志

腐蚀性物质根据其危险程度分为Ⅰ、Ⅱ、Ⅲ类包装。这类货物的包装类是根据人类经验同时考虑到另外一些因素确定的。如缺少人类经验，包装类必须根据实验数据确定。

腐蚀性物质应选用耐腐蚀容器，按所装物质性质、状态采用气密封口、液密封口或严密封口，防止泄漏、潮解或撒漏。

腐蚀性物质包装标志仅一种，如表3－17所示。

二、腐蚀品的存放与保管

腐蚀性物质应存放在清洁、通风、阴凉、干燥的场所，防止日晒、雨淋。堆码应整齐稳固，不得与可燃物、氧化剂等混存。

三、腐蚀品的装卸与搬运

腐蚀性物质作业前应穿戴耐腐蚀的防护用品，对易散发有毒蒸汽或烟雾的腐蚀性物质，必须通风作业，并使用防毒面具。货物堆码必须平稳牢固，严禁肩扛、背负，不得撞击、拖拉、翻滚货件。装车前卸车后必须清扫车辆，车内不得留有稻草、木屑、煤炭、油蜡、纸屑、碎布等可燃物。

腐蚀性物质多为液态，需使用罐车运输，装运酸、碱类危险货物的罐体为全黄色，罐体两侧纵向中部应涂刷一条宽300mm黑色水平环形色带。《危规》规定，危险货物罐车装卸作业必须在专用线（专用铁路）办理。

液体（非气体类）危险货物罐车装卸要求：

1. 充装前

托运人应确认罐车是否良好，罐体外表应保持清洁，标记、文字应能清晰易辨。罐体有漏裂，阀、盖、垫及仪表等附件、配件不齐全完好或功能不良的罐车禁止使用。

2. 充装时

应根据液体货物的密度、罐车标记载重量、标记容积确定充装量。充装量不得大于罐车标记载重量；同时要留有膨胀余量，充装量上限不得大于罐体标记容积的95%，下限不得小于罐体标记容积的83%。充装原油、煤焦油等使用黏油罐车装运的货物，可打开防尘盖装车，检查车辆是否泄漏。

3. 充装后

需及时关严罐车阀件，盖好人孔盖，拧紧螺栓（注意要对角上螺栓），严禁杂质混入。货物静置后，量取货物充装高度，根据车辆的容积表号，用国家铁路罐车容积计量站提供的计量软件计算出罐车的充装量（充装体积），并打印出计量单。充装量低于83%时，罐体内未加防波板不得办理运输；对硝酸等腐蚀性强的货物，可用轨道衡进行计重，通过密度计算出充装体积，认真填写计量单。作业完毕，企业运输人员和车站货运人员在危险货物运输作业签认单上签字。

装运危险货物的罐车重心限制高度不得超过2200mm。

四、洗刷除污后处理

运输危货货车经洗刷除污达到要求后应撤除货车洗刷送回标签，并在货车两车门内外明显处粘贴“铁路货车洗刷除污工艺合格证”（如图3－5所示）各一张，并填写《洗刷除污登记表》。

未经洗刷除污的危货货车严禁使用或排空。

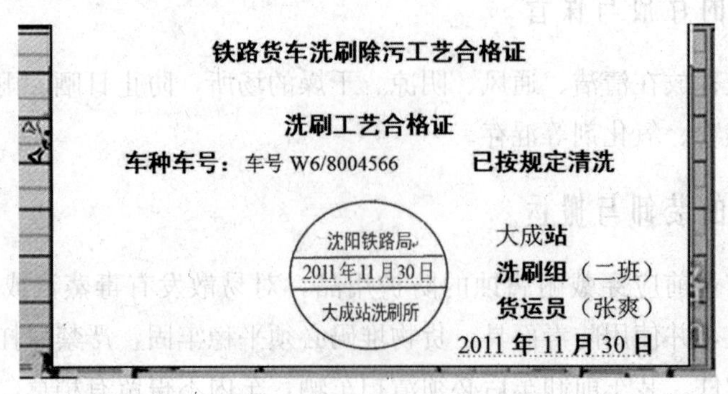
铁路货车洗刷除污工艺合格证

洗刷工艺合格证

车种车号：车号W6/8004566　　已按规定清洗

沈阳铁路局
2011年11月30日
大成站洗刷所

大成站
洗刷组（二班）
货运员（张爽）
2011年11月30日

图3－5　铁路货车洗刷除污工艺合格证

知识点十　腐蚀品自备车运输

由于铁路产权罐车允许装运的品名中不包含腐蚀品，因此液态腐蚀品均使用自备车运输。企业自备罐车装运液体危险货物时，应符合“品名表”第12栏特殊规定，运输时由铁路局批准，未作规定的报铁道部批准。

危险货物自备货车运输时，须由车辆产权单位向过轨站段提出申请，站段初审后报所属铁路局审核，符合规定的，由所属铁路局签发“危货车安全合格证”。“危货车安全合格证”实行一车一证，车证相符，按规定品名装运，不得租借和混装使用。铁路局应建立“危货车安全合格证”档案，每年进行一次复核。

一、办理“危货车安全合格证”应出具的技术文件

（一）装运气体类危险货物罐车

①申请报告（含企业生产经营规模、运量、产品理化特性和危险性分析）；

②“自备罐车审查表”；

③压力容器使用登记证；

④铁路货车制造合格证明；

⑤铁路货车检修合格证明；

⑥车辆验收记录；

⑦押运员的“押运员证”和“培训合格证”；

⑧“企业自备车经国家铁路过轨运输许可证”；

⑨其他有关资料。

（二）装运非气体类液体危险货物罐车

①申请报告（含企业生产经营规模、运量、产品理化特性和危险性分析）；

②“自备罐车审查表”；

③铁路罐车容积检定证书（格式21）；

④车辆验收记录；

⑤铁路货车制造合格证明；

⑥铁路货车检修合格证明；

⑦押运员的“培训合格证”（规定须押运的货物）；

⑧“企业自备车经国家铁路过轨运输许可证”；

⑨其他有关资料。

（三）非罐车装运危险货物

①申请报告（含企业生产经营规模、运量、产品理化特性和危险性分析）；

②“自备货车审查表”；

③车辆验收记录；

④铁路货车制造合格证明；

⑤铁路货车检修合格证明；

⑥押运员的“培训合格证”（规定须押运的货物）；

⑦“企业自备车经国家铁路过轨运输许可证”；

⑧其他有关资料。

在2006年8月1日前制造的货车，可不提供“铁路货车制造合格证明”。

二、承运危险货物自备货车应审核的内容

（一）气体类危险货物

①罐车产权单位为托运人的，“托运人资质证书”的单位名称必须与“危货车安全合格证”、“押运员证”、“培训合格证”的单位名称相统一；

②罐车产权单位为收货人的，罐车产权单位名称必须与“危货车安全合格证”、“押运员证”、“培训合格证”的单位名称相统一；

③货物品名、托运人、收货人、发到站、专用线（专用铁路）等须与“办理规定”中公布的相统一；

④货物品名须与“危货车安全合格证”中的品名及罐体标记品名相统一；

⑤提供“铁路液化气体罐车充装记录”（以下简称“充装记录”，格式7）一式两份，一份由发站留存，一份随运单到站交收货人；

⑥虽符合上述①～④项条件，但证件过期、定检过期、车况不良、罐体密封不严、罐体标记文字不清等有碍安全运输的不予办理运输。

（二）非气体类液体危险货物

非气体类液体危险货物运输时比照本条第1项规定办理，不审核“押运员证”，有押运规定的，须审核“培训合格证”。

（三）其他类危险货物运输比照上述相应规定办理。

知识点十一　罐车充装量的确定

充装非气体类液体危险货物时，应根据液体货物的密度、罐车标记载重量、标记容积确定充装量。充装量不得大于罐车标记载重量；同时要留有膨胀余量，充装量上限不得大于罐体标记容积的95%，下限不得小于罐体标记容积的83%，充装量低于83%时，罐体内未加防波板不得办理运输。可用计算和查表两种方式确定其充装量是否符合要求。

一、计算确定充装量

允许充装量应同时符合以下重量和体积要求。

允许充装重量：　　$W=\rho \cdot V_{标}$，且 $W \leqslant P_{标}$

允许充装体积：　　$0.83V_{标} \leqslant V_{许装} \leqslant 0.95V_{标}$

式中，W——允许充装量，t；

ρ——充装介质密度，t/m^3；

$V_{标}$——罐车标记容积，m^3；

$P_{标}$——罐车标记载重，t；

$V_{许装}$——罐车允许充装体积，m^3。

【例3-6】 托运人使用标重63t、容积34m^3 的 G_{11} 型自备罐车装运浓硫酸（90%的硫酸密度1.814g/cm^3），经检衡，空车重20t，重车重78t，请判断装载量是否符合铁路运输规定。

【解】（1）允许充装重量

$W=\rho \cdot V_{标}$

$=1.814\times34=61.676\ (t)<P_{标}$

故 $W=61.676t$，

$W_{硫酸}=78-20=58t<W$

因此浓硫酸装载重量符合条件；

（2）允许充装体积：

$0.83V_{标}\leqslant V_{许装}\leqslant0.95V_{标}$

$0.83\times34\leqslant V_{许装}\leqslant0.95\times34$

$28.22\leqslant V_{许装}\leqslant32.3$

$V_{硫酸}=(78-20)/1.814=31.97m^3$，

$28.22\leqslant31.97\leqslant32.3$

因此浓硫酸装载也符合体积条件。

结论：经验算可知，该车硫酸装载量符合铁路运输规定。

二、查表确定充装量

除使用公式计算可确定液体货物的充装量外，还可查表（《危规》附件11　铁路危险货物罐车允许充装重量及高度表）（表3-28）确定其充装重量、高度范围。

上例中，经由铁路运输的硫酸装载量是否符合规定，也可查表3-28确定。

【例3-7】 托运人使用标重63t、容积34m^3 的 G_{11} 型罐车装运浓硫酸，经检衡，空车重20t，重车重78t，硫酸的密度为1.814t/m^3，请查表判断装载量是否符合铁路运输规定。

【解】 $W_{硫酸}=78-20=58t$

查表3-27可知，其准装重量范围为：51925～59432kg；

$51.925t\leqslant W_{硫酸}\leqslant59.432t$，故符合运输要求。

三、根据充装量选择车辆

【例3-8】 托运人托运铁危编号为83012的甲醛溶液（密度为1.06t/m^3），拟使用 G_{60}

型车装运，该车有两种车型，标记容积均为 60m³，一种的标记载重 52t，另一种的标记载重 53t，试通过充装量选择合适的车辆。

【解】考虑两种车型的标记容积相同，故先计算确定甲醛溶液的允许充装体积：

（1）允许充装体积：

$0.83V_{标} \leqslant V_{许装} \leqslant 0.95V_{标}$

$0.83 \times 60 \leqslant V_{许装} \leqslant 0.95 \times 60$

$49.8 \leqslant V_{许装} \leqslant 57$

进一步考虑甲醛溶液在允许充装体积范围内的允许充装重量：

（2）$W_{下限} = \rho \cdot V_{下限} = 1.06 \times 49.8 = 52.79$（t）

$W_{上限} = \rho \cdot V_{上限} = 1.06 \times 57 = 60.42$（t）

又需同时满足 $W \leqslant P_{标}$

因此，标记载重为 52t 的 G_{60} 型车不予考虑，只能选用标记载重为 53t 的 G_{60} 型车，其最小充装量为 52.79t，最大充装量为 53t。

对于标记容积为 60m³，标记载重为 52t 的罐车只能装密度小于 52/49.8≈1.04t/m³ 的液体介质。

目前，铁路罐车运输液体类货物均采用国家罐车计量站开发的铁路罐车计量软件，所有运行的铁路罐车车型容积尺寸均有，新的车型也会随时补充，对控制超载起到很好的作用。

表 3-28　铁路危险货物罐车允许充装重量及高度表摘录（适合非气体类液体危险货物）

序号	品名	铁危编号	国标编号	参考密度（kg/m³）	车辆型号	标记载重（t）	标记容积（m³）	准装重量范围（kg）	准装高度范围（mm）	液面到入孔上平面距离（空高）范围（mm）	罐车货物装卸方式
1	汽油	31001	1203	710	G60	52	60	35358～40470	2087～2411	1021～697	上装上卸
						53	60	35358～40470	2087～2411	1021～697	上装上卸
					G60K	53	60	35358～40470	2088～2414	1020～694	上装上卸
					G70	62	69.7	41074～47013	2240～2589	1068～719	上装上卸
					G70A	60	67.7	39896～45664	2252～2608	1056～700	上装上卸
					G75	62	75.6	44551～50992	2327～2682	926～571	上装上卸
					GQ70	70	78.7	46378～53083	2388～2760	927～555	上装上卸
					GHA70	70	88.3	52035～59558	2404～2780	926～550	上装上卸
26	硝酸［发红烟的除外］	81002	2031	1500	G11	63	34	42330～48450	1516～1724	992～784	上装上卸
27	硫酸	81007	1830	1840	G11	63	34	51925～59432	1516～1724	992～784	上装上卸
					G11S	63	34	51925～59432	1603～1840	907～670	上装上卸
					GS70	70	38	58034～66424	1672～1929	723～466	上装上卸
28	盐酸	81013	1789	1190	G11	63	34	33582～38437	1516～1724	992～784	上装上卸
					G11J	62.5	47.29	46708～53461	1935～2234	973～674	上装上卸
					GFA	62	51.7	51064～58447	1931～2227	1052～756	上装上卸

续　表

序号	品名	铁危编号	国标编号	参考密度（kg/m³）	车辆型号	标记载重（t）	标记容积（m³）	准装重量范围（kg）	准装高度范围（mm）	液面到人孔上平面距离（空高）范围（mm）	罐车货物装卸方式
29	冰醋酸	81601A	2789	1050	G11	63	34	29631～33915	1516～1724	992～784	上装上卸
					G60	53	60	52290～53000	2087～2114	1021～994	上装上卸
					G60K	53	60	52290～53000	2088～2115	1020～993	上装上卸
					G60X	60	54	47061～53865	1919～2181	1161～899	上装上卸
					GH70B	68	64.8	56473～64638	2105～2422	887～570	上装上卸
30	氢氧化钠溶液	82001B	1824	1450	G11	54	36	43326～49590	1598～1833	910～675	上装上卸
					G11J	62.5	47.29	56914～62500	1935～2129	973～779	上装上卸
					GJ70	70	52.7	63424～70000	1987～2199	818～606	上装上卸

装车单位要严格执行铁路罐车允许充装量的规定，防止超装超载。各铁路局要作出规划，加大安全检测计量设备投入，防止罐车装运的液体危险货物超装超载，确保运输安全。

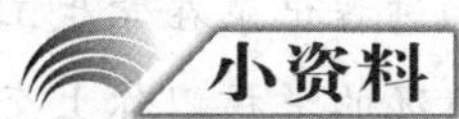

危险货物罐车运输途中发生泄漏、火灾等事故时的处理

危险货物罐车运输途中发生泄漏、火灾及其他行车事故时，车站应立即启动应急预案，迅速向铁路主管部门、地方政府、公安消防及环保、卫生防疫部门报告，并速请熟悉货物性质及罐体构造的部门协助处置。要设立警戒区，组织人员向逆风方向疏散，防止危险货物流入水域。易燃、有毒液体发生泄漏时，应及时阻断火源。对标有“禁水”标记的罐车，严禁用水施救。对有毒气体施救时应站在上风方向，防止中毒事故发生。

学习任务四　毒害品运输组织

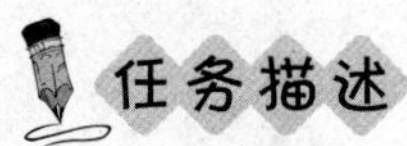

本次任务需要你依据案例背景完成毒害品货物的运输组织工作。具体任务要求见任务单所示。

任　务　单

请利用本学习单元所学知识，按案例条件与任务要求处理以下案例。

【案例情况说明】托运人沙隆达郑州农药有限公司在郑州铁路局郑州东站托运氧乐果一车，收货人为重庆市农业生产资料有限公司，到站成都铁路局梨树湾站。

（其他未尽事宜自行假设）

【任务要求说明】请按上述案例情况结合货运规章相关规定办理这批氧乐果的铁路运输，并将其步骤和依据详细记录在学生工作页的“计划决策”栏内，再按货物发送、途中、到达作业各工作步骤模拟演练，并将实施过程简要记录在学生工作页“实施”栏内。在完成这一任务时，请解决以下问题：

①审核托运人填写的货物运单是否正确；

②货物的包装方法及标志是否正确；

③作业过程是否进行签认；

④货物的跟踪监控是否做到。

另外，以学习小组为单位确定一名观察者负责本组成员任务实施情况的汇报，每组派代表从教师处领取学习资料及操作工具，模拟工作情境完成运输案例所示的危险货物运输组织工作。注意：每位学生最后必须上交一份填写完整的“学生工作活页手册”以供考核。

请同学们按要求认真领会题意，做好充足准备，将解决问题的详细过程记录在学生工作页上。课堂训练将采用小组讨论、模拟演练的方式进行，任务完成情况的考核以你上交学生工作页的质量和小组演练情况综合评判。

知识点十二　毒害品的托运和承运

毒害品分为一级毒性物质和二级毒性物质（有毒品）。剧毒品是指“品名表”毒性物质的一级毒性物品，编号61001～61205的危险货物。

一、毒害品的受理

剧毒品运输采用的运单一律为黄色专用货物运单，并在运单上印有骷髅头图案。

整列运输剧毒品由铁道部确定有关运输条件。

同一辆车只允许装运同一危险货物编号的剧毒品。

受理时，货运员要核实托运人资质，审核经办人身份证及培训合格证。要认真核对剧毒品到站品名是否符合《办理规定》，确定到站、专用线、收货人、品名与《办理规定》完全一致。

二、毒害品的包装

毒害品（包括农药）在确定包装类别时，必须考虑到人类意外中毒事故的经验及个别物质具有的特殊性质，如液态、高挥发性、任何特殊的渗透可能性和特殊生物效应。在缺

乏人类经验时，必须以动物试验所得的数据为根据划定包装类别，包装类别的数据如表3-29所示。

表3-29　　毒害品确定包装类别的各类数据

包装类别	经口毒性 LD_{50} (mg/kg)	皮肤接触毒性 LD_{50} (mg/kg)	吸入粉尘和烟雾毒性 LC_{50} (mg/L)
Ⅰ	≤5	≤40	≤0.5
Ⅱ	5～50	40～200	0.5～2
Ⅲ	固体：50～200 液体：50～500	200～1000	2～10

注：①急性经口吞咽毒性 LD_{50} 是指在 14 天内能使刚成熟的天竺鼠半数死亡所使用的物质剂量，以“mg/kg”表示。

②急性皮肤接触毒性 LD_{50} 是指在白兔赤裸皮肤上连续 24 小时接触，在 14 天内使受试动物半数死亡所使用的物质剂量，以“mg/kg”表示。

③急性吸入毒性 LC_{50} 是指使刚成熟的天竺鼠连续吸入 1 小时，在 14 天内使受试动物半数死亡所使用的蒸汽、烟雾或粉尘的浓度，以“mg/L”表示。

对易挥发的液态毒性物质容器应气密封口，其他的应液密封口；固态的应严密封口。毒害品的包装类别有三种，如表 3-29 所示。

三、毒害品的运费计算

一级毒害品（剧毒品）按运价率加 100%；二级毒性物质按运价率加 50%。罐式集装箱按“铁路货物运价率表”中规定的运价率加 30%计算。装运一级毒害品（剧毒品）的集装箱按“铁路货物运价率表”中规定的运价率加 100%计算；二级毒性物质的集装箱按“铁路货物运价率表”中规定的运价率加 50%计算。集装箱适用两种加成率时，只适用其中较大的一种加成率。

知识点十三　毒害品的装卸作业

一、毒害品的存放与保管

毒害品应存放在阴凉、通风、干燥的库内，不得露天存放。与酸类应隔离存放，严禁与食品同库存放。必须加强管理，严防丢失和发生误交付。

二、毒害品的装卸车

装卸车前应先行通风。装卸搬运时严禁肩扛、背负，不得撞击、摔碰、翻滚，防止包装破损。装卸易燃毒害品时，机具应有防止发生火花的措施。作业时必须穿戴防护用品，严防皮肤破损处接触毒物，作业完毕及时清洁身体后方可进食和吸烟。

毒性物质限使用毒品专用车，如毒品专用车不足时，经铁路局批准可使用铁底棚车装运（剧毒品除外）。铁路局应指定毒品专用车保管（备用）站。毒品专用车回送时，使用“特殊货车及运送用具回送清单”。

剧毒品装车前，货运员要检查品名填写是否正确，包装方式、包装材质、规格尺度、罐车类型、包装标志等是否符合《危规》有关规定。不符合规定的一律不准装车。

剧毒品装卸作业时，货运员要会同托运人确认品名、清点件数（罐车除外），监督托运人进行施封，并检查施封是否有效。须在车辆上门扣用加固锁加固并安装防盗报警装置。剧毒品装卸作业过程必须进行签认，签认单格式见《危规》中“铁路剧毒品运输作业签认单”（包括“铁路剧毒品发送作业签认单”、“铁路剧毒品途中作业签认单”、“铁路剧毒品到达作业签认单”）。签认单由车站保存至少一年。

知识点十四　剧毒品的押运

运输剧毒品必须实行全程随车押运。装运剧毒品的车辆须在上门扣处用加固锁加固并安装防盗报警装置。罐车、罐式箱装运的剧毒品不需押运。押运员须持有铁路局核发的培训合格证。同一到站的，每组押运不超过 4 辆（含带押运间车辆），途中不得解体，押运人数每组不得少于 2 人。同一到站两组以上的剧毒品车辆所须押运人数由铁路局确定。

押运员须熟悉剧毒品的特性，在押运全程中要对所运剧毒品的品名、数量、件数、包装、封印和运输安全负责。

知识点十五　剧毒品的跟踪监控

为了加强对剧毒品的管理工作，铁路对已承运的剧毒品，必须做到实时掌控，实行剧毒品的全程跟踪监控，做到分散办理、中途监控、数据共享。铁路剧毒品运输计算机跟踪管理以危险货物办理站为基础，装车站要将剧毒品货票所载信息，实时报到剧毒品运输跟踪管理系统，生成“剧毒品运输管理信息登记表”。铁路局、铁道部在此基础上根据不同层次管理要求建立信息管理系统。铁道部负责全路剧毒品运输跟踪监管工作，铁路局应明确这项工作的负责单位和负责人。“品名表”第 12 栏特殊规定号为 67 的货物均应实行剧毒品运输跟踪管理。

一、车站对剧毒品技术作业的跟踪监控

剧毒品运输安全要作为重点纳入车站日班计划、阶段计划。车站编制日班计划、阶段计划时要重点掌握，优先安排改编和挂运。车站要根据作业情况建立剧毒品车辆登记、检查、报告和交接制度，值班站长要按技术作业过程对剧毒品车辆进行跟踪监控。

（一）列车出发作业

车号员要认真编制列车编组顺序表（运统一），并在剧毒品车辆记事栏内标记“D”，符号，车号员在发车前认真核对现车，确保出发列车编组、货运票据和“运统一”内容一致。发车后，要及时发出列车确报。

车站调度员（车站值班员）于列车出发后，将剧毒品车辆的挂运车次、编挂位置等及时报告铁路局调度，并将信息登录到剧毒品运输信息跟踪系统。

（二）列车改编作业

车站调度员（调车区长）要准确掌握剧毒品车辆信息，及时安排解编作业，正确编制调车作业计划，并在调车作业通知单上注明标记。严格执行剧毒品车辆限速连挂或禁止溜放要求，剧毒品押运人乘坐的车辆须限速连挂、禁止溜放。

调车指挥人员要按调车作业计划，将剧毒品车辆的作业方法、注意事项直接向司机和调车人员传达清楚，严格按要求进行调车作业。作业完毕时，及时将剧毒品车辆有关信息向调车领导人报告。

（三）列车到达作业

车号员应严格执行核对现车制度，确保列车编组、货运票据和“运统一”内容一致。对剧毒品车辆要进行标记。

二、货检人员对剧毒品的跟踪监控

货检人员对剧毒品车辆要进行重点检查，要认真检查剧毒品车辆、集装箱施封等状态，没有押运员的必须甩车，及时通知发站派人处理，并通知公安部门采取监护措施。

车站货检人员对剧毒品车辆要进行重点检查，除按正常作业要求检查剧毒品车辆、集装箱施封等状态外，还要用数码相机对剧毒品车辆的两侧进行清晰拍照（车号、两侧施封锁号码、门窗状况，共五张照片），并存档保管至少三个月。如发现装有剧毒品的车辆或集装箱无封、封印无效以及有异状时，应立即甩车，通知公安部门共同清点，按规定进行处理。

三、调度部门对剧毒品的跟踪监控

调度部门要实行逐级负责制，对承运后和到达前的剧毒品情况，由部、局调度负责掌握。跨铁路局运输的剧毒品，由铁道部调度负责跟踪。在铁路局管内运输的剧毒品，由铁路局调度负责追踪。各级调度要尽快组织挂运，成组运输的不得拆解，无特殊情况不得保留。必须保留时，要通知公安等有关方面采取监护措施。

对编挂有剧毒品车辆的列车原则上不准保留。因事故、自然灾害中断行车等特殊情况必须保留挂有剧毒品车辆的列车或挂有剧毒品车辆的列车滞留时，应报告调度室值班主任，列车调度员应提前向车站通报剧毒品车辆编挂位置及车数，车站值班站长或值班员及时通知车站公安派出所对剧毒品车辆进行看守。线路开通恢复运行时，应优先安排编挂有装载剧毒品车辆的列车。

四、计算机跟踪管理

剧毒品实行铁道部、铁路局和车站信息管理系统三级计算机跟踪管理。

装车站要将剧毒品货票所载信息，及时生成“剧毒品运输管理信息登记表”，实时报告剧毒品运输跟踪管理系统。内容包括剧毒品车的车号（集装箱箱型、箱号及所装车号）、发到站、托运人资质证书编号、品名及编号、件数、重量和承运、装车日期等。

挂有剧毒品车辆的列车，应在“列车编组顺序表”记事栏中注明“D”字样，并将剧毒品车辆的车种车号、发到站、货物品名、挂运日期、挂运车次等信息及时报告给铁路局行车确报系统和剧毒品运输跟踪管理系统。

中途站发现装有剧毒品的车辆或集装箱无封、封印无效以及有异状时，应立即甩车，报告所属铁路局，并通知公安部门共同清点。同时按规定及时以电报形式，向发到站及所属铁路局和铁道部报告有关情况。继续运送时，按装车站要求办理。

剧毒品到站后和卸车交付完毕后，立即将车种车号（集装箱箱型、箱号及所装车号）、发到站、托运人资质证书编号、托运人、收货人、品名及编号、件数、重量、到达日期、到达车次、交付日期等信息上网报告剧毒品运输跟踪管理系统，并在2小时内通知发站。

知识点十六　剧毒品的进出口运输

经铁路口岸站进出口、过境运输剧毒品的托运人（包括代理人），须按《危规》要求，取得铁路危险货物运输资质。办理运输时，须出具托运人资质证书、经办人身份证、培训合格证等。办理进出口剧毒品时，还须出具收货人所在地设区的市级人民政府公安部门发放的“准购证”。

国际联运出口剧毒品，办理站除按规定要求填写联运运单外，还需填写国内剧毒品专用运单两份，一份发站留存，一份随联运运单到口岸站存查。剧毒品专用运单仅作为添附文件，连同联运运单装入封套内，并在封套外加盖剧毒品专用戳记。

国际联运出口剧毒品车辆到达口岸站后，由口岸站将剧毒品专用运单抽出。在车辆交出后将该运单所载信息和口岸站作业信息输入计算机，报告给剧毒品跟踪管理系统和运输管理部门。

国际联运进口剧毒品由口岸站填写剧毒品专用运单两份，一份口岸站留存，一份随联运运单到站存查。

口岸站作业完毕后，将剧毒品专用运单所载信息和作业信息输入，报告给剧毒品跟踪管理系统和运输管理部门。

剧毒品专用运单由办理站保存一年。

铁路剧毒品运输及棚车代用毒品车运输的问题

一、铁路剧毒品运输跟踪管理品名表（如下表所示）

铁路剧毒品运输跟踪管理品名表

序　号	铁危编号	铁路品名
1	61001	氰化汞
		氰化钾
		氰化钠
2	61007	砒霜
		三氧化二砷
		三氧化砷
3	61010	五氧化砷
4	61028	五氧化二钒
5	61079	氯乙醛
6	61088	丙酮氰醇
7	61111	甲苯-2，4-二异氰酸酯
8	61125	甲基1605
		甲基对硫磷
		保棉磷
		对氧磷
		多灭磷
		甲胺磷
		久效磷
8	61125	杀扑磷
		水胺硫磷
9	61126	甲拌磷
		毒虫畏
		甲硫磷
		磷胺
		速灭磷

续 表

序　号	铁危编号	铁路品名
9	61126	特丁磷
		乙硫磷
		治螟磷
		氧化乐果
10	61129	西力生
11	61133	恶虫威
		呋喃丹
		克百威
		抗虫威
		灭多威
		灭害威
		涕灭威
12	61135	毒鼠磷
13	61137	灭蚜胺
14	61875	三唑磷
15	61904	甲氰菊酯

二、关于棚车代用毒品车运输危险品的问题

(1) 对所使用的棚车有没有什么特殊的要求?

答：根据《危规》第 41 条：毒性物质限使用毒品车，如毒品专用车不足时，经铁路局批准，可使用铁底棚车装运（剧毒品除外）。

另外，对于一些特种类别的危险品（一级易燃液体之类的）应选用车况较好的竹制棚车或木制棚车装运，并须对车门处、车体内等金属部分采取非破坏性措施进行衬垫隔离处理。

(2) 是否需要特调指定车号?

答：经铁路局批准需要车型即可，无须车号限制。

(3) 用棚车代用的运费是否会比直接用毒品车贵?

答：用棚车代运的运费等同于毒品专用车运费。

学习任务五　危险货物事故和应急处理

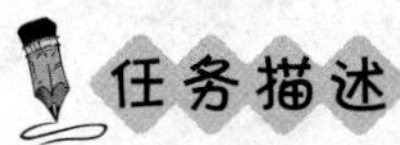

任务描述

本次任务需要学生依据案例背景完成危险货物的事故和应急处理。具体任务要求见任务单所示。

任　务　单

请利用本学习单元所学知识，按案例条件与任务要求处理以下案例。

(1) 2005 年某月某日，甲站承运的一批可挥发性聚苯乙烯珠粒（41057），因托运人匿报货物危险性含量，途中不断挥发的易燃石油醚气体在货物内外包装塑料袋（经事后检查确认，托运人使用的包装不符合包装定点生产的规定）摩擦产生静电的作用下，在乙站发生火灾事故。

①分析这次事故发生的原因。

②如何防范事故的发生。

(2) 某站接甲站发往乙站 24503 次，作业中发现机后 25 位 G0916227 轮对上部罐体有渗漏痕迹，经启动紧急预案，公安、保安、车站货装人员到场警戒、防护。经核实，该车装苯胺（61746），罐体封头因虚焊、砂眼所致。

①分析这次事故发生的原因。

②如何防范事故的发生。

(3) 某年 2 月 4 日，兰州铁路局民和站承运“铬铁”一车，车号为 C_{62A}1416179。托运人为××有限责任公司，收货人为××钢铁公司，到站上海铁路局无锡南站。该车于 2 月 9 日 13：37 挂 26028 次货物列车到达南京东站，全列编组 52 辆。14：30，列检和调车人员发现该列机后 52 位冒浓烟并伴有火焰，经启动应急预案，采取大量黄沙覆盖，隔断“铬铁”与空气接触，到 16：40 火势被全面控制。经调查核实，这起事故直接原因是托运人将硅铁（铁危编号：43505）谎报为普通货物“铬铁”托运。通过对“铬铁”做化学分析表明，“铬铁”实为硅铁。

①分析这次事故发生的原因。

②如何防范事故的发生。

(4) 2008 年 6 月，某站专用线发南方某站硝酸铵 4 车，到站后，押运员仅与车站办理完签认手续，未与专用线办理卸车交付清点手续，就返回了。卸车后，专用线称少 2 件，到站拍发电报通知发站处理。

①分析这次事故发生的原因。

②如何防范这类事故的发生。

请学生按要求认真领会题意，做好充足准备，将解题过程详细记录在“学生工作活页手册”上。课堂训练将采用案例情境模拟的方法实施教学，成果展示由各小组自制幻灯片进行方案及实施情况的汇报来完成。

知识点十七　危险货物撒漏处理与消防

一、爆炸品

撒漏处理：对撒漏的爆炸品应及时用水湿润，撒以松软物后轻轻收集，并通知公安人员和消防人员处理。禁止将收集的撒漏物装入原包件中。

消防：有火灾危险时，应尽可能将爆炸品转移或隔离，不能转移和隔离时，要立即组织人员疏散。扑救时，禁用酸碱灭火器或沙土，可用水和其他灭火器灭火。施救人员应配备防毒面具。

二、气体

当压缩气体、液化气体受到热作用、撞击或强烈震动时，容器内压力会急剧增大，致使容器破裂爆炸，或导致气瓶阀门松动漏气，酿成火灾或中毒等事故。

撒漏处理：阀门松动漏气时应立即拧紧，如无法关闭时，可将气瓶浸入冷水或石灰水中（氨水瓶只能浸入水中）。液化气体容器破裂时，应将裂口部位朝上。

消防：气瓶着火时，应向钢瓶浇洒大量冷水，或将气瓶投入水中使之冷却，同时将周围气瓶和可燃物搬离现场。扑救有毒气体或处理气瓶泄露时，应戴防毒面具或站在上风处。

三、易燃液体

撒漏处理：盛装容器渗漏时，应及时移至安全通风处更换包装。渗出的液体可用干沙土等物覆盖后扫除干净。

消防：灭火时，一般不宜用水，对密度大于水的易然液体，可用雾状水或开花水灭火，但应注意液体被冲散而扩大着火范围。扑救有毒性液体的火灾，应戴防毒面具或站在上风处。发现中毒人员，应立即移至空气流通处，并送医院诊治。

四、易燃固体、易自燃的物质、遇水放出易燃气体的物质

撒漏处理：对撒漏的物品应谨慎收集妥善处理。撒漏的黄磷应立即浸入水中，硝化纤维要用水润湿；金属钠、钾应浸入煤油或液体石蜡中，电石、保险粉等遇湿易燃物品撒

漏，收集后另放安全处，不得并入原货件中。

消防：本类物质中的一些金属粉末、金属有机化合物、氨基化合物和遇湿易燃物质着火时，禁用水和二氧化碳灭火剂。扑救浸油的棉、毛、麻类制品火灾时，要注意防止复燃。对本类物品的火灾扑救，应有防毒措施。

五、氧化性物质和有机过氧化物

撒漏处理：氧化性物质撒漏时，应扫除干净，再用水冲洗。收集的撒漏物品，不得倒入原货件内。

消防：过氧化钠等着火时，不得用水扑救；其他氧化性物质用水灭火时，要防止水溶液流至易燃、易爆物品处。

六、毒性物质和感染性物质

撒漏处理：固态毒品撒漏时，应谨慎收集处理，如氰化钠可用漂白粉或次氯酸钠处理；液态毒品渗漏时，可先用沙土、锯末等吸收，妥善处理。被毒性物质污染的机具、车辆及仓库地面，应进行洗刷除污。

消防：发生火灾时，对遇水能发生危险反应的毒性物质（如金属铊、锑粉、铍粉、磷化锌、磷化铝、氟化汞、氟化铅、四氰基乙烯等）不得用水灭火。处理撒漏毒性物质和扑救毒性物质火灾时，必须穿戴防护服、口罩、手套或防护面具，施救人员要站在上风处。发现头晕、恶心、呕吐等现象，要立即转移至空气新鲜处。

七、放射性物质

撒漏处理：运输中包装件破裂，内容物撒漏时，应立即向有关部门报告。由安全防护人员测量并划出安全区域，悬挂明显标志。当人体受污染时，应在防护人员指导下迅速除污。若人员受到过量照射时，应立即送医救治。放射性矿石、矿砂的包装件破损时不得运输。

消防：放射性物质着火后可用沙土、二氧化碳等相应的灭火剂扑救，火灾后现场必须要经射线测定和消毒处理，达到安全要求。

八、腐蚀性物质

撒漏处理：发现液体酸性腐蚀品撒漏时，应及时撒上干沙土，清除干净后，再用水冲洗污染处；大量酸液溢漏时，可用石灰水中和。

消防：着火时，不可用柱状水，以防腐蚀液体飞溅伤人；对遇水能剧烈反应及引起燃烧、爆炸或放出有毒气体的腐蚀性物质，禁用水灭火。扑救人员必须穿戴防护用品，对易散发腐蚀性蒸汽和有毒气体的物品，必须使用防毒面具。

知识点十八　危险货物运输事故的处理

一、火灾货运记录的编制要求

应记明货车种类、编挂位置、起火部位和被烧货物装载位置，车辆防火板及技术状态，可能造成起火的各种迹象。

货物在货场内存放时发生火灾，应记明周围情况、货位原来堆放的货物和火源等。

以上均要记明火灾发生和扑灭的时间。

二、货运事故速报

车站应在发生危险货物运输事故以及液化气体泄漏，剧毒品、爆炸品、放射性物品被盗丢失时，及时逐级向运输调度和货运、公安管理部门报告，并在 1 小时内向有关站、铁路局拍发“货运事故速报”电报，同时抄报铁道部、主管铁路局。依法应当报告有关部门的，同时报告有关部门。

报告内容：事故类型，包括火灾、爆炸、中毒、腐蚀、辐射、爆炸品或剧毒品丢失、液化气体泄漏等；事故发生时间；事故发生地点，包括线别、站名（货场、专用线、专用铁路）、区间（桥梁、隧道）；发生事故货物品名、编号、车种、车号、列车车次、机后位置、有无押运员、运输方式（整车、零担、集装箱）；事故概况及初步分析，包括人员伤亡、货物毁损程度、爆炸品或剧毒品丢失数量、液化气体泄漏部位、环境污染情况及对周边环境的威胁；事故地点的周边环境，包括桥隧、水源、地形、道路、厂矿、居民、天气、风向等。

三、危险货物运输事故的处理

危险货物在途中发生被盗、火灾等事故或因车辆故障等原因不能继续运行时，发生车站应按货运事故处理方式进行处理，同时按规定发电报抄报铁道部、主管铁路局及相关铁路局。

在拍发货运事故速报前，应立即用电话逐级上报，情节严重的，应及时上报铁道部。拍发速报时，在电文首部冠以“货运事故速报”字样。

危险货物车辆运输途中发生泄漏、火灾及其他行车事故时，车站应立即启动应急预案，迅速向铁路主管部门、地方政府、公安消防及环保、卫生防疫部门报告，并速请熟悉货物性质及罐体构造的部门协助处置。

铁路各级有关部门应当建立和完善安全责任追究制度，对危险货物运输中发生的各种问题，按照“事故原因未查清不放过，事故责任者未处理不放过，整改措施未落实不放过，事故教训未吸取不放过”的原则，查明原因，追究责任，吸取教训，防微杜渐。

铁路各级部门要做好与地方政府主管部门及消防、环保、疾控中心等部门的协调、沟

通工作，经常保持联系，确保信息畅通和救援工作顺利进行。

知识点十九 危险货物常发事故分析及防范

一、包装不符合规定

(一) 诱发原因

1. 低成本心理

托运人在控制成本的心态下，降低包装质量，不按包装标准使用包装。

2. 包装品种繁多

因包装材料品种日渐增多，质地较相似，难以辨别包装质地，加大了承运人检查难度。

3. 承运把关不严

托运人送检样本与实际包装存在差异，车站抽检把关不严，漏检现象存在，与样品不一致包装装车。

(二) 事故案例及分析

某年某月某日，甲站发电石 5 车，其中一辆装载 20ft 的集装箱在途中站发生爆炸。原因分析：托运人使用旧铁桶包装，且未安装呼吸阀。

(三) 防范措施

①遵守有关改变包装的申请、审查、批准、试用规定。

②严格包装承运检查。危险货物受理、承运、装卸车、保管作业中均要进行包装检查，严格审验包装检测证明，严格执行“包装表”的规定。

③定点生产、检测试验。危险货物的包装必须是国家（地方）质检部门指定并取得产品合格证的定点生产厂生产；危险货物包装还必须经过铁道部认定的包装检测机构进行包装性能试验。

④遵守“品名表”“特殊规定”中对包装的特殊要求。

二、车辆装载不符合规定

(一) 诱发原因

1. 节省运费心理

超载、超装现象严重。敞、棚车货车超过货车标记载重量；气体类罐车充装量超过车辆标记载重量；非气体液体货物超过规定容积高限 95％的规定。

2. 不按方案装载

棚车装载危险货物时，不严格执行装载方案的要求；使用敞车装载危险货物时，未经铁路局批准。

3. 审核不严

危险货物超载、超装现象，多发生在罐车装车中，运输企业匿报计量单；车站对企业提供的计量单审核不严。

(二) 事故案例及分析

某年某月某日，某公司由某港进口的丁烯（32 辆罐车装运）当日 16 时 8 分在途中站两辆车安全阀起跳，丁烯大量泄漏，严重影响站内作业，经全力抢救，避免了严重后果。原因分析：托运人装车时未按允许装载量装车，每辆车超装 4t。

(三) 防范措施

①危险货物不得增载。

②充装液态危险货物的容器，至少留有 5%的余量，以备货物受热膨胀。

③充装非气体类液体危险货物时，充装量不得大于罐车标记载重量；同时要留有膨胀余量，充装量允许的体积符合规定。

④气体类危险货物充装前进行空车检衡，充装后通过轨道衡对重车进行计量检衡。最大允许充装量按计算确定。

三、车辆技术状态不良

(一) 诱发原因

①车辆代用控制不严，因棚车紧缺、木底、竹底棚车少，造成违规使用车辆；罐车更换介质，购车、过户等手续时间长等造成私自涂改介质运输。

②车辆检查不认真、造成棚车透光未发现，使用零配件缺失、不全的罐车装车，使用小修检查不过关的液化气车等装车。

③定检已过期或即将过期的车辆仍在使用。

④检修车质量差。检修完合格的车辆，但短期内运输时又发生问题。

⑤罐车罐体外观标记涂打不规范，环带颜色、标记没有或模糊不清，罐体脏乱。

(二) 事故案例简介及分析

一辆途经甲站液化气罐车发生泄漏，经甲站启动紧急预案，采取牵送该车至无电网区段，戒严防护，登车封堵，卸车等措施，泄漏得到妥善处理。经查事故为压力表与罐体螺纹连接折断所致。

(三) 防范措施

①危险货物限使用棚车装运，严格控制车种代用。有关品名装运时改变车种的条件按“特殊规定”的要求办理。

②对爆炸品、硝酸按、黄磷和钢桶包装的一级易燃液体及毒性物质的车辆按要求使用。

③装车作业前必须认真检查车种、车型与所装货物的适应性，检查车辆状态及检修周期是否过期，对罐车严禁使用零配件不全的车辆上线运行。

④提高新造车辆及旧车检修质量，严格自备车（箱）技术审查程序和审查质量。

⑤重视罐车特别是液化气体罐车装车前的车况检查和液化气罐车“小修检查”，走行部、罐体及各安全附件等均处于良好状态。

四、匿报、谎报品名

（一）诱发原因

1. 简化托运手续

受办理条件的限制，托运人为达到快速运输的目的，简化托运手续，匿报货物的特性及危险性，造成车站误承运。

2. 降低运费

托运人谎报品名，以危险货物冒充非危险货物品名，从而达到托运方便、降低运费的目的。

3. 承运审查不严

承运人未严格把关运单品名与实际装载货物，未进行抽检。

（二）事故案例及分析

某年 5 月 27 日，华东某站承运发往西南某站 1 车“麻绳”，5 月 29 日 19 时 15 分，该车编挂于 81523 次货物列车机后第 23 位，列车运行到中原某局某中间站时，接车人员发现该车冒烟，立即甩车施救，使用 1211 干粉灭火器将火扑灭。这起火灾造成车门口及其两侧的 60 件“麻绳”烧损。经查这起“麻绳”火灾事故中，承运的货物实际上均为含有动植物油的纤维麻丝即油麻丝（铁危编号 42509）。油麻丝属于二级易于自燃的物质。油麻丝由植物纤维素、半纤维素、木质素等组成。麻本身具有遇潮湿膨胀发热的特性，植物纤维素中的半纤维素、木质素又会遇高温而分解放热，在集热不散的情况下自燃。发生这起油麻丝自燃火灾事故的主要原因是托运人匿报货物品名。

（三）防范措施

①认真审核托运人出示的托运人资质证、培训合格证、危货车安全合格证、押运员证，认真执行《办理规定》规定的品名运输。注意托运人资质中批准办理的货物类别（品名），务必对照品名表检查运单填写的实际品名；对性质不明的货物必须进行技术鉴定，确定其运输条件，否则不予承运；注意品名所包含的浓度、危险成分限量、含水量等限定条件。

②根据“品名表”的“特殊规定”，确认危险货物可按普通货物条件运输的限制条件。

③根据“品名表”的“特殊规定”，确认禁止运输的货物。

五、违章作业

（一）诱发原因

1. 简化操作

运单受理、承运未按规定逐项审查相关资质、办理限制及注意事项等；装卸车作业中未做到全程监装、传达安全注意事项等；车辆未认真检查。

2. 特殊规定多

调车、编组作业因车辆的特殊限制过多，导致作业人员未严格执行“限速连挂”、“禁止溜放”等特殊规定。

3. 规章理解不透彻

作业人员蛮干或一知半解，随意性埋下隐患。

（二）事故案例及分析

2007年8月，甲站承运整车硫磺，由托运人使用棚车装运，共计32车，运单及货票记载为袋装硫磺，发货人为某外代国际货运有限公司，到站为乙局乙站，收货人为某化肥有限公司，9月到达乙站，卸车时发现货物为散装硫磺。

原因分析：收货人某化肥有限公司未在《办理规定》公布，不具备到达资质，甲站违反规定办理运输。托运人某外代国际货运有限公司匿报危险货物包装方法。甲站未执行危险货物运输签认制度，审查把关不严，致使包装不符合规定的货物进入铁路运输，形成了严重的安全隐患。

（三）防范措施

①受理、承运货物时，必须查验托运人（经办人）全部证件，检查到站是否符合规定，严格运输条件，严格执行《办理规定》。

②装卸作业要遵守作业标准，执行货物装、卸前后的货物、车辆检查。

③调车、编组作业要遵守“禁止溜放”、“限速连挂”、“停止制动”、“编组隔离”、“成组连挂不得拆解”的规定。

④危险货物各项作业要严格实行签认制度。

⑤严格按规定装载，不得超载。

⑥严格执行货物包装规定，车辆使用规定。

⑦对匿报包装的情况，加大抽查专用线装车力度。

六、押运员失职

（一）诱发原因

①不熟悉押运货物及装载情况。押运员不熟悉所押运货物的理化特性，装车时未监装货物，导致运输过程中货物出现事故不能及时采取应急处理。

②设备不齐全。企业未配置或配置不全相应的防护、维修、通信、检测、照明等工具，导致故障不能及时处理。

③押运职责未履行。押运途中未能严格执行“全程押运”的规定，缺乘、漏乘现象时有发生，致使途中甩车等人，货物运到逾期。

④押运条件艰苦，押运员违反规定使用设备或脱岗吃饭，提前离岗等。

（二）事故案例及分析

某年12月11日，某铁路局甲车站承运液化石油气6车，12月13日21时30分，6车液化石油气到达丙车站时，机后4位一辆液化石油气罐车严重泄露。经查，托运人为某燃

气公司，收货人为某燃建有限公司。事故原因：直接原因是罐车顶部安全阀起跳不能回位所致；押运员脱岗导致事故损失扩大。

（三）防范措施

①爆炸品、剧毒品、液化气危险性大，押运员责任重大，必须选派责任心强，身体素质好，能吃苦的人员担当。企业应制定完善的管理制度，经常对押运员通报铁路的相关要求。

②严格押运员培训，从理论和实践两方面入手，提高培训质量，严把“取证关”。

③落实押运区段签认负责制，按规定配备押运人数。

④押运员应认真执行押运制度，确保货物安全到达交付清楚后离车。

七、被盗、丢失

（一）诱发原因

①专用线货物管理不规范。专用线堆放货物时，码垛不整齐，点件不清楚，交接不签认，装车件数与货票记载有出入，途中破封后，清点数量不清楚。

②装车作业不标准。对装运的货物不按规定施封、加锁或采取严格的防护措施，造成途中货物丢失。

③特殊规定未执行。剧毒品装卸作业没有严格按规定监装卸、剧毒品跟踪系统追踪管理落实不好。

④沿线治安管理不到位。个别铁路沿线地区社会治安有问题，使不法分子有可乘之机，偷盗运输的货物。

（二）事故案例及分析

2008 年 6 月 13 日某站承运两车装有剧毒品的农药，运单采用剧毒品黄色专用运单，货票记载品名为“氧乐果”，铁危编号 61126。派有押运员 2 名，每车乘坐 1 人。16 日 15 时 40 分列车抵达甲站到达场 9 道，货检作业时，发现机后 32 位（车号 W_{5SK} 8001195）一侧无封。甲站立即向有关部门报告，并通知公安部门全程看护，将事故车辆送至某专用线 2 道卸车，经车站货运部门、公安部门、收货人及押运员共同清点，发现车号为 W_{5SK} 8001195 的车辆所装剧毒品短少 15 件零 4 瓶（每件 20 瓶，每瓶 300g，共短少 304 瓶）。另一车施封完好，卸车后件数与运单货票记载 3700 件一致。经查，该车未按规定安装电子报警装置。

经公安、货运等部门协同努力，该起剧毒品被盗案件已经侦破，丢失货物追回 300 瓶。

（三）防范措施

①装车前务必检查车辆门、窗、锁闭装置完好，卸前检查封印及车内装载状态。

②货物定型码垛，认真点件交接、签认。

③坚持有关剧毒品的特殊运输条件和安全要求，真正做到票据有标记、保管有制度、装卸有公安、沿途有检查、设施有保障、作业有签认、信息有跟踪。

知识点二十　危险货物事故应急预案

事故应急预案泛指针对可能的事故、灾害和紧急事件，在事故发生的紧急时刻，为防止事态扩大保证迅速、有序、有效地开展应急救援引动，把损失降低到最小程度而采取的预先确定的施救行动方案。

一、危险货物事故应急预案的编制要求

（一）事故应急预案种类

《危险化学品安全管理条例》第五十条明确规定：危险化学品单位应当制定本单位事故应急救援预案，配备应急救援人员和必要的应急救援器材、设备，并定期组织演练。危险化学品事故应急救援预案应当报设区的市级人民政府负责危险化学品安全监督管理综合工作的部门备案。

应急预案是针对可能的事故、灾害和紧急事件，为保证迅速、有序、有效地开展应急与救援行动、降低人员伤亡和财产损失，预先制订的有关计划和方案，也称为应急计划。

事故应急预案分为：综合应急预案、专项应急预案、现场处置方案。

综合应急预案：总体上阐述处理事故的应急方针、政策，应急组织结构及相关应急职责，应急行动、措施和保障等基本要求和程序，是应对各类事故的综合性文件。

专项应急预案：针对具体的事故类别（如煤矿瓦斯爆炸、危险化学品泄漏等事故）、危险源和应急保障而制订的计划或方案，是综合应急预案组成部分，应按照综合应急预案的程序和要求组织制定，并作为综合应急预案的附件。专项应急预案应制定明确的救援程序和具体的应急救援措施。

现场处置方案：针对具体的装置、场所或设施、岗位所制定的应急处置措施。现场处置方案应具体、简单、针对性强。现场处置方案应根据风险评估及危险性控制措施逐一编制，做到事故相关人员应知应会，熟练掌握，并通过应急演练，做到迅速反应、正确处置。

（二）编制要求

应急预案体系的构成：应急预案应形成体系，针对各类可能发生的事故和所有危险源制订专项应急预案和现场应急处置方案，并明确事前、事发、事中、事后的各个过程中相关部门和有关人员的职责。应急预案编制的具体过程为成立编制小组、收集资料、危险源辨别运风险分析、应急能力评估、预案编制、预案评审与发布。

（三）应急预案编制的框架内容

①基本情况。主要包括单位的办理种类和运量，重要基础设施及作业特点，确定危险目标，明确其危险特性及对周边的影响，可利用的安全、消防、个体防护的设备与器材及其分布。

②应急救援组织机构与职责。包括应急救援机构设置，组织人员及职责，组织指挥协调和应急救援联络网络。

③报警与通信联络方式。建立 24 小时值班制度和有效的报警装置，以及有效的内、外部通信联络手段。

④事故发生后应急处理。包括现场人员清点、撤离方式；划定危险隔离区，非现场人员紧急疏散方式；周边区域单位人员的疏散方式；事故周边区域道路隔离或交通疏导办法等。

⑤检测、抢救、救援及控制措施。包括检测人员防护、监护措施；抢险救援人员的防护、监护措施；现场实时监测及异常情况下抢险人员撤离条件；应急救援队伍的调度；控制事故扩大的措施等。

⑥受伤人员的现场救护及救治。

⑦现场保护与现场洗消。

⑧事故善后处理与总结分析。

（四）应急救援保障

①配备相应的应急救援和安全防护设施（包括应急装备、药品和器材等）。

②通信与信息保障。建立通信系统维护与信息采集等制度，确保应急期间通信畅通。

③应急救援队伍的保障。明确各类应急响应的人力资源情况，明确与地方政府、军队、武警等团体的联络方式。

④现场救援和工程抢险保障。明确突发公共事件现场可供应急响应使用的设备（包括电源、照明），数量、性能和存放位置、备用措施等内容。

⑤交通运输保障。包括各类交通运输工具名称、数量、分布、功能、使用信息，驾驶员应急准备措施，使用单位启用方案等。

⑥物资和经费保障。

⑦保卫和治安保障。

⑧监督检查。

（五）应急预案的培训与演练

1. 公众信息系统

最大限度公布突发公共事件应急预案信息，接警电话和部门，宣传应预防的措施（包括避险、避灾、自救和互救常识等）。

2. 培训

明确培训部门的权力与责任，并对各级领导、应急管理和救援人员进行岗前培训和常规性培训。

3. 演练

明确演练的部门（机构）对演练的场所、范围、内容要求，组织指挥等作出规定，不断提高对事故的预防和处理能力。

（六）事故现场处置方案的主要内容

1. 事故特征

①危险性分析，可能发生的事故类型。

②事故发生的区域、地点或装置的名称。

③事故可能造成的危害程度。

④事故前可能出现或发生的征兆。

2. 应急组织与职责

①基层单位应急自救组织形式及人员构成情况。

②应急自救组织机构、人员的具体职责，应同单位或车间、班组人员工作职责紧密结合，明确相关岗位和人员的应急工作职责。

3. 应急处置

主要包括以下内容：

①事故应急处置程序。根据可能发生的事故类别及现场情况，明确事故报警、各项应急措施启动、应急救护人员的引导、事故扩大及同企业应急预案的衔接程序。

②现场应急处置措施。针对可能发生的火灾、爆炸、危险化学品泄漏、坍塌、水患、机动车辆伤害等，从操作措施、工艺流程、现场处置、事故控制、人员救护、消防、控制事故扩大、现场恢复等方面制定明确的应急处置措施。

③报警电话及上级管理部门、相关应急救援单位联络方式和联系人员，事故报告基本要求和内容。

4. 注意事项

①佩戴个人防护器具方面的注意事项。

②使用抢险救援器材方面的注意事项。

③采取救援对策或措施方面的注意事项。

④现场自救和互救注意事项。

⑤现场应急处置能力确认和人员安全防护等事项。

⑥应急救援结束后的注意事项。

⑦其他需要特别警示的事项。

二、铁路危险货物运输应急预案框架指南

(一) 总则

①目的。

②依据。

③工作原则。

④适用范围。

(二) 组织机构与职责

①组织机构。

②应急组织机构职责。

③组织指挥协调。

④应急施救网络。

（三）预防预警

①信息报送。

②预警预防行动。

③预警预防支持系统。

（四）应急响应

①分级响应程序。

②符合下列情况启动本应急预案。

③应急响应。

（五）后期处置

①善后处理。

②保险或保价。

③总结分析。

（六）应急保障

①通信与信息保障。

②救援装备和应急队伍保障。

③交通运输保障。

④医疗卫生保障。

⑤治安保障。

⑥物资保障。

⑦资金保障。

⑧技术储备与保障。

（七）培训演练制度

（八）附则

①《国家安全生产事故灾难应急预案》确定响应标准。

②管理与更新。

③奖励与责任追究。

④应急预案解释。

（九）附录

①危险化学品运输事故应急领导小组联系方式。

②有关人员联系方式。

③突发事件新闻发布格式。

④突发事件预案启动格式。

⑤突发事件应急结束宣布格式。

⑥《铁路危险化学品运输事故应急预案》编制说明。

三、铁路危险货物事故应急预案编制

（一）铁道部、铁路局、站段危险货物应急预案三级管理

铁道部根据国务院“公共事件应急预案框架指南”制定了铁道部“危险化学品运输事故应急预案及信息网络图”。这一预案是全路各局（公司）、站段制定自身预案最直接的指导性文件。

（二）预防预警

预防预警的核心是信息监测、分析、交流、综合集成、通报、发布。预警级别按严重性、紧急程度分为四级：

Ⅰ级—特别严重，红色预警；

Ⅱ级—严重，橙色预警；

Ⅲ级—较重，黄色预警；

Ⅳ级—一般，蓝色预警。

预警是突发事件（事故）严重程度和急迫性的警示（等级），和事故应急预案中的响应等级基本一致，但有时也有区别，是国务院“公共事件应急预案框架指南”的重要内容。

世界各国一般采用声、色、图、文字指示。

（三）应急响应

按危险货物铁路运输事故灾难的可控性、严重程度和影响范围，应急响应级别原则上分为Ⅰ、Ⅱ、Ⅲ、Ⅳ四级。

1. Ⅰ级应急响应标准

铁路危险货物运输事故灾难达到下列条件之一，为Ⅰ级应急响应：

①事故后果造成30人及其以上死亡。

②事故后果造成100人及其以上中毒（重伤）。

③直接经济损失达到或超过1亿元。

④需要紧急转移安置10万人以上。

⑤运输设备遭受破坏，中断行车，经抢修在48小时内无法恢复通车。

⑥国务院或国务院安全生产委员会决定需要启动Ⅰ级应急响应的危险货物铁路运输事故灾难。

Ⅰ级应急响应由铁道部报请国务院，由国务院或国务院授权铁道部启动。

2. Ⅱ级应急响应标准

铁路危险货物运输事故灾难达到下列条件之一，为Ⅱ级应急响应：

①事故后果造成10～29人死亡。

②事故后果造成50～99人中毒（重伤）。

③直接经济损失达到5000万～10000万元。

④运输设备遭受破坏，中断行车，经抢修一般24小时内无法恢复通车。

⑤铁道部认为有必要启动Ⅱ级应急响应的危险货物铁路运输事故灾难。

Ⅱ级应急响应行动由铁道部负责启动。

3.Ⅲ级应急响应标准

铁路危险货物运输事故灾难达到下列条件之一，为Ⅲ级应急响应：

①事故后果造成3～9人死亡。

②事故后果造成10～49人中毒（重伤）。

③直接经济损失达到1000万～5000万元。

④中断繁忙干线铁路行车6小时以上，或中断其他线路铁路行车10小时以上。

⑤在铁路运输过程中有毒化学品泄漏和放射性物质包装失去屏蔽效能，放射性物质撒漏或丢失。

⑥铁路局认为有必要启动Ⅲ级应急响应的危险货物铁路运输事故灾难。

4.Ⅳ级应急响应标准

铁路危险货物运输事故灾难达到下列条件之一，为Ⅳ级应急响应：

①事故后果造成3人以下死亡。

②事故后果造成10人以下中毒（重伤）。

③直接经济损失达到1000万元以下。

④中断铁路正线行车，1小时内无法恢复。

⑤在铁路运输过程中有毒化学品泄漏和放射性物质包装失去屏蔽效能，放射性物质撒漏或丢失。

⑥铁路局认为有必要启动Ⅳ级应急响应的危险货物铁路运输事故灾难。

Ⅲ级和Ⅳ级应急响应由铁路局负责启动，响应程序和内容在铁路局危险货物运输事故应急预案中具体规定。

（四）铁路局（公司）应急施救网络

应急预案中确定的铁路局和相应地方政府部门在施救全过程中的联络关系（报告程序）。即局内应急领导小组下设的专家、信息、后勤、医疗、调查、处理、报导等和地方相应省、市、区的公安、卫生、消防、环保等部门在施救中的对应联络关系，并以“网络框图”把事故发生地、站段、路局及各施救小组、现场指挥、铁道部应急办、地方有关部门有序连通起来。

（五）信息报送

车站应在发生危险货物运输事故以及液化气体泄漏，剧毒品、爆炸品、放射性物品被盗丢失时，及时逐级向运输调度和货运、公安管理部门报告，并在1小时内向有关站、铁路局拍发“货运事故速报”电报，同时抄报铁道部、主管铁路局。依法应当报告有关部门的，同时报告有关部门。

（六）应急救援保障

1.通信与信息保障

建立健全企业安全生产事故灾难应急救援综合信息网络系统和重大安全生产事故灾难

信息报告系统；建立完善救援力量和资源信息数据库；规范信息获取、分析、发布、报送格式和程序，保证应急机构之间的信息资源共享，为应急决策提供相关信息支持。

有关部门应急救援指挥机构和上级应急救援指挥机构负责本部门、本地区相关信息收集、分析和处理，定期向上级安全办公室报送有关信息，重要信息和变更信息要及时报送，安全办公室负责收集、分析和处理企业安全生产事故灾难应急救援有关信息。

2. 应急支援与保障

救援装备保障：各专业应急救援队伍和企业根据实际情况和需要配备必要的应急救援装备。专业应急救援指挥机构应当掌握本专业的特种救援装备情况，各专业队伍按规程配备救援装备。

应急队伍保障：危险化学品生产企业的交通运输等部门应当依法组建和完善救援队伍。各级、各部门安全生产应急救援机构负责检查并掌握相关应急救援力量的建设和准备情况。

交通运输保障：企业发生特别重大安全生产事故灾难后，有关部门根据救援需要及时请求交通和铁路等行政主管部门提供交通运输保障。地方人民政府有关部门对事故现场进行道路交通管制，根据需要开设应急救援特别通道，道路受损时应迅速组织抢修，确保救灾物资、器材和人员运送及时到位，满足应急处置工作需要。

医疗卫生保障：企业应当加强与急救医疗服务网络的联系，并配备相应的医疗救治药物、技术、设备和人员，提高应对安全生产事故灾难的救治能力。

物资保障：企业应当建立应急救援设施、设备、救治药品和医疗器械等储备制度，储备必要的应急物资和装备。

各专业应急救援队伍根据实际情况，负责监督应急物资的储备情况、掌握应急物资的采购和储备情况。

资金保障：企业财务部门应当做好事故应急救援必要的资金准备。

（七）培训和演习

1. 企业与周边群众信息交流

企业与所在地政府、社区建立互动机制，向周边群众宣传相关应急预防、避险、避灾、自救、互救常识的宣传工作知识。

2. 培训

企业有关部门组织各级应急管理机构以及专业救援队伍的相关人员进行岗前培训和业务培训。

有关部门根据自身实际情况，做好兼职应急救援队伍的培训，积极组织社会志愿者的培训，提高群众自救、互救能力。

3. 演习

明确演习的部门（机构）对演习的场所、范围、内容要求、组织指挥等作出规定，不断提高对事故的预防和处理能力。

危险货物基本常识

一、常用的灭火剂和灭火器材及灭火器材的维护保养

（一）常用的灭火剂和灭火器材

扑救危险货物火灾时，必须根据危险货物的性质，正确选择灭火剂和灭火器材，才能取得良好的灭火效果。

1. 水

水是一种广泛应用的灭火剂，一般是以四种状态出现的，即水柱、开花水、雾状水、蒸汽水。水能灭火的主要原因是：水能吸收大量热量，1kg 的水温度升高 1℃需要 1000kcal（1kcal＝4.1868kJ）的热量，而 1kg 的水，气化为蒸汽需要 539kcal 的热量。这样水就可以从燃烧着的物质中吸收大量的热而降低了燃烧物的温度，使火熄灭。当水大量被汽化为水蒸气笼罩在燃烧物的周围，既可阻止空气进入燃烧区，又能降低空气中氧气的比重，使燃烧因窒息而熄灭。利用水的冲击作用，还可以冲击火焰立即熄灭。

不过不是所有的火都能用水扑救，相对密度小于 1 又不溶于水的物质不可用水；水能导电，对电线着火不能用水；对遇到水分解发生化学反应的物质不能用水。

2. 化学泡沫

化学泡沫是由碳酸氢钠、硫酸铝与发泡剂混合溶液作用而成。泡沫相对密度 0.15～0.25，轻于最小的易燃液体，能组成象绒毯一样的厚覆盖层，覆盖在液面上，使液面与空气隔绝而灭火。

化学泡沫主要用来扑救油类和其他易燃液体的火灾。由于泡沫灭火剂是水溶液，所以对忌水的物质不能使用。如上所述遇湿易燃的物质、电源起火、遇水发生化学反应放出有毒气体的货物不能使用。

3. 二氧化碳

二氧化碳是一种不燃烧、不助燃、不导电的气体，比空气重，因此可用二氧化碳来隔绝助燃的氧气，使着火的地方因缺乏氧气而熄灭。

二氧化碳灭火剂对扑救电器、精密仪器、电子设备、内燃机、珍贵文件、小范围的油类和某些忌水物质所发生的火灾，效果较好。使用二氧化碳灭火，事后不留痕迹，没有腐蚀，损坏作用，是一种比较好的灭火剂。

4. 四氯化碳

四氯化碳是一种无色液体，沸点 76.8℃，易挥发，不燃烧，不导电。当四氯化碳喷到火焰上立即蒸发成气体，迅速笼罩燃烧物的周围，隔绝空气，空气中的四氯化碳达到 10%

时，火焰就会熄灭。

四氯化碳易于扑救电器设备、内燃机发生火灾，小范围的汽油、丙酮等易燃液体火灾也能使用。

由于四氯化碳本身有一定的毒性，特别是遇高温时，能与水蒸气发生作用，分解出有毒气体。因此，在高温和空气不流通的场合，使用四氯化碳灭火要防止中毒。

5. 化学干粉

干粉主要成分是碳酸氢钠等盐类，加入少量润滑剂和防潮剂，在灭火机内用二氧化碳作为动力，使干粉喷出形成密集粉雾，隔绝火焰、辐射热和空气，达到灭火目的。

6. 干沙土

干沙土是最方便而且是最经济的灭火器材。它可以覆盖在燃烧物上，使之隔绝空气而熄灭。对爆炸品禁止用沙土覆盖。

7. “1211”灭火剂

“1211”灭火剂是一种低沸点的液化气体，具有灭火效率高、毒性低、腐蚀性小、久储不变质、灭火后不留痕迹、不污染被保护物、绝缘性能好等优点。“1211”灭火剂主要适用于扑救易燃、可燃液体、气体及带电设备的初起火灾；扑救精密仪器、仪表、贵重的物资、珍贵文物、图书档案等初起火灾；扑救飞机、船舶、车辆、油库、宾馆等场所固体物质的表面初起火灾。

使用时，首先拔掉安全销，然后握紧压把进行喷射。但应注意，灭火时要保持直立位置，不可水平或颠倒使用，喷嘴应对准火焰根部，由近及远，快速向前推进；要防止回火复燃，零星小火则可采用点射。如遇可燃液体在容器内燃烧时，可使“1211”灭火剂的射流由上而下向容器的内侧壁喷射。如果扑救固体物质表面火灾，应将喷嘴对准燃烧最猛烈处，左右喷射。

（二）灭火器材的维护保养

①应存放在通风、干燥、取用方便的地方，储存处的环境温度为−10℃～45℃。

②不得存放在采暖或加热设备附近和阳光强烈照射的场所，以免变质失效。

③每隔半年检查一次灭火器上的压力，压力表指针指示在红色区域内，应立即补充灭火剂和氮气。

④每隔五年或再次装灭火剂前，应进行相当于设计压力1.5倍的水压试验，合格后方可继续使用。

二、危险货物的中毒与急救

（一）人体中毒和中毒途径

1. 人体中毒

某种物体浸入人体后，人的机体受到损伤，生理机能受到破坏，从而发生功能障碍、疾病甚至死亡的现象，称为中毒。

2. 毒物侵入人体的途径

通过呼吸器官：通过鼻腔吸入空气中有毒气体或毒物粉尘中毒。

通过消化器官：误食或食用黏有毒物的食品、含有毒物的水（饮料）中毒。

通过皮肤渗漏：作业中不按规定穿用防护服，致使毒物通过皮肤渗漏而中毒。

（二）防止中毒的基本措施

保证职工的安全和身体健康，是危险货物运输安全管理的一个重要方面，其主要措施有以下几个方面：

①降低有害物质的浓度，改进有毒物质的包装，满足运输安全的需要，这是防毒的根本办法。但是由于包装条件有限，在运输过程中仍有撒漏、气体或粉尘溢出。因此，降低有害物质的浓度是防止中毒的有效措施。

②毒害品挥发、分解的条件是遇高温、遇水及潮湿空气。因此，毒害品应存放在干燥、通风的库房内，不给以造成挥发、分解的外因条件。

③库内应有良好的通风设备，即使有毒气挥发出来，由于通风条件良好，所以能尽快散发，以减少库内空气中有毒物质的含量。

④毒害品的遮盖物料要专用，不得与其他货物特别是食品的遮盖物料混用。

⑤存放或装过毒品的仓库、车辆应及时清扫、洗刷、除污，以防二次污染。

⑥装卸作业前应先打开仓库门、车门进行通风，以降低空气中毒害物质的浓度后，再进行装卸。

⑦搬运前应先检查货物包装有无破损，如纸袋是否有漏洞，瓶子、坛子外面是否有溢散、溢漏的药液，铁桶外面是否沾有毒品。装卸时应轻拿、轻放，不要用手直接接触毒品，严禁肩扛、背负、冲撞、摔碰、翻滚和倒置。

⑧发现有毒品撒漏时，应迅速处理。对收集起来的毒品，应联系当地卫生部门和防疫部门妥善处理。

⑨个人防护：在作业休息时，不得吸烟进食，未经防护不得接触毒品。为了防止有毒物质、有毒气体和粉尘侵入人体，应穿防护服，戴口罩、手套、防毒面具、鞋套等。特别是对于可能造成皮肤损害或可能由皮肤侵入人体的有毒物质，主要靠个人防护。休息时应离开作业区，在通风良好的地方休息，作业完毕要洗澡、漱口、更换工作服。经常接触毒品的工作人员，应定期检查身体，以便对人体中毒早期发现。

（三）中毒急救要领

1. 安全救离毒物污染区

尽快将中毒患者救离中毒现场。参加救护的人员需佩戴供氧式防毒面具，并在上风向进入现场抢救，毒物浓度较高的污染区以及严重缺氧环境，必须立即通风。

2. 迅速抢救生命

中毒者脱离危险区后，应在现场立即着手急救。心脏停止跳动的，立即拳击心脏部位的胸壁或做胸外心脏按摩，直接对心脏注射肾上腺素或异丙肾上腺素，抬高下肢使头部低位后仰。呼吸停止者赶快做人工呼吸，最好用口对口吹气法。剧毒品不适宜用口对口时，可用史氏人工呼吸法。人工呼吸与胸外心脏按摩可交替进行，直至恢复自主心博和呼吸。急救操作动作不可粗暴，避免造成新的损伤。

3. 彻底清除毒物污染，防止继续吸收

脱离危险区后，立即脱除受污染的衣物，对于皮肤、毛发甚至指甲缝中的污染，都要注意清除。对能由皮肤吸收的毒物及化学灼伤，应在现场用大量的清水或其他备用的解毒、中和液清洗。毒物经口侵入人体内，应及时彻底洗胃或催吐，除去胃内毒物，并及时以中和、解毒药物减少毒物的吸收。眼部溅入毒物，应立即用清水冲洗，或将脸部浸入满盆清水中，张眼并不断摆动头部，稀释洗去毒物。

4. 送医院治疗

经过初步急救，速送医院继续治疗。抢救同时，立即电话通知上级医疗单位，做好急救准备。

5. 现场急救

①患者突然深度昏迷，颈动脉或股动脉缺氧，如瞳孔散大，脸呈土灰色或发绀，呼吸停止或喘，出现上述症状，可认为心脏骤停，应立即进行胸外心脏按摩急救。操作方法如下：

部位：胸骨上 2/3 下 1/3 交界处，背部应有硬的衬垫。

操作手法：术者两腿跪在患者两侧，用手掌根部两手叠加，垂直加压在胸骨上，手指不要接触胸壁。

②一旦发生中毒事故，必须迅速进行抢救，才能保证职工生命安全。附近有医院的，立即送医院进行治疗。若距医院较远时，应采取现场急救。当现场没有特效解毒药和中毒原因不明时，为了挽救病人，常采用下列急救处理方法：

对口服毒物中毒，刚食入者，应饮以温水或淡盐水，或用肥皂水，硫酸锌、硫酸铜药剂。也可用物、手指伸到中毒者咽喉里面，使之大量呕吐。如毒物已经吐不出来，可饮牛奶、面糊，以吸收胃内残留毒物。

皮肤中毒，脱下衣服，用大量清水冲洗皮肤，然后用肥皂水冲洗，再涂上氧化锌软膏或硼酸软膏以保护皮肤。

吸入毒气中毒：把中毒者立即抬至空气新鲜、暖和的地方，松开上衣和腰带，若病人呼吸微弱，可进行人工呼吸，以呼出有毒气体。

③无论心跳存在与否，若长期呼吸中止，可造成机体缺氧而致死，特别脑组织缺氧时间稍长，便可产生不可逆转的损害。因此，当发现患者呼吸停止时，必须争分夺秒、不失时机地进行人工呼吸，保持继续不间断供氧。常见的人工呼吸方法有以下三种：

口对口人工呼吸法。使患者仰卧，松解衣扣和腰带，除去假牙，清除病人口腔内痰液、呕吐物、血块、泥土等异物，保持呼吸道畅通。救护人员位于患者一侧，用一只手将患者下颌托起，使其头尽量后仰，将其口唇撑开，另一只手捏住患者的鼻孔；深吸一口气，用自己的嘴对准患者的口用力吹气，可见到患者胸部隆起，然后离开患者的口，同时松开捏鼻孔的手，让其胸部收缩自行呼出，然后做下一次吹气，直至恢复自主呼吸。

吹气力量要适中，速度要均匀有规律，次数16～18次/分（成人），18～24次/分（儿童）为宜。

口对鼻人工呼吸法。患者因牙关紧闭或外伤等原因，不能进行口对口人工呼吸时，可采用口对鼻人工呼吸法。方法与口对口人工呼吸法基本相同，只是把捏鼻改为捂口，对着鼻孔吹气，吹气量要大，时间要稍长一些。

进行口对口（鼻）人工呼吸时，应当注意：一是一定要捏（捂）住患者的鼻孔（嘴），防止空气从鼻孔（嘴）漏掉；二是吹气时，施术者的嘴一定要完全封堵住患者的嘴（鼻），否则让空气从嘴（鼻）周围漏掉，人工呼吸就会失败；三是吹气要快而有力，速度要均匀有规律，此时要密切注意患者的胸部，如果患者胸部不鼓起来，就说明人工呼吸没有成功；四是患者胸部有活动后，立即停止吹气，不要一直吹下去；五是对氰化物等剧毒物质中毒患者，不要进行口对口（鼻）人工呼吸。

史氏人工呼吸法。当因故不宜进行口对口（鼻）人工呼吸时，可采用该方法。操作要领如下：使患者仰卧，松解衣扣和腰带，除去假牙，清除病人口腔内痰液、呕吐物、血块、泥土等异物，保持呼吸道畅通；救护人员位于患者头顶一侧，两手握住患者两手，交叠在胸前，然后握住两手向左右分开伸展180°，接触地面。速度与其他人工呼吸法速度相同，为16～18次/分（成人），18～24次/分（儿童）。

（四）中毒施救注意事项

由于施救不当导致事故扩大的情况时有发生，特别是硫化氢、氯气等剧毒、高毒物质一旦使用、控制不当，极易发生事故，如果施救不当就会成为群死群伤事故，造成事故扩大。出现事故时，在场人员一定要头脑清醒、沉着、冷静，要尽量了解判断事故发生地点、性质、灾害程度和可能波及的地点。职工要有安全意识，掌握自救、互救知识。

施救中可注意以下几个方面：

1. 稳定情绪，确定中毒种类

在事故现场，所有人员都处于惊慌、忙乱的状态。因此，稳定所有人员情绪，特别是被困人员情绪，是成功抢救人员的基础。同时，要明确现场中毒的种类和可能进一步发生的危险性，制定有效的救援方法。

2. 安全进入施救现场

救援人员必须采取有效的防护措施方可进入现场施救，有条件者应戴好输氧或送风式防毒面具，系好安全带或绳索。无条件者也要佩戴简易防毒口罩，但需注意口罩型号与毒物种类相符。由于防毒口罩对毒气滤过率有限，所以，佩戴者不宜在毒源处停留时间过久，必要时可轮流或重复进入。注意纱布口罩对气体或化学气味，几乎没有防护之功能，因此不可只戴纱布口罩即进入现场救人。

3. 减少中毒者继续中毒的可能

做好自身防护的施救者应尽快阻止毒气继续被中毒者吸入，以免中毒进一步加深，失去抢救时机。最佳的办法是由施救人员携带一送风式防毒面具或防毒口罩，并尽快将其戴在中毒者口鼻上。紧急情况下也可用氧气袋、瓶等便携式供氧装置为其吸氧。对毒源区域迅速通风或用鼓风机向中毒者方向送风，也有明显驱毒效果。

4. 对中毒人员采取有效的急救措施

抢救人员要争分夺秒地将中毒者移离毒源区，再进行进一步医疗急救。在等待送医院前，可根据中毒的种类和情况，采取一些基本的救助。如置于安静通风凉爽处，立即解开他们的衣领、裤带，适当保温。为促其清醒可用针刺或指甲掐其人中穴。对于昏迷不醒的可将其头部偏向一侧，以防呕吐物误吸入肺内导致窒息。伤员的创面要用清洁的被单或衣服简单包扎，尽量不弄破水泡，保护表皮。严重烧伤者不需要涂抹任何药粉、药水和药膏，以免给入院后的诊治造成困难。伤员口渴可饮淡盐水。如果皮肤接触有毒物质，应先除去污染衣物，用清水或肥皂反复冲洗 20～30min，并注意清除毛发及指甲之残留物。如果眼睛污染，宜用温水由眼内往眼外冲洗 15～20min，因为眼内角有一小管通往鼻腔，如果眼外往眼内冲，会把有毒物质冲往鼻腔，因而进入肠胃道内，造成另一途径之中毒，需要慎重。

（五）几种毒物中毒后的施救方法

1. 氰、氟、氯气、一氧化碳中毒者的急救

（1）氰及其化合物

离开污染区，立即进行人工呼吸（不可用口对鼻的人工呼吸，以防中毒），待呼吸恢复后，给患者吸入亚硝酸异戊酯、氧气，静卧、保暖。患者神志清醒，可服氰化物解毒剂，或注射硝酸钠液并随即注射硫代硫酸钠液。

（2）氟及其化合物

溅入眼内，速离开污染区，脱去污染衣着，用大量清水冲洗，至少 15min 以上。皮肤灼伤在水洗后，可用稀氨水敷浸，患者静卧保暖。

（3）氯气

迅速离开污染区，休息、保暖、吸氧，不要喝含酒精的饮料，给患者 2%碳酸氢钠雾化吸入及洗眼，高浓度氯气吸入时，可立即致死，重度中毒者应预防肺水肿发生。

（4）一氧化碳

使患者离开污染区，如呼吸停止，则应立即口对鼻人工呼吸，恢复呼吸后，给患者吸氧或高压氧。昏迷复苏病人，应注意脑水肿的出现，有脑膜刺激症候及早用甘露醇或高能葡萄糖等脱水治疗。

（5）光气

使吸入患者急速度离开污染区，安静休息（很重要），吸氧。眼部刺激，皮肤接触用水冲洗，脱去染毒衣着，可注射 20%乌洛托平 20mL。

（6）溴水

使患者急速离开污染区，接触皮肤立即用大量水冲洗，然后用稀氨水或硫代硫酸钠液洗敷，更换干净衣服，如进入口内，立即漱口，饮水及镁乳。

2. 石油、汞及其化合物中毒急救

（1）石油类

吸入患者立即离开污染缺氧环境，清洗皮肤，休息保暖。如吸入汽油多，也可发生吸

入性肺炎。

(2) 汞及其化合物

吸入患者迅速脱离污染区，皮肤、眼接触时，用大量水及肥皂彻底清洗，休息保暖。经口进入，立即漱口，饮牛奶、豆浆或蛋清水，注射二巯基丙磺酸钠或二巯丁二钠、BAL 等。

3. 醇、强酸、强碱类中毒者急救

(1) 甲醇及醇类

中毒者离开污染区，经口进入，立即催吐或彻底洗胃。

(2) 强酸类

皮肤用大量清水或碳酸氢钠液冲洗，酸雾吸入者用 2%碳酸氢钠雾化吸入。经口误服，立即洗胃，可用牛奶、豆浆及蛋白水、氧化镁悬浮液，忌用碳酸氢钠及其他碱性药洗胃。

(3) 强碱类

大量清水冲洗皮肤，特别对眼要用流动水及时彻底冲洗，并用硼酸或稀酸液中和碱类。经口误服，引起消化道灼伤，用牛奶、豆浆及蛋白水或木炭粉保护黏膜。

4. 对有机磷、有机汞、有机氯、有机锡类农药中毒者的急救

(1) 有机磷农药

除去污染，彻底清洗皮肤，安静休息，注射阿托品及氯磷定、解磷定等解毒药（敌百虫中毒禁用碳酸氢钠及碱性药物，对硫磷等禁用过锰酸钾洗胃）。

(2) 有机汞农药

及早用 2%碳酸氢钠洗胃（禁用生理食盐水洗胃），用巯基络合剂解毒。

(3) 有机氯农药

脱离污染，安静休息，皮肤大量清水冲洗，人工呼吸或吸氧，抽搐痉挛可内服镇静剂苯巴比妥钠。经口者，洗胃及硫酸镁导泻。

(4) 有机锡农药

皮肤冲洗，安静休息，入院观察，防治脑水肿，可试用巯基药物。

(5) 有机硫农药

脱离污染，清洗皮肤及眼。误服者用 1∶5000 过锰酸钾液洗胃，并用硫酸镁导泻，肌肉注射乙胺解毒，防止脑水肿发生。

参考文献

[1] 赵志群．职业教育工学结合一体化课程开发指南［M］．北京：清华大学出版社，2009.

[2] 戴实．铁路货运组织［M］．北京：中国铁道出版社，2009.

[3] 王庆功．铁路货运组织［M］．北京：中国铁道出版社，1999.

[4] 戴实．铁路货运实训教程［M］．北京：中国铁道出版社，2000.

[5] 铁道部运输局．铁路货运职业技能培训教材［M］．成都：西南交通大学出版社，2000.

[6] 中华人民共和国劳动和社会保障部．国家职业标准（货运值班员）［M］．北京：中国铁道出版社，2007.

[7] 中华人民共和国铁道部．中华人民共和国铁道行业标准 TB/T 2116 铁路车站货运作业［S］．北京：中国铁道出版社，2005.

[8] 中华人民共和国铁道部．铁路货物运输规程［M］．北京：中国铁道出版社，2007.

[9] 中华人民共和国铁道部．铁路货物运输管理规则［M］．北京：中国铁道出版社，2000.

[10] 中华人民共和国铁道部．铁路货物运价规则［M］．北京：中国铁道出版社，2011.

[11] 中华人民共和国铁道部．铁路货运事故处理规则［M］．北京：中国铁道出版社，1999.

[12] 中华人民共和国铁道部．铁路货物超限超重货物运输规则［M］．北京：中国铁道出版社，2007.

[13] 中华人民共和国铁道部．铁路货物装载加固规则［M］．北京：中国铁道出版社，2006.

[14] 中华人民共和国铁道部．中华人民共和国国家经济贸易委员会铁路专用线专用铁路管理办法（试行）［M］．北京：中国铁道出版社，2005.

[15] 中华人民共和国铁道部．铁路货车超偏载检测装置运用管理办法（试行）［M］．北京：中国铁道出版社，2005.

[16] 中华人民共和国铁道部．铁路鲜活货物运输规则［M］．北京：中国铁道出版社，2009.

[17] 中华人民共和国铁道部．铁路危险货物运输管理规则［M］．北京：中国铁道出版社，2008.

附件

高级货运值班员岗位分析

一、职业定义

货运值班员是从事铁路车站货物运输受理、承运、保管、装车、卸车、交付和事故处理等作业的组织指挥人员。

二、职业等级和申报条件

本职业共设三个等级。分别为：中级（国家职业资格四级）、高级（国家职业资格三级）、技师（国家职业资格二级）。

高级货运值班员申报条件——（具备以下条件者）：

取得本职业中级（四级）职业资格证书后，连续从事本职业工作 5 年及以上。

三、基本要求

(一) 职业守则

1. 遵守法律法规和有关规定
2. 爱岗敬业，具有高度责任心
3. 严格执行工作程序、工作规范、工作标准和安全操作规程
4. 工作认真负责，具有高度责任感和良好的团队合作精神
5. 爱护设备及工具备品
6. 着装整洁，符合规定
7. 保持工作环境清洁有序、文明生产
8. 刻苦学习，钻研业务，努力提高技术文化素质

(二) 基本知识要求

1. 货车基本构造及其与货物装载关系的知识
2. 货物运输基本条件知识
3. 机车车辆限界和特定区段装载限界知识
4. 货车施封、拆封的规定及票据填记的知识
5. 货物运输费用结算的基本知识
6. 货物装载加固知识
7. 超长、超限、超重、集重货物运输知识

8. 三视图的基本知识
9. 危险货物运输知识
10. 鲜活货物运输知识
11. 月度运输计划编制执行、货运各项指标计算统计知识
12. 零担货物、集装箱、集装化运输知识
13. 货物运输包装、储运图示、标志知识
14. 货运事故处理基本知识
15. 军事运输、国际货物联运基本知识
16. 专用线管理基本知识
17. 计算机操作基本知识
18. 安全检测、计量设备使用的基本知识

(三) 相关法律法规和规章知识要求

1.《中华人民共和国劳动法》相关知识
2.《中华人民共和国铁路法》相关知识
3.《中华人民共和国安全生产法》相关知识
4.《中华人民共和国环境保护法》相关知识
5.《中华人民共和国民事诉讼法》相关知识
6.《中华人民共和国合同法》相关知识
7.《中华人民共和国民法通则》相关知识
8.《中华人民共和国担保法》相关知识
9.《中华人民共和国消防法》相关知识
10.《危险化学品安全管理条例》有关规定
11.《铁路运输安全保护条例》有关规定
12.《铁路技术管理规程》有关规定
13.《铁路货物运输规程》有关规定
14.《铁路货物运输管理规则》有关规定
15.《铁路货物装载加固规则》有关规定
16.《铁路货运检查管理规则》有关规定
17.《铁路危险货物运输管理规则》有关规定
18.《铁路超限货物运输规则》有关规定
19.《铁路鲜活货物运输规则》有关规定
20.《铁路货运事故处理规则》有关规定
21.《货车篷布管理规则》有关规定
22.《铁路行车事故处理规则》有关规定
23.《铁路和水路货物联运规则》有关规定
24.《铁路货物运输收入管理规程》有关规定

25.《铁路集装箱运输规则》有关规定
26.《铁路专用线专用铁路管理办法》有关规定
27.《国际铁路货物联运办法》有关规定
28.《铁路货物保价运输规则》有关规定
29.《铁路军事运输管理办法》有关规定
30.《铁路货物运价规则》有关规定
31.《铁路装卸作业安全技术管理规程》有关规定
32.《铁路集装箱运输管理规则》有关规定
33.《铁路货物保价运输管理规则》有关规定

四、高级货运值班员技能要求

附表 1

职业功能	内　容	技能要求	相关知识
一、装卸车作业	（一）特殊货物的装卸车	1. 能按照装载加固方案指导超限、超长、集重货物的装车 2. 能计算货物总重心偏离车辆横中心线的容许距离 3. 能进行加固强度计算和货物稳定系数的计算 4. 能计算超限货物计算宽度 5. 能分辨各类危险货物特性，指导危险货物托运、承运、装卸车作业	1. 超限、超长、集重货物运输的有关规定 2. 按方案装车的有关要求 3. 危险货物种类、性质、受理、承运、装卸车作业要求 4. 装载加固常用计算公式 5. 超限货物计算宽度的计算方法 6. 货运事故救援、处理的有关知识及规定 7. 危险货物作业中有关消防、劳动安全及防护的规定 8. 危险货物应急预案编制、演练、启动的有关规定
	（二）制订安全措施	能根据现场装卸车作业条件、设备变化制订临时安全措施	
二、合同纠纷处理	（一）原因分析	1. 能确定运输合同纠纷产生原因 2. 能划分托运人、收货人、承运人各自承担的责任 3. 能分清合同当事人与第三人各自承担的责任	1. 承运人与托运人、收货人责任划分的规定 2. 运输合同违约的规定 3. 运输合同纠纷民事诉讼的有关规定 4. 采集证据的有关规定 5. 民事诉讼、答辩的知识 6. 协商解决纠纷的知识
	（二）处理纠纷	1. 能收集运输合同纠纷的有关证据 2. 能与托运人、收货人协商事故善后处理事项 3. 能编写民事诉讼状和答辩状	

续 表

职业功能	内 容	技能要求	相关知识
三、技术管理	(一) 生产过程管理	1. 能采取技术组织措施提高货车装载质量 2. 能指导运输阻碍的处理和重点货车的换装整理	1. 提高货车装载质量的措施及方法 2. 运输阻碍的处理方法 3. 重点货车换装整理的要求
	(二) 质量管理	1. 能运用质量管理方法，提出作业质量 2. 能按照标准化作业的规定，检查标准化作业情况	1. 全面质量管理知识 2. 标准化作业的规定
	(三) 联劳协作	能组织班组间、工种间的联劳协作，提高作业效率	联劳协作的有关知识

五、比重表

(一) 理论知识

附表 2

项 目		高级货运值班员 (%)
基本要求	职业道德	5
	基础知识	10
相关知识	作业前准备	—
	装卸车作业	40
	事故处理	—
	作业管理	—
	合同纠纷处理	30
	国际联运货物运输	—
	技术管理	15
	培训指导	—
合 计		100

（二）技能操作

附表 3

项　目		高级货运值班员（%）
相关知识	作业前准备	—
	装卸车作业	45
	事故处理	—
	作业管理	—
	合同纠纷处理	35
	国际联运货物运输	—
	技术管理	20
	培训指导	—
合　计		100